城市发展与公共政策丛书

合作治理：
市政公用事业发展模式研究

HEZUO ZHILI
SHIZHENG GONGYONG SHIYE
FAZHAN MOSHI YANJIU

曹现强 / 著

山东人民出版社

国家一级出版社 全国百佳图书出版单位

图书在版编目（CIP）数据

合作治理：市政公用事业发展模式研究/曹现强著.
—济南：山东人民出版社，2017.5
ISBN 978 - 7 - 209 - 10229 - 2

Ⅰ. ①合… Ⅱ. ①曹… Ⅲ. ①公用事业—研究—中国
Ⅳ. ①F299.24

中国版本图书馆 CIP 数据核字（2017）第 090350 号

合作治理：市政公用事业发展模式研究
曹现强　著

主管部门　山东出版传媒股份有限公司
出版发行　山东人民出版社
社　　址　济南市胜利大街 39 号
邮　　编　250001
电　　话　总编室（0531）82098914
　　　　　市场部（0531）82098027
网　　址　http：//www.sd - book.com.cn
印　　装　山东华立印务有限公司
经　　销　新华书店

规　　格　16 开（169mm ×239mm）
印　　张　20.75
字　　数　300 千字
版　　次　2017 年 5 月第 1 版
印　　次　2017 年 5 月第 1 次
ISBN 978 - 7 - 209 - 10229 - 2
定　　价　38.00 元

如有印装质量问题，请与出版社总编室联系调换。

总　序

在这个快速城市化的时代，"城市治理"等概念持续飘红，对城市发展进行思考的会议也尤其多。其中有两次会议，意义尤为重大，并在世界范围内对城市发展带来深远影响。一是 2015 年 12 月中国召开的中央城市工作会议，"城市工作"在时隔 37 年之后再次上升到中央层面进行专门研究部署，对城市发展做出顶层设计，指明进入新的历史时期中国城市发展的思路。二是 2016 年 10 月，"人居三"（即第三届联合国住房和城市可持续发展大会）在厄瓜多尔的首都基多召开，20 年一次的大会通过了里程碑式的成果《新城市议程》。该文件着眼于未来，为今后 20 年世界城市的发展确立目标和方向，引领各国迈向可持续发展的城市未来。

这类会议之所以激动人心，是因为会议主题关乎未来、关乎每个人，让人们深入思考人和城市的关系以及如何在城市中生活。

城市的发展伴随着人类社会的进步。人为什么会来到城市？这一追问已经内设了人在物质和精神两个神层面的追求。刘易斯·芒福德的观点更明确，即精神至上，"城市最终的任务是促进人们自觉地参加宇宙和历史的进程"。古典的城邦发源了思辨的智慧，封建城市在中世纪的黑暗下逐渐地孕育了独立与自由的曙光，近代以来城市的迅猛发展彰示了人类工业时代飞速发展的经济与技术，当今全球范围内城市的发展与转型则与后工业时代人类社会的根本性变革息息相关。正如芒福德所言，城市是一个巨大而复杂的文化磁体和容器："通过感情上的交流，理性上的传递和技术上的精通熟练，尤其是，通过激动人心的表演，从而扩大生活的各个方面的范围，这一直是城市的最高职责。"人性因城市而不断丰富和发展，生活的精彩由此展开。

人们怀着向往来到城市。城市如何让生活更美好？城市之美，源自于历史的厚重，更源自于对生命价值的关怀和追求。城市之美，柯布西耶憧憬的充满规则与秩序的静谧是一种，但布莱恩·贝利笔下那个包含众多并行、差异较大的生活方式的"马赛克"也是一种。在雅各布斯看来，在城市的舞台上，人们生活的艺术不是那种每个人在同一时刻起脚、转身的"舞蹈"，而是每个人都表现出自己独特风格却又相互和谐的复杂"芭蕾"。现代城市值得人们期待和向往，是因为以现代化的经济技术等物质条件支撑起的人性的释放和自由的尊重，是城市追求的最高的"善"。

城市的追求并不等于城市的现实。在城市发展与人类发展的过程中，挑战与回应伴随着整个城市发展的历程。今天的中国，城市化的浪潮正呈现为一个观察城市发展模式转变的丰富舞台。

作为中华文明传承载体的中国城市，无论是变迁的历史、还是规划的艺术或建筑的技艺，都足以让世界为之瞩目。如今中国城市现代化的发展，也正在创造一个令人瞩目的奇迹，经过改革开放后的快速发展，2011 城市化率就达到了 51.27%，城市人口历史上首次超过农村人口，初步进入"城市时代"。中国的城市化不仅是城市数量的增加，更是一个多层次的发展进程，城市群与区域、城市自身、城市社区都呈现出多姿多彩的面貌。

在这样的过程中如何让人生活得更美好？这事关城市发展质量。史无前例的经济增速和人口涌入带来了城市化的迅猛发展，但如何应对却准备不足，中国相应进入了一个"城市病"多发的"阵痛期"。在区域层面，不同城市、不同区域之间的同质化竞争愈演愈烈，导致大量的重复建设和经济发展的低效率；地区之间、城乡之间、群体之间的贫富分化日益拉大，严重损害社会公平。在城市层面，城市交通拥堵、环境污染、公共服务供给水平不高且效率低下、"住房难""看病贵""上学难"日益严峻，成为社会不满和群体冲突的导火索。从社区层面看，城市发展中的"大拆大建"带来的历史文物古迹、历史街区的破坏令人扼腕叹息，"拆旧建新""拆真建伪"等建设性破坏也让人无言以对。我们进入了城市化的新阶段，同时，我们也站在了一个历史和时代岔路口上。

理解中国的城市，不仅要了解来路与现实，更要把握未来的"去向"。站在时代的岔路口，走向治理是我们的选择。无论是提出"走以人为本、四化同步、优化布局、生态文明、文化传承的中国特色新型城镇化道路"，还是强调"国家治理体系和治理能力现代化建设"，都指向了一种新型的"城市治理"理念。现代化的城市治理理念，意味着城市生活中多元主体的共治共建共享；要求推进城市基本公共服务的供给侧改革，增强公共服务供给效率和供给质量，增强公众获得感；要求推进区域治理，改变同质化的低效率竞争，以合作治理的理念推动区域公共问题的解决，完善区域公共物品供给，提升区域整体发展水平；要求完善市政建设，优化城市权力的组织架构和运行机制，缓解城市社会矛盾和社会冲突；要求推进社区更新，将历史文化保护与城市发展有机结合……

城市治理的现代化，不光是城市管理者和实践者的职责，也是城市研究者的时代责任和担当。山东大学城市发展与公共政策研究中心自2009年成立以来，一直关注城市发展和城市治理的理论进展和实践问题，以城市可持续发展、城市群与区域发展、城市公共服务、城市更新等为主要研究领域，并形成了市政公用事业、城市管理体制、区域合作治理等几个特色研究方向。在承担诸多国家课题、合作项目的基础上，中心决定对团队的研究成果予以集中出版，形成《城市发展与公共政策》丛书系列，以之作为以往成果的总结、学术交流的平台。

拥有对城市的美好向往，直面城市发展的现状，我们思考城市发展当下的机遇和挑战，以此定义和塑造未来我们想要的城市和想要的生活。在变革的时代，用行动改变未来。愿与各位同道者一起，前行！

曹现强
山东大学政治学与公共管理学院
山东大学城市发展与公共政策研究中心

目录

CONTENTS

合作治理：市政公用事业发展模式研究

第一章 导 论

一、问题的提出及研究意义

(一) 研究缘起

市政公用事业是指基于公共利益考虑而为城镇居民生产生活提供必需的普遍服务的行业。就其范围而言，主要包括供水、排水、污水处理、供热、供气、公共交通、环境卫生和垃圾处理、园林绿化、道路与桥梁等基础设施以及其他行业（如运河、防洪、地下公共设施及附属设施的土建管道、设备安装工程等），它具有基础性、先导性、网络性、公益性等特征；就其社会功能看，它是城市最为重要的基础设施，为居民提供基础性的公共服务，是城市经济和社会发展的重要基石，也是衡量政府"以人为本"执政能力和管理水平的重要指标。市政公用事业的良好发展不仅是推动经济发展，实现社会进步和人民安居乐业的重要基础，而且对构建回应型、责任型和服务型政府具有重要意义。

近年来，随着经济的快速发展和城市化进程的推进，人们对市政公用事业产品和服务的需求也呈现加速增长之势（见表 1.1），同时也可以看出，我国市政公用事业的发展取得了巨大进步。然而，同巨大的、快速增长的需求相比，我国的市政公用事业存在着管理不科学、资金缺口巨大、

表 1.1 　　　　　　　2004～2015 年我国市政公用事业发展情况

年份	2004	2005	2006	2007	2008	2009	2010	2011	2012	2013	2014	2015
供水总量（十亿吨）	49.03	50.21	54.05	50.2	50.01	49.68	50.79	51.34	52.3	53.73	54.67	56.05
供水管道长度（万公里）	35.84	37.93	43.04	44.72	48.07	51.04	53.98	57.38	59.19	64.64	67.67	71.02

年份	2004	2005	2006	2007	2008	2009	2010	2011	2012	2013	2014	2015
天然气供气总量 （十亿立方米）	16.93	21.05	24.48	30.86	36.8	40.51	48.76	67.88	79.5	90.1	96.44	104.08
天然气管道长度 （万公里）	7.14	9.2	12.15	15.53	18.41	21.88	25.64	29.9	34.28	38.85	43.46	49.81
蒸汽、热水供热总量 （亿吉焦）	19.46	21.10	21.58	22.50	25.65	26.32	29.11	28.10	29.54	31.97	33.22	35.18
蒸汽、热水管道 总长度（万公里）	7.70	8.61	9.40	10.30	12.06	12.48	13.92	14.74	16.01	17.81	18.72	20.44
道路长度 （万公里）	22.3	24.7	24.1	24.6	26	26.9	29.4	30.7	32.7	33.6	35.2	36.5
城市排水管道长度 （万公里）	21.9	24.1	26.1	29.2	31.5	34.4	37	41.4	43.9	46.5	51.1	54
城市污水日处理能力 （千万立方米）	7.39	7.99	9.73	10.34	11.17	12.18	13.39	13.3	13.69	14.65	15.12	16.07
公共交通车辆运营数 （万辆）	28.15	31.33	31.56	34.8	37.18	37.06	38.32	41.26	43.2	46.1	47.63	50.29

资料来源：根据国家统计局 2004～2015 年度数据整理。

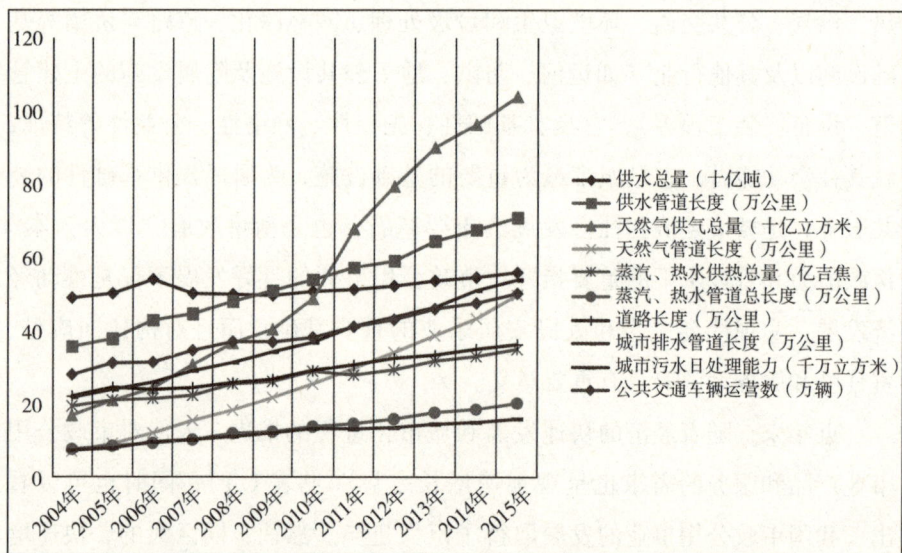

图 1.1　2004～2015 年我国市政公用事业增长趋势图

科技含量低、质量参差不齐等问题，再加上原有的市政公用事业设备陈旧、资源利用效率低、损失率大、维护成本高等原因，我国市政公用事业的发展正面临巨大压力。例如，城市公共交通方面，我国住房和城乡建设部城建司交通处处长兰荣表示，我国的城市公共交通分担率不足 10%，特大城市也只有20%左右，远低于西欧国家40%~60%的水平；城市输水管网方面，2014年最新数据显示：我国平均管网漏损率为15.7%（同2008年住房和城乡建设部调研结果15.2%相比，上涨0.5%），有些地方甚至高达30%以上，而发达国家最高漏损率水平是6%~8%，这导致我国每年有70多亿立方米自来水（同2008年调研结果59.6亿立方米相比，增加10多亿立方米）白白浪费掉，相当于一年"漏"掉一个太湖，足够1亿城市人口使用。[①] 另外，据中科院《2012中国新型城市化报告》称，我国的城市化率已经突破50%，每年城镇新增人口约2000万人。[②] 可以说，我国市政公用事业发展面临的压力要远远大于西方国家。在这样的背景下，探讨并解决如何提高市政公用事业经营效率，提供更加丰富多样化的优质产品和服务，降低生产、经营和管理成本，合理优化配置公用事业资源等问题，对完善市政公用事业经营方式，改变经营管理理念，推动政府转型和增强市场竞争力提出了更高的挑战。

西方发达国家市政公用事业供给模式的演变可以为我国公用事业发展提供良好的借鉴。20世纪30年代以来，伴随着城市化进程的加速，西方发达国家围绕市政公用事业供给模式展开了一系列的探索和实践，这场探索的焦点在于政府与市场哪一种手段在公用事业中更为有效。大体分为三个阶段：30年代初到70年代的公用事业国有化发展阶段。随着"经济大危机"的出现以及"凯恩斯主义"的兴起，为改变公用事业发展的无序状态，英国、美国、法国等西方国家政府开始介入公用事业发展，通过国有化管理、政府采购、收购、成立专门机构等方式，如自来水办公室等，加强对城市公用事业的规划与管理，形成统一的市政公用设施系统。1946~1947年期间，英格兰、威尔士地方政府拥有电力企业300多家，煤气企业

---

① 《自来水1年"漏"掉1个太湖　足够1亿城市人口使用》，载新华网，2014年10月20日，http://news.sohu.com/20141020/n405278011.shtml.

② 也有专家学者认为这一数字并不能反映真实的中国城市化水平，中国的真实城市化率不到35%，考虑到市政公用事业的普遍性和基础性，这里的50%包含居住在城市，但无城市户籍的人员。

200 多家，自然水厂 900 余家。① 这些措施的效果是显著的，西方发达国家大幅提高了市政公用事业的普及率和整体水平。不仅如此，市政公用事业的发展还极大地推动了相关产业的发展，并与城市规划有机的结合在一起。但政府的过度干预也产生了诸多问题：如企业目标模糊、竞争不足、政府财政负担过大、市场压制、政府失灵、效率低下等；20 世纪 70 年代的市政公用事业市场化（民营化）时期，70 年代的经济危机和巨大的财政压力成为改革的直接动力，通过减少政府在这一领域的干预，来释放市场在市政公用事业领域的优势和活力，出售国有资产、打破国家垄断、特许经营、合同承包等市场化、私有化手段的大规模运用成为这一时期的显著特征。这次改革以 1979 年英国撒切尔夫人改革和 1980 年美国里根总统改革产生影响最大，后经不断完善，掀起了世界范围内市政公用事业民营化发展的浪潮②；90 年代到现在是反思与治理时期，主要针对 80 年代以来过度私有化产生的弊端，以及适应治理时代主题的需要，目前还在探索形成阶段。

新中国成立以来，我国市政公用事业的发展经历了曲折的历程。受传统体制束缚、观念认知偏差等因素的影响，我国的市政公用事业长期由政府直接出资，并由国有企业垄断经营。在新中国积贫积弱情况下，这种模式最大限度地保证了大型基础设施的修建和公共服务的供给公平，在一定程度上也促进了市政公用事业普及率的提高，但随着经济、社会发展以及城市化水平的不断提高，这种体制的弊端也逐渐显露出来：经营效率低、产品和服务单一且数量严重不足、财政负担过大等。改革开放后，为打破计划管理模式弊端，围绕经营方式、政府职能转变、国企改革、市场机制和改革监管等方面，我国政府先后推动了承包经营和投融资体制改革、建立现代企业制度，引进民间资本和外资改革以及中央政府推动下的市政公

---

① 仇保兴：《西方公用行业管制模式演变历程及启示》，载《城市发展研究》2004 年第 2 期，第 5 页。

② Dennis A Rondineli，"Privatization，Governance，and Public Management：The Challenges Ahead"，Business and the Contemporary Word，10，no2（1988）：149～170.

用事业市场化改革。① 经过近 30 年的改革与发展，我国市政公用事业规模不断扩大，水平不断提高，在管理和运营方面也呈现出许多新的特点：政府的职能不断转变，政企分离，服务职能日益强化；行业垄断局面已经打破，初步建立了多元的融资机制、运营体系和竞争格局；相关的法律、法规等配套措施也逐步建立和完善。

但是，90 年代市政公用事业领域兴起的这场市场化改革也呈现出许多认识和实践上的偏差，现实性的因素往往主导了改革的价值取向和主要内容，甚至是运作机制，使得改革背离了市政公用事业的本质属性，而导致改革扭曲，如将市场机制的引入简单地等同于产权的私有化，不恰当地过度细化、分化公用事业，片面追求竞争忽视地区、部门、行业之间的协作与资源整合，以多元投资为名放弃政府主导责任、割裂公平与效率的关系，片面追求效率而忽视市政公用事业"公共性"特征、改革过程中放权与监管的脱节、权力腐败等等。另外，受传统管理模式和观念的影响，计划管理模式旧有痼疾并没有得到彻底有效的根治，如产权不明、结构不合理、监管失效等问题。从中西方管理实践可以看出，市政公用事业的发展，单纯地依靠政府或者完全的放手给市场都很难平衡好社会福利最大化和企业利润最大化的关系，因此，必须要用一种全新的理念来支撑和引导市政公用事业的发展。

近年来，合作治理理论在解决地方危机事件及其他公共性议题上发挥了重要作用，其多元化的治理主体、富有弹性的主体间协作机制、多样化的治理工具引起广泛关注和讨论，并且部分地方公用事业改革实践已经有了这方面的大胆尝试。因此，本研究基于对我国市政公用事业民营化改革的反思，力图揭示政府、市场、社会多元主体在市政公用事业发展中的功能定位和作用机制，探讨多元主体合作共治的理论和途径，以推进市政公用事业治理的变革和创新，并在城乡一体化和区域发展一体化的现实背景下，探讨城乡间、区域间、部门间市政公用事业均衡、协调、高效发展问

---

① 曹现强、贾玉良、王佃利：《市政公用事业改革与监管研究》，中国财政经济出版社 2009 年版，第 27 页。

题，对于进一步推进市政公用事业的改革和健康发展，推进城乡一体化和区域经济协调发展，确保为社会公众提供优良的公共服务，无论从实践角度还是从理论研究的方面来看，都具有十分重要的意义。

（二）研究对象

我国的市政公用事业发展经历了计划管理模式、过渡转型模式和市场化模式的变迁，每一种模式都对当时市政公用事业的发展产生了极大地推动作用，同时它们自身的不足又为下一步的改革与发展提供了新的思考角度和切入点。针对市场化改革的不足，结合治理理论、服务型政府等理论在政府改革创新中的运用，本研究提出的市政公用事业合作治理主要包含以下内涵：

从宏观上看，第一，合作治理是对市政公用事业公益性的回应。公益性是市政公用事业根本的社会属性，合作治理的目的不仅仅是向全社会提供量足、质优的公共产品或服务，而且还要保证这种产品或服务对社会各个群体或阶层来说可到达、可选择、可接受；第二，合作治理不仅仅是政府、市场、社会等主体间的合作，它更是不同运行机制间的合作，是规制、竞争与志愿等的有机结合。

从微观上看，第一，合作治理不仅仅是参与主体数量的变化。合作治理是对参与主体结构和主体间关系的优化，不仅仅是政府与企业间的合作，而且社会组织和公众的作用将更加突显。在主体间关系上，政府与其他参与主体已经由支配与被支配关系转变为政府主导下的多主体平等参与，由身份地位上的不平等转变为分工上的不同，这也是合作治理的最为明显的外观特征；第二，合作不仅仅是多元主体在投资环节上的合作。私人企业、社会组织、专家团体等可以利用自身的优势参与到政府规划决策等环节，政府和公众等也可以通过一定渠道合理地参与到企业运营和监管中来；第三，合作治理不是碎片化管理，它应该为市政公用事业中跨域、跨部门以及公私之间有效合作提供一种新的、切实可行的实现机制。

（三）研究意义

肇始于 20 世纪 90 年代的市政公用事业"民营化改革"取得了巨大成就，市政公用设施规模不断扩大、水平不断提高；行业垄断被打破，初步形成多元化主体参与的局面；运营管理水平大大提升，经济效益显著提高等，但其弊端也日渐显现，如过度市场化造成国有资产流失、政府责任缺失、公众利益受损等问题。作为对我国当前市政公用事业领域碎片化、过度市场化等问题的有效回应，本研究以公共产品理论、治理理论、新合作主义等理论为视角，对当前市政公用事业民营化理论及实践进行反思，并在此基础上，提出合作治理模式。认为通过引入竞争、参与、重塑政府角色等，实现治理角色多元化、治理结构网络化、治理工具丰富化、治理过程动态化是纠正当前改革偏差，实现市政公用事业经济效益和社会效益相统一的必经之路，具有现实的理论构建意义和实践指导意义。

1. 打破单一主导的思维模式，提供了一种新的理论视角。传统的政府垄断经营模式下，公用事业大多采用政府垄断经营的方式，主要依靠行政命令手段来实现公用事业的运营，但这一模式并不能很好地解决跨域、跨部门间合作，并往往因为严格的行政区划而失效，造成管理碎片化、重复建设、效率低下等问题。而市场化模式也存在诸多弊端，由于缺少理论价值层面的探讨，尤其是缺少对公共性问题、过度竞争问题关注，实践中往往导致资产流失、政府责任缺失、公众利益受损等现象发生。合作治理作为一种集体、平等的决策过程，侧重于以协商的方式来实现公共事务的跨域、跨部门间合作，它打破了"要么垄断，要么竞争"的"二元对立"思维方式，体现了一种"均衡"的哲学思维，平衡了规则制定者、规则受众和消费者三方利益，从而使市政公用事业的发展符合经济、社会、生态效益的统一，为市政公用事业改革提供了一种新的思维。

2. 提供了一种新的激励措施，体现了对"公共性"的回应。事实上，单纯地依靠政府力量，加大对市场的规制，或者单纯的市场化，倡导竞争，弱化政府职能，都会带来"失灵"问题，都不能平衡好企业效益最大化和社会福利最大化间的关系。合作治理模式表达的是合作理念与共赢思维，它使发展的权力真正回归社会，在尊重市场主体地位的情况下，倡导政府的主导作用和责任承担，并为社会组织和公民个人参与提供更加广阔的空间。通过构建多元参与机制、利益整合机制、有序竞争机制和规范监管机制，实现多元主体间的有效合作和利益协调，以此确保持续、健康、稳定地为社会提供数量充足、种类丰富、质量优良、价格合理的市政公用事业产品和服务，最大限度地维护和增进公共利益。

3. 有利于优化政府职能，更好地发挥其社会治理能力。一是使政府从繁杂的公共服务生产和供给中解脱出来，而专注于政策、规划的制定、监管和多元主体间协作构建与维护，形成多元治理系统；二是政府财政负担降低，财政支出结构得到优化；三是政府内部关系得到优化，职责体系更加明确，从根本上改变地方主义、部门主义导致的市政公用事业割裂状态。

4. 能够激发各个社会治理主体参与市政公用事业活力，优化市政公用事业供给系统。多元的参与机制不仅能够有效地解决融资不足问题，而且还能进一步优化融资结构。例如，2014 年，江苏省财政厅组织的首批政府和社会资本合作（PPP）试点项目吸引了 20 多家国内外金融机构。并公开向社会推出 15 个 PPP 试点项目，总投资 875 亿元，涉及交通基础设施、供水安全保障、污水处理设施、生活垃圾无害化处理、完善公共服务设施配套五大领域。省级 PPP 试点中心的成立为不同主体的合作提供了良好的交流和资源整合平台，预计今年江苏省全省固定资产投资 4.2 万亿元，其中政府直接或通过平台、市政等政府资源投资的总量约 1 万亿元。[①]

5. 合作治理模式能够带来巨大的经济效益和社会效益。合作治理模式一方面注重发挥政府合理规制的积极作用，营造良好的政策、法律环境；另一方面注重发挥市场竞争作用，提高资源配置效率，充分发挥市政公用事业作为基础产业对经济的拉动作用。以城市公共交通行业为例，市政公共交通的发展促进了公共汽车需求数量的增长，带动了汽车制造业、修配业等相关产业的发展。同时，公共交通的发展还会推动城市桥梁、道路等基础设施建设，并以此带动建材等行业发展（见图 1.2）。2005 年西安地铁二号线的投入使用取得较好的经济效益和社会效益，其中减少交通事故所得收益为 292.77 亿元，减少公交车购置费用 1.07 亿元，节约基础设施投资 1166.7 万元，推动房地产业产生约 180 亿元的效益，并极大地推动了城

① 潘晔：《江苏推出首批 15 个 PPP 试点项目》，载《中国建设报》，2014 年 9 月 1 日，http://www.chinajsb. cn/bz/content/2014 – 09/01/content_138600. htm.

市节能减排工作，带来可观的环境效益。①

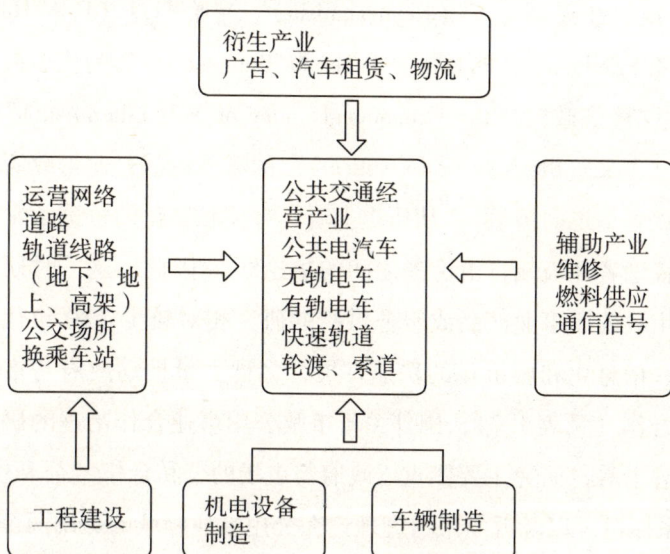

图 1.2　公交产业链结构

资料来源　张昕竹主编：《城市化背景下公用事业改革的中国经验》，知识产权出版社 2008 年版，第 130 页。

二、市政公用事业合作治理研究现状

（一）国外市政公用事业合作治理研究综述

西方国家市政公用事业发展历程中较早就出现了政府间及政府与企业、社会间合作的实践，如英国 1919 年颁布《电力法》，要求发电企业在互利的基础上联网，1933 年，英国成立国家电网，并加强与私人企业间合作，各私人企业通过国家电网形成有效竞争，这一模式即使是在世界性经济大萧条期间也取得了巨大的成功。② 但整体来看，这种合作的形式更多地带有个案性、非必然性的色彩，并未上升到普遍意义上制度或范式的构建。尤其是在 20 世纪 30 年代和 70 年代两次大的经济衰退期间，以凯恩斯（John

---

① 王子娟、杨茂盛：《城市轨道交通经济效益的分析》，载《城市交通》2009 年第 2 期，第 51 页。

② RICHARD J. GILBERT. EDWARD P. KAHN. International Comparisons of Electricity Regulation［M］. Cambridge University Press, 1996.

Maynard Keynes）等为代表主张的"国家干预主义（Government Interven-tionism）"或"凯恩斯主义（Keynesianism）"与哈耶克（F. A. Hayek）、弗里德曼（M. Friedman）、布坎南（James M. Buchanan）等为代表极力推崇的"新自由主义经济政策（the Economical policy of New Liberalism）"，又被称作"新保守主义（the New Conservatism）"的激烈论战，使得政府与市场两种机制对立更是走向极端，"从历史上看，有关私有化的争论常常表现为极端中央集权论者和极端自由论者之间的争论"①。因此，这一时期对以合作方式实现市政公用事业产品或服务供给的研究相对较少。80 年代以来，随着全球化、信息化和城市化的快速发展，多种力量推动政府与市场、社会开始走向合作（见表 1.2），国外关于市政公用事业合作治理的研究进程加快。从内容上看，研究主要侧重于政府与市场的公私合作（公私伙伴关系，PPP）关系探讨，以及近年来治理理论在公用事业领域的运用两个方面。

表 1.2　　　　　　　　　　　所有权和管制的四种可能组合

		所有权	
		公有	私有
管制程度	最小限度的管制	1980 年前大部分的公共服务（苏联的全部公共服务）	20 世纪 80 年代大部分的"典型私有化"
	强有力的管制	近来作为私有化替代的实验	最近的私有化

资料来源　[德] 魏伯乐、[美] 奥兰·扬、[瑞士] 马赛厄斯·芬格主编：《私有化的局限》，王小卫、周缨译，上海三联书店、上海人民出版社 2006 年版，第 13 页。

合作的动力主要来自两个方面：政府自身的推动力和市场化的拉动力。政府自身公共服务能力上的不足成为公私合作的直接推动力，80 年代以来，政府大规模干预经济的弊端逐渐显现出来，对此 M. Adil Khan 作了较为详尽的描述"日益增长的腐败、管理上的低效、大量的冗员、通货膨胀以及从 1980 年以来一直持续至今的财政赤字已经严重地暴露出政府（在公

①　[德]魏伯乐、[美]奥兰·扬、[瑞士]马赛厄斯·芬格主编：《私有化的局限》，王小卫、周缨译，上海三联书店、上海人民出版社 2006 年版，第 11 页。

用事业领域）的失败"①。到 1983 年，荷兰公共部门的开支占 GDP 的比重高达 67%②，布坎南（James M. Buchanan）虽不完全认同"粉碎福利国家"，但却指出如果不对福利国家结构进行"巨大变革"，整个国家将会为此付出巨大成本。③ 此外，政府垄断带来的低效、政府专业性不足以及技术上的劣势④使得公共产品供给的数量和质量不能有效满足公众需求，也加速了政府在市政公用事业领域改革的进程。另一方面，来自民营化理论与实践方面取得的成功起到了拉力作用，尤其是在政府面临巨大财政压力情况下，私人资本的引入被看做是必须的，同时私人资本也开始介绍一些新的管理方法、新的产品生产方法来使得商业组织更加有效（Park，1995），美国公私伙伴关系委员会（NCPPP）的研究发现：公私伙伴关系能够带来诸多的效益，主要包括减少开支、使公共部门和私人部门优势最大化、降低或分担风险、减少公共财政投资、激活存量资产、推动效率/更快地完成项目/保障维修方面的提高、更好的环境承诺、完善公众监督，同时还能提高社区服务、提高成本效率。⑤ 可以说，两方面的力量相互作用，共同推动了民营企业与政府间的合作实践。

可以说，公私部门间的合作取得了巨大的成效，但在不断深化的过程中也遇到了种种问题：过度私有化导致民主的缺失，过度私有化或公私伙伴关系使得政府对私人部门的依赖不断增强，其独立性和管理能力日渐丧失，政府对经济和社会的管理与控制变得越来越困难（Mayntz，1993；Kooiman，1993），突出表现为政府对私营化的市政公用事业部门的规制

---

① United Nations. Public Enterprises: Unresolved Challenges and New Opportunities, Economic & Social Affairs, 2008, p. 3.

② Thomas Kamm. Continental Shift: Au Revoir, Malaise: Europe's Economics are back in Business, Wall Street Journal, 9 April 1988, Al.

③ ［美］布坎南：《自由、市场与国家：80 年代的政治经济学》，平新乔、莫扶民译，上海三联书店 1989 年版，第 254～264 页。

④ Jostein Askim, Dag Harald Claes. "Part Hare, Part Tortoise-Explaining patterns in Norwegian public utilities reform 1990～2010", Utilities Policy 19 (2011): p. 88h.

⑤ National Council for Public-Private Partnerships. Testing Tradition Assessing the Added Value of Public-Private Partnerships. 2012: pp. 10～12.

"被俘获";公众利益损失,"虽然公民是服务的接收人,但承包关系中的顾客却更多地倾向于合同的管理人员而不是公民"①。由于缺乏足够的话语权,过度民营化的结果可能使社会底层的人们生活更加困苦②;市场化中权力腐败问题,"很少有活动比公共部门的采购可以造成更强烈的腐败动机或制造更多的腐败机会,公共采购中的腐败不但相当普遍,而且曝光的程度最高,采购腐败不仅导致官员被解雇,甚至导致整个政府的垮台,某些案例中浪费的幅度高达整个采购费用的30%"③;作为民营化、市场化的理论基础——新公共管理(New Public Management, NPM)还揭示出大量令人担心的其他问题:方向失衡,现实中太多的规制和监控,并且发展很不协调;政府机构割裂,成为众多专业化的组成部分;弱化公共服务的道德规范等。④ 魏伯乐等人在《私有化的局限》⑤ 中以极其广阔的视域和不同国家、地区大量的实证案例分析了水务、电信、公用交通、垃圾处理等公用事业私有化的经验教训,他开宗明义地指出:"谨防极端。"并以"谨防极端"作为文章总结,呼吁要在私营部门与公共领域之间寻求适度的平衡,并提出了"授能政府"(enabling state),主张鼓励市民参与公共生活,努

---

① [美]唐纳德·凯特尔:《权力共享——公共治理与私人市场》,孙迎春译,北京大学出版社2009年版,第165页。

② Rondinalli D A. Privatization and Economic Transformation:the Management Challenge. Management for Privatization,Lessons from Industry and Public Service. ILO, Geneva,1995,pp. 3～5.

③ [新西兰]杰瑞米·波普:《制约腐败——建构国家廉政体系》,清华大学公共管理学院廉政研究室译,中国方正出版社2003年版,第293～294页。

④ 参见[英]鲍利特:《重要的公共管理者》,北京大学出版社2011年版,第49～59页。

⑤ 魏伯乐等人对"私有化"概念进行了专门的描述:"本书使用的是其最广泛的含义。指的是通过减少或限制政府当局在使用社会资源、生产产品和提供服务中的职责来增加私营企业在这些事务中的职责的一切行为和倡议。它通常通过将财产或财产所有权部分或全部由公共所有转为私人所有来实现;但也可以通过安排政府向私营供货商购买产品或服务来实现,或者通过许可证、执照、特许权、租赁或特许合同等方式,将资产使用或融资权或者服务提供权移交给私营企业,尽管从法律上说所有权还保留在公共手中;甚至还可以包括诸如"建造—经营—移交"合同这样的情形,在这种情形中,私营企业建造一项资产,在经营一定时间后将其移交为公用所有"。从这段描述中,我们可以发现魏伯乐等人的"私有化"概念实际上就是一种市场化的公私伙伴关系。

力增加他们的参与意识和参与能力。① 面对市场化中出现的种种问题，人们开始重新思索公共部门与私人部门之间的合作关系，围绕公众利益和政府能力、管理整体性等问题，重新审视了改革的目标，"效率并不是唯一目标，政府所面临的根本性的挑战就是要平衡追求效率目标和追求其他同样重要、有时是更为重要目标之间的关系"，这些目标包括："效率、效能、能力、回应、信任与信心。"② 彼得斯（B. Guy Peters）在其《政府未来的治理模式》中分别探讨了市场式政府、参与式政府、弹性化政府和解制型政府模式下的公共利益的界定和实现问题。Mary Maurice Nalwoga Mukokoma 等通过发展中国家公用事业改革的研究也得出了公用事业水务改革中应"把公众利益置于核心地位"的结论。③

进入90年代以来，治理理论在西方国家兴起，并广泛应用于公共物品和服务的供给、环境保护、危机治理等领域，并针对不同对象和情景冠以不同治理名称，如"市场式政府""整体性政府""整体性治理""服务整合""协同政府""参与性政府""协商治理"等，理论与实践的发展为市政公用事业发展中各参与主体间新型合作关系的形成与建立提供了新的思维视角和理论支撑。

R. A. W. 罗茨提出了"治理"的六种用法："作为最小国家的治理、作为公司治理的治理、作为新公共管理的治理、作为善治的治理、作为社会——控制论系统的治理、作为自组织网络的治理。"④

迈克尔·麦金尼斯（McGinnis）研究了台湾地区的灌溉系统后，将政府官员（常规生产者）与农民（消费者）之间的相互依赖关系称之为"团队合作和协作生产"，他将"协作生产"界定为"生产物品和服务的投入

---

① 参见[德]魏伯乐、[美]奥兰·扬、[瑞士]马赛厄斯·芬格主编:《私有化的局限》,王小卫、周缨译,上海三联书店、上海人民出版社2006年版。

② [美]唐纳德·凯特尔:《权力共享——公共治理与私人市场》,孙迎春译,北京大学出版社2009年版,第14~16页。

③ Mary Maurice Nalwoga Mukokoma, Meine Pieter van Dijk: New Public Management Reforms and Efficiency in Urban Water Service Delivery in Developing Countries: Blessing or Fad? Public Works Management &Policy, 20 September, 2012: http://pwm. sagepub. com/content/18/1/23.

④ [英]Q. A. W. 罗茨:《新的治理》,木易译,载《马克思主义与现实》1999年第5期,第42~45页。

由不处于统一组织的个体提供的过程"。他反对将公众比作顾客，而是将其视为生产中能起到"积极作用"的部分。作者分析了协作生产中政府与公民的投入互补时产品被最佳地生产出来，共管系统中公众的参与改变生产函数，从而使得公共官员的努力更加有效地情况，并在此基础上进一步论述了协作生产对协同作用与发展的意义。①

奥斯特罗姆（Elinor Ostrom）并不认同把"利维坦"或"私有化"作为唯一方案，她认为要解决"公共池塘资源"需要由"私有特征的制度"和"共有特征的制度"相混合。并且两种制度是"相互啮合""相互依存"，而不能"相互隔绝的"。在她影响力巨大的《公共事物治理之道》一书中，她提出了长期存续的公共池塘资源制度设计的八条原则，为指导"集体行动"中各参与方行为提供了"可信的解释"，具体为："1. 清晰界定边界；2. 占用和供应规则与当地条件相一致；3. 集体选择的安排；4. 监督；5. 分级制裁；6. 冲突解决机制；7. 对组织权的最低限度的认可；8. 嵌套式企业（nested enterprises）。"② 并提出了政府"治道变革的"具体含义：政府职能的市场化、政府行为的法制化、政府决策的民主化、政府权力的多中心化。政府职能的市场化包括国有企业的民营化、公共事务引入内部市场机制等。③

鲍利特（Christopher Pollitt）提出了协同政府的四个目标："一是考虑消除不同政策间的矛盾和张力；二是通过消除不同项目方案的重复和冲突来更好地使用各种资源；三是在政策部门的不同利益群体间加强合作、传递优秀理念，形成协同或更加明智的工作方式；四是从服务使用者公民的角度出发，提供一套更为整合或无缝的服务。"④

彼得斯（B. Guy Peters）提出了适应不同情景的市场式政府、参与式政

① ［美］迈克尔·麦金尼斯主编：《多中心治道与发展》，上海三联书店2000年版，第385~472页。

② ［美］埃莉诺·奥斯特罗姆：《公共事物的治理之道——集体行动制度的演进》，余逊达、陈旭东译，上海三联书店2012年版，第108页。

③ ［美］埃莉诺·奥斯特罗姆：《公共事物的治理之道——集体行动制度的演进》，余逊达、陈旭东译，上海三联书店2000年版。

④ ［英］鲍利特：《重要的公共管理者》，北京大学出版社2011年版，第71页。

府、弹性化政府与解制型政府四种模式，并分别探讨了四种模式的概念、结构、管理、政策制定与公用利益问题（见表 1.3）。他认为四种模式的实施一定要结合具体的背景——时间和国家设置两个维度，并结合自身特征选择好合适的介入策略等。①

表 1.3   四个新治理模式的主要特征

	市场式政府	参与式政府	弹性化政府	解制式政府
主要诊断	垄断	层级解制	永久性	内部管制
结构	分权	扁平组织	虚拟组织	没有特别的建议
管理	按劳取酬；运用其他私人部门的管理技术	全面质量管理；团队	管理临时雇员	更多的管制自由
决策	内部市场；市场刺激	协商；谈判	实验	企业型政府
公共利益	低成本	参与；协商	低成本；协调	创造力；能动性

资料来源　［美］B. 盖伊·彼得斯：《政府未来的治理模式》，吴爱明、夏宏图译，中国人民大学出版社 2013 年版，第 16 页。

麦克纳博（David E. McNabb）认为当前市政公用事业的发展正面临范式的转变，他提出了市政公用事业改革运动的四项主要内容："1. 限制行政部门的自主性，以增强政府对民众政治要求的回应；2. 引入私人部门以绩效为基础的管理原则和做法，以改善运行的效率、有效性和可靠性；3. 增加运行的透明度，扩大个人、消费者团体和地方社区在设计和提供公共服务方面的参与程度；4. 广泛放松对投资者所有的公用企业的管制。"②

可以说西方治理理论发展到今天已经在体系构建上取得巨大进步，随着理论的不断深化与完善，其核心理念如多中心、网络化、协同、参与、动态合作等已经逐步在市政公用事业发展中得到运用，第三部门在市政公

---

① 参见［美］B. 盖伊·彼得斯：《政府未来的治理模式》，吴爱明、夏宏图译，中国人民大学出版社 2013 年版。

② ［美］戴维·E. 麦克纳博：《公用事业管理：面对 21 世纪的挑战》，常健、符晓薇、郭薇、翟秋阳等译，中国人民大学出版社 2010 年版，第 16 页。

用事业产品供给中的作用也越来越受到重视。如奥斯特罗姆积极地肯定了民间水协会在各流域内水务活动中的作用，迈克尔·麦金尼斯探讨了舆论曝光与公众的关注，对惩治外包中的腐败以及在推动采取进一步纠正行动中的作用等。

（二）国内市政公用事业合作治理研究综述

相对于国外市政公用事业改革理论和实践的发展来说，我国市政公用事业改革起步较晚、发展比较缓慢，整体上相对滞后，一般局限于对市政公用事业理论的挖掘、消化与吸收上，因此，在研究脉络上国内外呈现出大致相似的特点。同时，我国市政公用事业改革有着自身的特殊性，政府干预更加彻底，传统管理模式惯性作用更强，受制于高度集中的计划管理模式的惯性，我国公用事业曾在较长时期内由政府垄断经营。一方面，政府自身严格的层级制度使得公用事业的发展模式逐渐僵化，弊端丛生；另一方面，近年来，随着政府治理模式的不断突破和创新，市政公用事业取得快速发展并呈现出新的特点，可以说，政府在市政公用事业发展中的绝对主导地位，使得它自身治理模式的变革成为市政公用事业改革不得不考虑的因素。因此，对我国市政公用事业合作治理的研究事实上遵循了两条主线：一是政府治理模式的转变；二是市政公用事业市场化（公私伙伴关系）的发展。

主线一：政府治理模式的转变。

随着社会主义市场经济体制的不断发展和城市化进程的不断加速，公共产品和服务由政府单一供给模式的不足逐渐显露，对打破政府迷信、限制政府职能扩大化、构建有限政府和服务型政府、实现多中心、网络化治理的呼声越来越高。俞可平（2000）在《治理与善治》较早介绍了"治理"（governance）理论，他认为治理与统治的本质性区别在于权威主体的不同：首先，治理的主体可以是公共机构，也可以是私人机构，因此"治理是比政府更加宽泛的概念"；其次，治理权力运行是多向度的，"其实质是建立在市场原则、公用利益和认同之上的合作"，在此基础上，他又进一步阐释了"善治"（good governance）的含义，"善治的本质特征就在于它是政府与公民对公共生活的合作管理。"治理理论的提出为打破政府单一中心，构建多中心的服务供给模式提供了新的理论视角。① 唐娟（2006）从行为主体的角度提出了公共物品供给的四种模式：权威型供给模式、商业型供给模式、志愿型供给模式和自主型供给模式。② 拓展了府际间关系的新领域，提出并论证协商型府际间主义的合理性。周义程（2009）较为系统地分析了公共产品纯政府供给模式和市场供给模式不足，并提出了公共产品民主型供给模式。③ 鄞益奋（2007）④、谭英俊（2009）⑤ 进一步阐释了网络治理的特征：主体的多元化、治理结构的扁平化和治理工具的丰富化，并指出信任机制、协商机制和学习机制是实现网络治理有效运行的保障。姚引良、刘波、汪应洛（2010）对网络治理的理念、地方政府网络治理的类型以及前提条件等进行论述，并结合宝鸡的案例，提出了网络治理理论对地方政府深化行政体制改革的启示。⑥ 孔繁斌（2012）从多中心治理生成的理论逻辑、运作规则、运作场域和运作主体出发，较为系统地分析了公共性再生产中多中心治理的合作机制构建等。⑦

近年来，府际间合作理论和实践的发展丰富了政府治理理论的内容。杨宏山（2005）从府际间合作的角度出发，认为传统的"条块"行政体制模式下，地方政府完全听命于中央，本身不是独立的利益主体，不可能主动寻求地方政府间合作，这直接导致政府回应性的不足和行政成本的升高。因此，需要在加强中央和地方纵向合作的基础上，加强地方政府间横向合作，完善多中心合作体制，以更好地"化解区域性公共物品供给的外部性问题"，形成"相互依赖的网络型治理模式"⑧。毕瑞峰（2010）在《论合

---

① 俞可平：《治理与善治》，社会科学文献出版社2000年版，第6~9页。

② 唐娟：《政府治理论》，中国社会科学出版社2006年版。

③ 周义程：《公共产品民主型供给模式的理论建构》，中国社会科学出版社2009年版。

④ 鄞益奋：《网络治理：公共管理的新框架》，载《公共管理学报》2007年第1期，第90~95页。

⑤ 谭英俊：《网络治理：21世纪公共管理发展的新战略》，载《理论探讨》2009年第6期，第140~141页。

⑥ 参见姚引良、刘波、汪应洛：《网络治理理论在地方政府公共管理实践中的运用及其对行政体制改革的启示》，载《人文杂志》2010年第1期，第79~85页。

⑦ 参见孔繁斌：《公共性的再生产：多中心治理的合作机制建构》，江苏人民出版社2012年版。

⑧ 杨宏山：《府际关系论》，中国社会科学出版社2005年版，第308~315页。

作治理与地方政府间的关系重建》中，提出了具体的政府间合作的建议。谭英俊（2011）设计了地方政府公共事务合作治理能力的评价指标体系，在借鉴国外成功经验的基础上，提出了我国地方政府公共事务合作治理能力建设的路径。[①] 李瑞昌（2012）认为传统的政府垂直管理模式导致了政府碎片化管理的弊端，改革应该运用统筹治理思维，构建分享型的政府间伙伴关系。[②] 石国亮（2013）重点阐述了政府治理模式、大部制体制改革等前沿问题。[③] 另外部分研究人员等还将网络治理理论运用到具体公共事务的分析中，为探讨不同公共事务治理中政府间合作提供了有益的借鉴。

主线二：市政公用事业市场化的发展。

虽然对市政公用事业市场化及相关问题的研究基本上起步于 2000 年以后，但伴随着市场经济的快速发展和城市化进程的加速，我国的市政公用事业市场化研究也进入一个快速发展阶段，研究领域较为广泛，主要围绕市政公用事业（自然垄断行业）特性、投融资体制改革、政府规制与监管、运行管理与保障机制、治理结构等张开，初步形成了较为全面的研究体系。目前，在市政公用事业市场化领域研究成果丰硕的主要代表机构有北京天则经济研究所公用事业研究中心、上海城市发展信息研究中心和上海济邦咨询公司等，前者的代表作品有《公私合作制的中国试验 NO.1》《公私合作的中国实验 NO.2》《中国水务市场化案例研究》等；该领域研究成果较为丰硕的专家、学者有王俊豪、仇保兴、徐宗威、余晖、盛洪、秦虹、张昕竹、肖兴志、陈富良、崔竹、句华、陈明、石淑华、傅涛、张曙光等，他们的研究成果为我国公用事业民营化的探索与实践做出了积极的贡献：

第一，市政公用事业市场化合理性及意义的探讨。研究首先在必要性和可行性等层面展开。在可行性探讨方面，主要是对国外市政公用事业市场化的成功经验进行引入和介绍，肖兴志、张曼（2001）着重研究并总结

---

① 参见谭英俊：《地方政府公共事务合作治理能力建设研究》，广西人民出版社 2011 年版。

② 参见李瑞昌：《政府间网络治理：垂直管理部门与地方政府间关系研究》，复旦大学出版社 2012 年版。

③ 参见石国亮：《服务型政府：社会合作治理新思维》，国家行政学院出版社 2013 年版。

了英、美、日三国自然垄断企业改革的共同特征：放松规制与激励机制并存、完善法律法规、组建专门的规制机构以及引入竞争和保护产权等。[①] 王俊豪（2002）参考英国自然垄断产业所有制变革，较早的提出了我国市政公用事业改革应该坚持政企分离，放松管制和引入竞争机制。[②] 仇保兴（2002）研究了西方国家公用事业管制四种模式的演变，并在此基础上提出了我国市政公用事业规制改革的七条建议等。[③] 秦虹、余晖（2006）[④]、范合君、柳学信、王家（2007）[⑤]、丁浩、范合君（2007）[⑥] 等人对国外市政公用事业监管做法分别进行了较为详尽的介绍。另外，马树才、袁国敏、韩云虹（2001）[⑦]、王俊豪（2002）[⑧]、句华（2006）[⑨]、崔竹（2006）[⑩] 等人还结合市政公用事业产品准公共性的特征，将自然垄断产业划分为竞争性业务和非竞争性业务，认为民营企业具有更高的效率，竞争性业务应该首先向民营化开发，从而为公用事业产品或服务市场化、民营化提供理论依据；在必要性探讨方面，张勇、张世英、程振华（2002）通过模型构建

---

① 参见肖兴志、张曼：《美英日自然垄断型企业改革的共性研究》，载《中国工业经济》2001 年第 8 期，第 50～55 页。

② 参见王俊豪：《英国自然垄断产业企业所有制变革及其启示》，载《财经论丛》2002 年第 1 期，第 1 页。

③ 参见仇保兴：《西方公用行业管制模式演变历程及启示》，载《城市发展研究》2002 年第 4 期，第 4～17 页。

④ 参见秦虹、盛洪：《市政公用事业监管的国际经验及对中国的借鉴》，载《城市发展研究》2006 年第 1 期，第 57～62 页。

⑤ 参见范合君、柳学信、王家：《英国、德国市政公用事业监管的经验及对我国的启示》，载《经济与管理研究》2007 年第 8 期，第 82 页。

⑥ 参见丁浩、范合君：《国外公用事业监管做法及启示》，载《价格月刊》2007 年第 8 期，第 58～59 页。

⑦ 参见马树才、袁国敏、韩云虹：《城市公用事业的经济属性及其市场化改革》，载《社会科学辑刊》2001 年第 4 期，第 92～94 页。

⑧ 参见王俊豪：《我国自然垄断产业民营化改革的若干思考》，载《商业经济与管理》2002 年第 1 期，第 11 页。

⑨ 参见句华：《公共服务中的市场机制研究：理论、方式与技术》，北京大学出版社 2006 年版，第 40～43 页。

⑩ 参见崔竹：《市政公用事业市场化的理论基础》，载《中共中央党校学报》2006 年第 5 期，第 54～55 页。

证明了计划经济体制下市政公用事业享受的"先用后算，多用多补"的财政补贴政策是导致激励弱化、成本失控、政府负担加重的根本原因，改革初期的"补贴包干"等措施也存在诸多弊端，建立现代企业制度，完善激励机制才是市政公用事业改革的必然出路。① 张伟新、崔广柏（2003）在具体分析城市市政和公用事业内涵及特征的基础上，得出走市政公用事业产业化发展道路是必然趋势。② 何孝星（2003）在分析政府垄断经营模式弊端的基础上，结合时代的发展，着重分析了国内民间资本参与公用设施投资的巨大潜力和成功实践，并较早的提出了市政公用事业市场化的路径选择和政府在民营化中的引导和调控作用。③ 另外，近年来，随着市场化改革的不断加深和城市化进程不断加快，部分研究还结合市政公用事业现实供给需求和市场化取得的成效来论证其合理性。

第二，市政公用事业市场化中政府角色界定和功能定位。当前，对市政公用事业市场化中政府角色的界定已经得到基本的共识，石淑华等认为市场化模式下不是需要弱政府，而是需要强政府，具体来说，政府应该扮演好"决策规划者、法律法规的制定者和监管者、培育者的角色"④。徐宗威在《公权市场与政府公共职能》中较为详尽的阐述了公用事业市场化中政府公共职责的履行："一是公有制经济在市政公用事业中应该占主导地位；二是政府在实行特许经营中其公共职能只能加强不能削弱；三是市政公用事业中国有股权转让必须坚持国有控股；四是政府必须解决市政公用事业市场失灵部分的有效供给；五是政府公共职能要求政府应当成为市政公用事业的投资主体；六是政府寻求的市政公用事业合作方一定是战略合作者；七是政府应当成为市政公用事业的出资者；八是公共服务均等化要

① 参见张勇、张世英、程振华：《政府主管部门与市政公用企业的博弈分析》，载《管理科学学报》2002 年第 2 期，第 81～90 页。

② 参见张伟新、崔广柏：《城市市政公用事业产业化发展的思考》，载《现代经济探讨》2003 年第 4 期，第 18～21 页。

③ 参见何孝星：《加快推进我国经营性公用事业民营化问题研究》，载《经济学动态》2003 年第 10 期，第 29～33 页。

④ 石淑华：《中国公用事业民营化改革的若干反思》，中国经济出版社 2012 年版，第 85 页。

求政府必须履行政府公共服务职能；九是发展是检验市政公用事业特许经营改革的重要标准。"①

第三，对市政公用事业市场化具体运作方式的研究。杭永宝、王荣（2004）将我国市政公用事业市场化方式分为 BOT 模式（Build-Operate-Transfer）、合资模式、并购模式、民营模式、TOT 模式（Transfer-Operate-Transfer）、PPP 模式（Private-Public-Partnership）、TOD 模式（Transit-Oriented Development）、SOD 模式（Service-Oriented Development）和 AOD（Anticipation-Oriented Development）模式 9 种，其中，BOT 模式又衍生出 BOO、BTO、BOOS 等多种模式。② 冯锋、张瑞青（2005）认为 BOT、TOT 和 PPP 为市场化运作的主要方式，并从项目的融资结构设计、运作程序及周期、投资风险和责任、政府监管、经济和法律环境五个方面比较三者的异同。③ 句华（2006）将公共服务市场化方式归为四类：合同外包、特许经营、用者付费及内部市场等民营化，并具体分析了公共物品的多样属性与不同市场工具引入方式的关联。④ 张伟雄（2006）将市场化模式分为 BOT 模式、合资模式、直接并购模式、民营独资模式、TOT 模式和国家私人合营公司模式六种。⑤ 杨宏山（2010）提出了城市合作治理的六种工具：合同外包、特许经营、政府补助、凭单制、自由市场和志愿服务。⑥ 黄嵩将我国公用事业民营化模式认为六大类：BOT、TOT、PPP、合营（合资）公司、股权收购、独资经营。⑦ 虽然许多学者对公用事业市场化（民营化）的实现形式进行了陈述，但整体来看，分类多限于陈述，缺乏系统性的分析，在这方

① 徐宗威：《公权市场与政府公共职能》，载《城市管理前沿》2009 年第 4 期，第 20～23 页。

② 参见杭永宝、王荣：《市政公用行业市场化改革形式与成效、问题与对策》，载《经济体制改革》2004 年第 3 期，第 23～24 页。

③ 参见冯锋、张瑞青：《公用事业项目融资及其路径选择——基于 BOT、TOT、PPP 模式之比较分析》，载《软科学》2005 年第 6 期，第 52～55 页。

④ 参见句华：《公共服务中的市场机制——理论、方式与技术》，北京大学出版社 2006 年版。

⑤ 参见张伟雄：《我国公用事业民营化改革的必要性和可行性分析》，载《民营经济研究》2006 年第 8 期，第 115～116 页。

⑥ 参见杨宏山：《城市合作治理的工具选择》，载《中国社会科学报》2010 年第 4 期，第 1～2 页。

⑦ 参见黄嵩：《公用事业民营化的六大模式》，载《中国招标》2004 年第 20 期，第 9～12 页。

面周林军、曹远征、张智等人的研究较具有权威性（见表1.4）。①

表 1.4　　　　　　　　　　　PPP 的三级结构分类法

PPP 类型	外包类 (Outsourcing)	模块式外包 (component outsourcing)	Service Contract
			Management contract
		整体式外包 (Turnkey)	DB
			DBMM
			O&M
			DBO
	特许经营类 (Concession)	TOT	PUOT
			LUOT
		BOT	BLOT
			BOOT
		其他	DBTO
			DBFO
	私有化类 (Divestiture)	完全私有化	PUO
			BOO
		部分私有化	股权转让
			其他

　　对市政公用事业监管的研究起步较早，初期研究主要集中于对自然垄断行业的监管领域，2005 年后对市政公用事业市场化监管的研究进入加速阶段，研究的视角也日益丰富，其中仇保兴、王俊豪的《中国市政公用事业监管体制研究》（2006）较具代表性，从管制的实质上看，余晖（1998）认为价格管制是一种面对市场微观主体的行政法律制度，政府行政机构通过法律授权，对市场主体的某些行为进行限制和监督。陈富良（2000）论证了转轨时期的政府规制是经济系统的一个内生变量。② 姚愉芳（2000）认为"竞争是市场经济的核心，规制是为了在市场机制的缺陷下维护竞争

----

　　① 周林军、曹远征、张智主编：《中国公用事业改革：从理论到实践》，知识产权出版社 2009 年版，第 27 页。

　　② 参见陈富良：《我国转轨时期的政府规制》，中国财政经济出版社 2000 年版。

及对竞争具有局限性的产业（自然垄断产业）采取对其活动进行的限制，目的是为了实现公平的分配、防治无效的资源配置、经济的稳定增长，满足需求者的公平利用"。从监管的对象上看，徐华（2001）较早的提出了我国自然垄断行业价格监管体制的改革方向：定价方法的规范化、监管对象确定与调整的规范化、监管程序的规范化、监管组织体系的规范化、价格监管方式的多样化和政企分离等。① 余晖（2003）分析了市场准入监管，陈洪博（2003）的《论公用事业的特许经营》、张永刚（2005）的《市政公用事业的特许经营与行业监管》、肖晓军（2006~2007）的《特许经营在我国公用事业市场化中面临的问题》以及徐宗威（2006~2007）的《公用事业特许经营改革谈》（上、下）等研究较为详尽地介绍了特许经营中政府监管的工具和面临的问题以及相关对策等，另外徐宗威的《公权市场》对特许经营证的政府监管进行了详细的分析②；从行业分布来看，当前对公用事业市场化监管研究主要集中于水务行业，如宋华琳（2006）、谢建华（2006）、傅涛（2008）的研究，刘晓君（2006）、卢欢亮（2009）等对污水处理、垃圾填埋场市场化和其他行业的市场化监管也进行了初步分析；从监管的方式上看，吕志勇、陈宏民（2003）认为随着市场化的确立和发展，自然垄断行业管制的重点应该由过去的价格和进入管制转移到对以网间协调、稀缺资源控制和普遍服务上，在管制方式上可以借鉴限价管制（Price-Caps）、特许权投标（Franchise Bidding）、标尺竞争（Yardstick Competition）和社会契约（Social Contracts）等多种方式，另外，作者还讨论了独立监管和依法监管问题等③；从监管体系的构建上看，肖兴志（2001）较早地提出了对自然垄断行业实行激励性规制改革，并从法律框架、微观企业基础和规制机构三个方面重新构建规制体制框架。④

---

① 参见徐华：《我国自然垄断行业的价格管制：问题与对策》，载《东南学术》2001 年第 6 期，第 67~73 页。

② 参见徐宗威：《公权市场》，机械工业出版社 2009 年版，第 167~219 页。

③ 参见吕志勇、陈宏民：《我国自然垄断产业市场化改革的几个关键问题研究》，载《中国工业经济》2003 年第 8 期，第 60~63 页。

④ 参见肖兴志：《自然垄断行业改革的新视角》，载《中国工商管理研究》2001 年第 5 期，第 7~9 页。

部分学者还对我国政府规制存在的问题进行研究，如胡税根（2001）认为我国政府规制存在着政企不分、行政垄断突出、价格形成机制不合理以及寻租等问题，政府规制效率低下，并提出通过建立健全法律体系、明确政府边界、构建高效和权威的规制机构、引入竞争等措施来改善政府规制低效问题。[①] 李郁芳（2004）认为：转轨时期，政府规制过程的制度缺陷在于尚未形成相互制约与抗衡的独立成熟的规制过程的行为主体，消费者力量弱小，民营企业保留着对政府的依赖性。[②] 另外，她的其他多篇论文还较为详尽地介绍了政府规制中行为主体及其相互关系、规制失灵的理论分析以及规制外部性问题等。

第四，对市政公用事业治理机制的探讨。陈明（2009）较为系统地总结了我国市政公用事业民营化的十大政策困境，在此基础上构建了良性民营化的模型（见下），并提出了市政公用事业民营化的有效竞争、合理规制和消减负效三项制度保障。

$$E(c,\ r,\ d) = \max\left\{E_g + E_e + E_e + E_W\right\} - \min\left\{C_u + C_c\right\}$$

$$St:\ S_g \geqslant E_{g0};\ E_e \geqslant E_{e0};\ E_c \geqslant E_{c0};\ E_w \geqslant E_{u0};\ C_u \leqslant C_{u0};\ C_c \leqslant C_{c0}$$

其中，E_g、E_e、E_c、E_w 分别表示城市公用事业民营化中政府、民营企业、消费者、员工的利益，E_{g0}、E_{e0}、E_{c0}、E_{u0} 分别表示民营化中各利益主体的保留利益，即利益主体的最低利益诉求，C_u、C_c 分别表示事业和腐败等负面效应，c、r、d 分别表示竞争、规制、减少负面效应等。[③] 郭鹰（2010）针对公私伙伴关系中可能出现的风险提出要建立风险约束机制、激励机制和协商机制。[④]

（三）市政公用事业研究深化

纵观国内外市政公用事业改革的理论和实践，市场化改革已经成为比较

① 参见胡税根：《论新时期我国政府规制的改革》，载《政治学研究》2001 年第 4 期，第 70 ~ 78 页。

② 参见李郁芳：《转轨时期政府规制过程的制度缺陷及其治理》，载《管理世界》2004 年第 1 期，第 137 ~ 138 页。

③ 陈明：《中国城市公用事业民营化研究》，中国经济出版社 2009 年版，第 115 ~ 126 页。

④ 郭鹰：《民间资本参与公私合作伙伴关系（PPP）的路径与策略》，社会科学文献出版社 2010 年版，第 83 ~ 84 页。

普遍的趋势，尤其是近年来，国内的专家、学者们更是对公用事业改革的各个领域、各个环节、各种形式等都进行了不同程度的研究和探讨，并在许多理论上取得了重大成果，似乎市场化为我们提供了解决现实投资不足、效率低下、财政负担重等问题的完美方案。然而，现实中惨痛的教训却不得不引起我们的反思，过度市场化导致政府责任缺失，进一步加剧了弱势群体的负担，监管不力导致市场化过程中员工失业以及国有资产流失问题，企业与政府间信息的不对称，造成了新的价格垄断，并在一定程度上使得政府规制"被俘虏"等等。因此，我们在对已有的研究成果进行归纳分析的基础上，认为有必要着重加强对当前市政公用事业改革中以下问题的思考：

一是对市政公用事业属性的再认识。对市政公用事业属性的认识在很大程度上决定了供给模式的选择以及供给结果的公平正义性。显然，传统意义上单纯的以供给数量和经济效益来衡量市场化成效的功利主义已经遭受越来越多的质疑和遗弃。在公民权利日益发展的今天，市政公用事业的改革与发展应被置于更加宽广、更加长久的视角，努力使改革向着经济效益、社会效益和公民权利相统一的方向迈进。

二是市政公用事业多元参与主体的功能定位。市政公用事业产品或服务的多元供给并不意味着政府主导责任的放弃，政府应该妥善处理好竞争与规制、公平与效率、"划桨"与"掌舵"的关系，注重在宏观规划和政策环境营造方面的主导作用。特别需要注意的是，当前我国市政公用事业虽然初步实现了投资主体的多元化，但却仅仅停留在少数企业在投资环节的参与，市场化并未为社会组织、公众或其他主体提供多样化的参与渠道，未来应该注重发挥公众、社会组织在公用事业改革的多重作用的研究。

三是市场化改革的实践绩效及问题。市场化改革的核心是竞争机制的引入，当前部分地方政府出于追求任期内政绩或甩包袱的心态，为获得短期内政府财政的增加，盲目地推进市场化改革，对市场化后的公用事业缺乏实时跟进，或过度粉饰市政公用事业市场化的成效。而市场化的实践绩效到底如何，其衡量标准应主要包含哪些指标，各指标权重如何划分等问题还需进一步的细化研究。

四是市政公用事业的区域治理问题。随着城市化进程的推进，城市规模的扩大和公共问题的增加，地域间公用事业的合作治理变得越发必要和迫切。受制于"条块"的行政区划，市场化改革并没有从根本上改变计划管理模式下公用事业发展的碎片化状态，公用事业的规模经济、范围经济等并没有很好地体现出来，这也是我们下一步改革中研究的重点。

五是服务型政府建设背景下的市政公用事业治理模式的转型趋向。既要能够有效地解决市场化中出现的种种问题，又要对服务型政府构建等新课题做出有效回应。因此，有必要探求一种新的理念和模式，这也是我们研究目的之所在。

三、研究思路与方法

（一）基本思路

市政公用事业的合作治理是对以往治理模式的扬弃，它从市政公用事业最基本的属性和社会公益性出发，探求市政公用事业改革和发展的新型模式。并在此基础上，尝试对市政公用事业的属性进行多角度、多层次的解析。通过梳理国内外市政公用事业发展模式的变迁，客观、中立地总结成功经验和失败教训，为我们下一步的改革和发展提供有益的指导。然后，我们将提出市政公用事业合作治理的必然性及其理论依据，在此基础上揭示市政公用事业合作治理的内涵特征、价值取向、主体定位、模式分类及其合作机制等关键性问题。最后，我们将具体分析市政公用事业合作治理的三种典型形式——市政公用事业的跨部门合作治理、公私合作治理以及跨域合作治理（见图1.3）。

按照从总体到局部、从抽象到具体、从理论到实践的逻辑顺序，本书分为六部分，共七章，安排如下：

第一部分为第一章和第二章。第一章主要介绍我国市政公用事业合作治理的背景、意义；研究对象；国内外市政公用事业合作治理的文献综述；研究思路和研究方法。通过分析论证合作治理研究的价值、意义所在，本章将尝试系统地梳理当前国内外市政公用事业合作治理方面的文献综述，探索国内外研究的侧重点、成效、不足以及发展展望等问题。第二章主要介绍我国市政公用事业发展模式的变迁和现实治理困境。归纳总结国内市政公用事业治理模式的变迁，并对政府计划管理模式、过渡转型模式、市场化模式的特点、运行方式与机制、成效与不足进行梳理，得出当前模式下我国市政公用事业改革的必要性和面临的现实困境，为下一步市政公用事业合作治理理论依据的提出提供支撑。

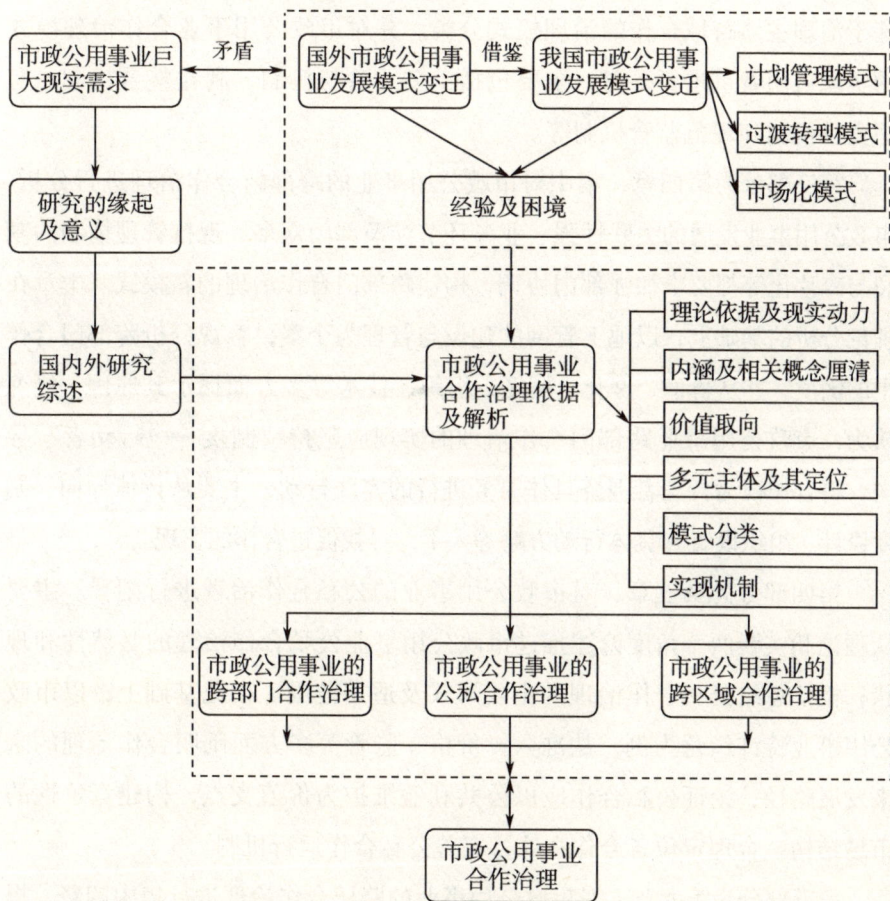

图 1.3　研究思路

第二部分为第三章。首先分析了市政公用事业合作治理的理论与现实依据。其次，在前文理论梳理与实践反思的前提下，以"治理"理论和"合作主义"思想为基础，揭示我国市政公用事业合作治理的具体内涵及其特征，指出市政公用事业合作治理强调：治理主体多元化；治理结构网络化；治理工具多样化；治理过程动态化；以及要凸显政府的主导性作用并坚持公共利益、和谐共治和公平与效率相统一的价值取向。另外，根据

"利益相关者理论"对公用事业合作治理中的政府、市场、非营利组织和公众等多元主体在公用事业合作治理中的定位进行分析。最后，依据不同的划分标准，着重分析市政公用事业合作治理的模式分类，主要包括：基于市政公用事业特性的治理模式分类；基于不同依托媒介的治理模式分类和基于治理主体跨域合作的治理模式分类。并对市政公用事业合作治理模式的实现机制着重进行探讨，主要包括：多元参与机制、利益整合机制、有序竞争机制和规范监管机制等。

第三部分为第四章，集中对市政公用事业的跨部门合作治理进行分析。市政公用事业发展的关联性强、业务环节涉及部门众多、现行管理体制的割裂与碎片化等都要求加强部门协调，构建跨部门合作治理的新模式。本章在理论分析的基础上，以地下管网的建设与管理为个案，客观分析跨部门合作中的困境，并从价值、文化、制度、组织、技术等多方面揭示其原因。研究认为，市政公用事业跨部门合作治理的实现应坚持"制度——行动者"导向，将合作视为行动者围绕具体事务进行的实践行动，主要从价值导向、制度设计、组织设置和具体行动方略等入手，寻找促进合作的实现。

第四部分为第五章，对市政公用事业的公私合作治理进行阐释。主要从理论和实践两个角度论述推进市政公用事业公私合作治理的必然性和现状；概括总结公私合作治理的主要形式及适用范围。在此基础上，以市政公用事业特许经营为例，从准入、价格、监管等多方面阐明合作治理的未来发展路径，论证公私合作应以公共利益维护为价值支点，构建竞争性的市场结构，合理定位各合作主体，完善公私合作运行机制。

第五部分为第六章，对市政公用事业的跨域合作治理进行集中阐释。提出构建市政公用事业的跨区域合作治理模式，不仅是打破行政垄断、提高供给效率，对市政公用事业改革进行的积极探索和回应，而且是整合资源要素、统筹城乡发展，促进公共服务均等化和实现政府服务职能转型的迫切要求。由于市政公用事业的各个行业公共性及生产属性的不同，其所需要的跨域治理方式也不尽相同。本章系统梳理目前我国市政公用事业跨域合作的实践形式，并以城际公交一体化发展为切入点，分析跨域合作治理面临的困境，试图探寻适应市政公用事业发展需求的跨域合作治理新模式。

合作治理：市政公用事业发展模式研究

最后一部分为第七章，总结与展望。主要包括三个部分的内容：一是对本研究的主要内容和结论进行系统概括；二是对市政公用事业合作治理的实现应该重点关注的问题进行总结；三是对未来我国市政公用事业合作治理的研究进行展望。

（二）研究方法

本研究主要采用规范研究、实证研究和比较研究的方法，从政治学、经济学、政府治理以及公共服务的视角来探究市政公用事业改革和发展中出现的问题，以期以更为全面的视野，促进对市政公用事业合作治理问题研究的深入。

规范研究。规范理论研究法主要回答的是事物应该是怎样的问题。在公共行政学中，规范研究以价值探讨为核心，追求公正、合理的治理秩序，通过严谨的逻辑结构来解答某个基本的问题。本书从市政公用事业公益性的角度出发，梳理并探讨了市政公用事业以往发展模式的特点及不足，在此基础上对市政公用事业合作治理的必然性进行探讨，并对市政公用事业的价值属性、各参与主体的角色分工、责任承担以及合作治理机制进行"应然"意义上的界定，以求为具体的实践活动提供有益指导。

实证研究。在通过广泛查阅文献资料系统梳理我国市政公用事业发展模式变迁，同时查阅国家统计局、住房和城乡建设部以及外国政府、世界银行等国内外权威网站获取数据资料的基础上，我们进行了大量的调研活动，先后对十几个城市的市政公用主管部门以及部分企业进行了访谈，并与济南市市政公用局合作，围绕服务供给社会满意度、行业发展规划、特许经营管理等进行研究，完成两次问卷调查，形成四个研究报告，由此也掌握了大量第一手的数据资料；调研中掌握的大量改革实例，也为探寻市政公用事业改革的成效和不足，以及具体分析合作治理三种典型形式，提供了有力支撑。

比较研究。从纵向上看，西方国家的市政公用事业发展经历了诸多模式的变迁，每一种模式又有着各自特定的历史背景、运行特征、实现工具、优势与不足。另外，我国市政公用事业发展模式变迁中的成功经验和不足也为下一步我国市政公用事业改革实践活动指明方向。研究中，我们通过历史的纵向比较和现实的横向比较，对市政公用事业合作治理的实践背景、组织性质差异、制度约束、路径选择等进行了鉴别分析，为论证市政公用事业合作治理模式的确立和实践优化提供了重要的方法支持。

第二章　我国市政公用事业发展模式变迁

　　建国以来，我国的市政公用事业发展经历了一个曲折的过程，但系统梳理不难发现，我国的市政公用事业发展整体上呈现出阶段性、层次性的特征。阶段性最明显的表现之一是对建国以来我国市政公用事业产品供给量进行统计能够找出几处明显的转折点（见图2.1）；层次性是指随着市政公用事业理论和实践的发展，人们对市政公用事业的认识不断深化，参与的主体、改革形式由单一逐渐走向多样化，其配套的法律法规和方针政策建设也经历了由浅入深的过程。因此，可以对我国的市政公用事业发展经历的模式变迁进行探讨。

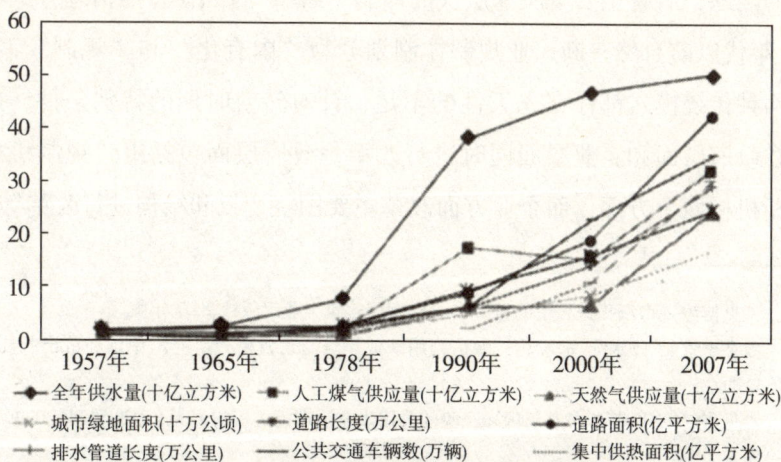

图 2.1　建国后我国市政公用事业发展图

　　资料来源　曹现强、宋学增：《市政公用事业合作治理模式探析》，载《中国行政管理》2009 年第 9 期，第 56 页。

市政公用事业发展模式的存在并不是孤立的,而是有着复杂的时代背景和社会发展需求,其形成及演变是特定时期政治、经济、文化和社会各种因素综合作用的结果。例如,傅涛将我国城市化水业市场化的背景总结为政治背景、国际背景、政策背景、发展背景、环保背景、金融背景、产业背景7个方面。① 当前,对我国市政公用事业发展模式的探讨主要结合了市政公用事业在不同阶段的特征展开。李景元、薛永纯较为系统地梳理了建国以来我国市政公用事业投资体制的历史沿革,将我国市政公用事业投资体制划分为计划经济时期的城镇公用事业投资体制和改革开放以后城镇市政公用事业投资体制,并将两种体制进一步细化为四个阶段。他认为改革开放前虽然投资体制经过反复变动,但仍未逃出计划经济的藩篱;改革开放后,尤其是社会主义市场经济的初步确立使得我国市政公用事业逐步得到完善。② 张红凤等着重分析了改革开放以来我国市政公用事业的发展模式,并将其划分为改革经营制度为主的模式(改革开放到90年代初),改革企业制度、放松进入规制的模式(90年代初到2001年)和进一步放松进入规制、推广特许经营模式(2001年至今)。③ 张会恒将我国市政公用事业改革划分为"外延性改革"和"内涵性改革",前者主要解决供给短缺、投资不足的问题,后者主要解决深层次的体制矛盾。④ 肖兴志按照治理方式将我国80年代以前自然垄断产业规制体制划分为"国有化"和"规制"两种,认为两种传统模式都存在先天性的不足,针对转轨时期的特殊条件,提出需要在政府层面和企业层面同时进行改革,政府层面包括组建规制机构和反垄断机构两个方面,而企业方面改革主要围绕产权和结构进行改革等。⑤

---

① 参见傅涛:《市场化进程中的城市水业》,中国建筑工业出版社2007年版,第3页。
② 参见李景元、薛永纯、郝志功:《城镇公用事业投资与运营模式研究》,中国经济出版社2010年版,第32页。
③ 参见张红凤、周燕冬:《基于国际经验的公用事业治理模式探析》,载《理论学刊》2009年第5期,第79页。
④ 参见张会恒:《我国公用事业政府规制的有效性研究》,中国科学技术大学出版社2007年版,第44~45页。
⑤ 参见肖兴志:《中国自然垄断产业规制改革模式研究》,载《中国工业经济》2002年第4期,第20页。

本研究在以往研究的基础上，认为市政公用事业发展模式的变迁应该遵循下列四个方面的依据：一是市政公用事业规模有无明显变化，以直观形象反映不同模式下我国市政公用事业发展状况；二是政府与市场关系，这是公用事业发展中最为关键的一组关系，主要包含市政公用事业参与主体情况以及是否注重遵循市场价值规律等；三是产权变动，产权问题是影响市政公用事业发展的核心问题，主要包括产权是否变动，以及变动的程度和形式等；四是公用事业公共政策在不同阶段的深入水平，这为模式最终形成提供制度保障等。在此基础上，我们将我国市政公用事业的发展划分为政府计划管理模式（新中国成立至20世纪70年代末）、过渡转型模式（20世纪80年代初至20世纪90年代初）和市场化模式（20世纪90年代初至今）。

第一节　政府计划管理模式

一、我国市政公用事业计划管理模式的发展历程

　　新中国成立之初，我国市政公用事业发展非常落后，百废待兴，不仅种类很不齐全、质量普遍较差，而且地域分布上主要集中在大中城市，基本没有规划性可言，规模、数量上完全无法满足市民基本生活需求。例如，解放前夕，全国只有 26 个城市有公共汽电车，共 2292 辆，并且这些公共汽电车 70% 行驶在上海、北京、天津等大城市的繁华路段，三轮车、人力车成为各大中城市的主要公共交通工具。[①] 因此，为保证城市居民生活质量，完善城市功能，恢复市政公用事业发展成为当前主要任务之一。在中央和地方政府的积极带动下，市政公用事业进入一个相对发展较快的阶段，但由于受到"大跃进"和接踵而来的"十年动荡"影响，我国的市政公用事业又进入一个发展相对缓慢甚至停滞时期，具体来说可以划分为两个

---

① 　参见陶铜仕：《城市改革和城市公共交通》，市长研究班办公室 1985 年版，第 2 页。

阶段。

（一）计划管理模式雏形期：从 1949 年到"大跃进"

这一阶段我国的市政公用事业的发展是伴随着政府在经济领域中核心地位的确立而取得的。建国之初我国存在个体工商、民族资本、外国资本和手工劳动等多种经济成分，1949～1952 年国民经济恢复时期，在"公私兼顾、劳资两利、城乡互助、内外交流"的基本经济政策推动下，各种经济成分均获得较快发展，市政公用事业的投资中国家财政拨款、公私合股出资、赎买资金和银行借贷比例相对均衡，但由于市政公用事业具有自然垄断性、网络性和系统性的特征，往往对技术和管理经验有较高的要求，所以这些投资主体中也仅有较少部分真正参与到市政公用事业实际建设和运营中来。随着"三大改造"的完成，尤其是民族资本主义经济向社会主义经济转化的完成，标志着社会主义制度在我国基本建立起来，社会主义经济体制在我国基本确立。社会主义公有制成为根本的经济体制，政府成为经济发展和社会建设的核心力量和最主要的投资主体，这可以看作是我国市政公用事业计划管理模式的起点。

为尽快推动市政公用事业发展，一方面，政府积极借鉴苏联的成功经验，采取国家集中力量办大事的方式，优先恢复和修建了一些大城市已有的市政公用设施，到 1952 年，大量残损公交车辆得到修复，公交线路、燃气管道得到修复和重建，全国城市排水管道总长度达到 7000 多公里，城市供水能力达到 266 万立方米，分别比 1949 年提高 17% 和 10%①，同时政府还积极争取苏联的技术和资金支持，促进市政事业的发展；另一方面，在中央和地方政府的推动下，市政建设得到重视，国家和地方相继出台法律、法规和制定发展规划确保市政公用事业的发展，"一五计划"确定了优先发展重工业的战略方针，同时在投资结构方面，也注意到了兼顾其他方面的发展，这一时期，城市公用事业建设投资总额为 16 亿元，投资占总投资的

---

① 参见汪海波、杨玉川：《第三产业实用手册》，经济管理出版社 1994 年版，第 85～86 页。

3.7%，城市公用事业新建和改建的单位达到 180 个。① 另外，1956 年国务院出台《关于加强新工业区和新工业城市建设工作几个问题的决定》，规定城市供水、排水、道路、桥梁、防洪、绿化、电车道等为市政公用事业工程，要和厂外工程结合，编好总体设计任务书，和工厂同步建设。② "到 1957 年底，全国各城市共新建排水管道 3000 多公里，新建供水管线 4600 多公里，新增供水能力 180 多万立方米，新增公共汽车 266 辆。到 1960 年底，全国已有 171 个城市拥有城市自来水供水设施，日供水能力达 1000 多万立方米，供水管道总长 1.5 万多公里，分别比 1949 年增长 14%、325% 和 140%，有 130 多个城市有公共交通设施，有公共汽车近万辆。全国各城市排水管道总长 1.2 万公里，煤气管道总长 2075 公里，年供气量达 4.7 亿立方米，受益面积达 150 多万人口。"③

（二）计划管理模式形成、巩固时期：从"大跃进"到改革开放

计划管理模式真正成形于市政公用事业在国家经济发展中角色的反复变动之中。"二五计划"后半期，受"左"倾思想的影响，国民经济开始畸形发展，国家集中财力、物力和科技力量优先发展重工业和大型项目，而减少了对市政公用事业的投资，据统计，"二五计划"中市政公用事业投资仅占总投资的 2%。另外，对市政公用事业的认识也发生了转变，认为其仅作为服务性的配套设施，而被列为非生产性建设，从而大大降低了市政公用事业的重要地位。④ 1960 年后，中央及时调整了国民经济发展态势，提出"调整、巩固、充实、提高"的方针，加强对大型项目的计划审批权，削减地方财政投资拨款权，调整投资结构。这一时期，借助于强制性的行政命令，我国的市政公用事业获得一定程度的恢复和发展，而市政公用事业高度统一的计划体制色彩也愈加浓厚。"十年动荡"时期，我国的市政公

---

① 《关于发展国民经济的第一个五年计划的报告》，载《新华网》2007 年 7 月 6 日，http://news.qq.com/a/20090807/002090_1.htm.

② 曹现强、贾玉良、王佃利：《市政公用事业改革与监管研究》，中国财政经济出版社 2009 年版，第 26 页。

③ 汪海波、杨玉川：《第三产业实用手册》，经济管理出版社 1994 年版，第 85~86 页。

④ 上海公用事业管理局编：《上海公用事业 1840~1986》，上海人民出版社 1991 年版，第 5~7 页。

用事业发展基本处于停滞状态，许多城市普遍出现供水不足、供气紧张、环境污染等问题。据不完全统计，"到1976年城市日缺水量已经达到数百万立方米，全国有一半以上的城市由于没有配套的排水管网造成污水横流，严重影响了城市生产和生活"①。

总体来看，经过以上两个阶段的发展，我国的市政公用事业进入了一种高度集中管理模式：政府成为市政公用事业发展的唯一决策中心和资金来源；市政公用企业成为政府的附属机构，作为非生产性建设，其设立、生产、运营、收益等完全纳入政府计划编制；政府更多的出于政治目的而非社会效益，依靠行政指令、命令来实现公用事业的运营，我们称这种管理模式为"政府计划管理模式"。

二、政府计划管理模式的特征

起步于传统政治经济体制形成和扩张时期，我国的市政公用事业被深深地打上时代的烙印。虽然这种政府计划管理模式与自然垄断经营在适用领域高度重合，都普遍运用于供水、排水、污水处理、供热、供气、公共交通等领域，但两者有着根本的区别。政府计划管理模式是政府全面垄断经营的，但是这种垄断又非根据市政公用事业的自然垄断特性和政府管制理论构建，它未区分自然垄断性产业中竞争性业务与非竞争性业务，而是统一采用行政垄断的方式运营，王俊豪称之为"垄断性产业垄断的二元性"②。在这种模式下，政府充当了全能主义的角色，政府职能被无限扩大，市政公用事业企业的决策权、经营权、资源配置权成为政府计划的一部分，政府设立并控制国有企业和市政公用事业管理机构和部门，全面掌控公用事业的发展。

（一）管理体制上高度的政事合一

为完成"一五计划"中市政公用事业新建和改建的项目和投资目标，在新中国经济基础薄弱、生产力水平低、国家财力和科技水平十分有限的情况

① 汪海波、杨玉川：《第三产业实用手册》，经济管理出版社1994年版，第85~86页。
② 王俊豪、王建明：《中国垄断性产业的行政垄断及其管制政策》，载《中国工业经济》2007年第12期，第20页。

合作治理：市政公用事业发展模式研究

下，由政府直接接管市政公用事业的建设，集中经济、科技等一切力量建设一些大的市政工程，在短时间内相对容易取得成效。这一模式下，政府既是市政公用企业的投资者、建设者，又是运营者和提供者，同时还是监管者，政府通过设立公用事业管理部门、国有企业，或指定企业管理者等措施保证企业生产按照政府计划进行。公用事业的生产和经营计划由政府部门编制，企业的经营管理者由政府委派和考评，公用事业企业的亏损结果都由政府财政直接承担。

（二）投资体制依靠财政预算拨款

计划管理模式下，市政公用事业资金来源非常单一，没有形成多元化的融资渠道。主要表现为：一是投资主体的单一性，国家成为唯一的投资主体，挤占了其他所有制经济成分的投资主体地位，并统一部署、审批投资决策、运营管理、调控监管与效益审核，企业成为政府的附属机构；二是资金来源渠道的单一化，中央财政拨款或银行贷款成为市政公用事业建设资金的最重要来源；三是投资管理组织、机构、制度的统一性。投资计划的编制、投资资金的预决算都集中在中央统一管理，地方政府只能依据中央计划而编制相应计划；四是成立专业银行，并不断完善其对基础设施建设的拨贷款与监管职能，主要是 1954 年中国人民银行的成立。①

（三）运行机制依靠指令性计划、命令、法令等行政手段

市政公用事业企业生产什么、生产多少、由谁生产、资金的筹集、原材料的采集、输送以及产品如何分配等全都由政府统一规定，并成为政府发展规划的一部分，政府完全垄断市政公用事业的各个环节。因此，这一时期较少出台专门的法律和法规来保障市政公用事业的发展，而是采取了计划、命令和法令等行政手段。在这种运行体制下，市政公用事业的发展完全取决于政治需要和财政状况，而不是取决于市政公用事业的实际社会需求，已经完全沦为经济发展的一种辅助性手段，并导致市政公用产品或服务供给总量严重不足。

（四）突出政治价值而忽视经济、社会效益

一方面，为保障经济建设目标和工业化目标的实现，国家在市政公用

① 参见李景元、薛永纯、郝志功：《城镇公用事业投资与运营模式研究》，中国经济出版社 2010 年版，第 33 页。

事业建设方面投资明显不足；另一方面，为保证市民能够以更低的价格平等地使用市政公用事业产品和服务，市政公用企业往往不需进行成本核算，产品的生产和提供主要考虑的是政策性因素。市政公用企业由于缺乏成本核算和效益分析，导致资源利用效率低下、服务质量差。另外，由于政府调节取代了市场调节，公用事业无法形成合理的价格形成机制，从而无法获取合理的收益补偿，导致公用事业单位普遍亏损严重，只能长期依靠政府财政补贴维持运营。由于缺乏资金支持，已有的市政公用设施损坏严重，自来水管网漏损率、公共汽车残损率、路面损坏率等都很高，产品和服务质量差成为行业"通病"，社会效益普遍较差。

三、计划管理模式的成效及其弊端

计划管理模式是特定历史阶段的产物，在我国生产力发展水平低下、生产建设资金、技术、经验严重不足的背景下，依靠政府力量集中全国的人力、物力和财力发展市政公用事业，总体来看，取得了一定成效：一是促进我国城市公用事业的起步。在经济条件落后的时期，一定程度上保证了市政公用事业产品和服务的稳定供给，提高了公用事业服务的普及面，到 1978 年，全国水厂个数为 512 个，供水管道总长度为 35984 公里，日均供水能力 2530.35 万吨，公交总数为 22464 辆，运营线路 46384 公里，车辆完好率 91%，工作车率 82%；城市地下排水管道总长 19556 公里，城市污水日排放量 4094.5 万吨，污水处理厂共 37 座，日处理能力为 63.5 万吨。①二是体现出市政公用事业的公益性。政府出于政治考量，直接出资运营，并对价格实行严格监管，保证普通市民能够公平地使用公用事业产品和服务。三是带来了一定的社会效益。这一时期，我国市政公用事业规模相对较小，但计划管理模式的建立仍在降低生活成本、提高人们生活水平、稳定社会生产，尤其是在生产建设资金的分配使用方面发挥了重要作用。四是成为国家市政公用事业发展模式的一个样本，为以后市政公共用事业模式的改革提供了框架性指导和经验借鉴。

---

　① 国家城市建设总局：《1978 年城市建设统计年报》1979 年版，第 34～69 页。

作为一定时期政治、经济交互作用的产物，传统政治经济体制的弊端也必然在计划管理模式的运行过程中体现出来，尤其是在社会力量不断壮大和区域之间、城乡之间、行业之间发展失衡等新情况下，政府计划管理体制越发显得僵化和不足。

（一）对市政公用事业的重要性认识上存在偏差

受苏联社会主义建设实践以及传统社会科学知识局限性和缺陷的影响，计划管理模式下市政公用事业的重要性并未被充分认识，甚至被人为地忽视。按照传统政治经济学说，在进行产业划分时，将工业、交通列为生产性建设，并列入国家基本建设规划，而把市政领域的供水、供气、道路和公共交通列为非生产性建设，造成我国市政公用事业长期发展缓慢。另外，梳理计划管理模式形成过程，我们也发现无论是在市政公用事业快速发展时期，还是缓慢发展时期，它的发展并不是按照市政公用事业自身需求来确定，而是由政府根据国家经济发展目标以及当时生产力水平之间的落差来协调确定，市政公用事业仅仅成为服务于生产建设的一种手段。

（二）投资主体单一造成生产建设不足和财政负担过大

政府作为唯一的投资主体带来了两个方面的问题：一是投资不足，生产建设能力不足；二是政府财政负担过大。一方面，由于国家整体贫困以及市政公用事业"非生产性建设"地位，导致国家每年用于市政公用事业的投资占总投资额比重小（见下表2.1），造成资金匮乏，缺口巨大（见下表2.2）。另外，虽然改革开放前我国的城市化率发展比较缓慢，但就城市人口的绝对数量来说，市政公用事业产品的需求量也相当庞大，再加上每年所需的维修费用，资金需求量非常大。由于长期执行高度集中的计划管理体制，民间没有资本，并且也被禁止参与到市政公用事业的筹资过程中，这共同导致了市政公用事业生产建设投资不足的状况。另一方面，我国的市政公用事业还具有特殊的身份——具有编制，成为政府的附属机构，因此，它必然承担起许多"分外"的社会任务。单就人力成本来看，截至1978年，全国在城市自然水行业工作职工人数为77805人，在城市公共交通行业工作职工人数为219777人，在煤气行业工作职工人数为8125人；在其他城市市政企业工作职工人数为189997人，城市园林部门工作职工人数为 70285 人，共 260282 人。① 沉重的人力成本再加上我国市政公用事业企业的低效经营使得财政负担很大。

表 2.1　　　　　　　国民经济建设中城市公用事业投资额及比重　　　　　单位：亿元，%

时期（年份）	城市公用事业投资额	城市公用事业投资占比
"一五" 时期	14.43	2.5
"二五" 时期	27.55	2.3
1963~1965	12.31	2.9
"三五" 时期	17.38	1.8
"四五" 时期	33.61	1.9
"五五" 时期	95.12	4.1
其中：1978	15.39	3.1
1979	29.91	5.7
1980	33.81	6.1
"六五" 时期		
其中：1981	31.85	7.2
1982	42.22	7.6

　　资料来源　国家统计局编：《中国统计摘要》，中国统计出版社 1983 年版，第 59~60 页。

表 2.2　　　　　　　　　　　国内外城市公用设施投资比例　　　　　　　　　单位：%

	中国		美国	日本	原联邦德国	联合国推荐发展中国家应采用的比例
	1981~1985	1988	1950~1983	1976~1980	1976~1980	
占国内生产总值的%	0.61	0.81	1.17~1.75	2.08~4.16	1.7~1.9	3~5
占固定资产投资的%	3.40	4.10	5.98~10.23	6.41~12.85	7.3~9.0	10 以上
相当于住宅投资的%	19.76	44.62				50~100

　　资料来源　汪海波、杨玉川：《第三产业实用手册》，经济管理出版社 1994 年版，第 85~86 页。

　　① 国家城市建设总局：《1978 年城市建设统计公报》1979 年版。

（三）政企不分造成低下的生产效率和产品质量

首先，长期僵化的执行指令性计划，使得市政公用事业企业的决策者们缺乏经营自主权和积极性，由于缺乏有效的内、外部竞争和激励机制，企业运行缺乏活力，导致内部机构臃肿、人浮于事、亏损严重，部分地方政府甚至为减少亏损，有意控制市政公用事业发展规模和生产能力，更是进一步降低了生产效率；其次，政企不分还导致产权界限模糊，企业表面上存在边界，实际上企业与政府混同，被无限放大，政府和企业取代了市场，这种较少的外部交易费用被转化为企业内部的组织、管理、协调、生产、交换等费用，而由此造成的经营亏损则由财政填补，因此管理者和企业没有降低成本和技术创新的动力，模糊的内部产权关系，使得产权的效率性和激励性降低；然后，由于监督机制缺失，政府同时担任生产者、经营者、提供者和监管者等多重角色，而缺乏外部有效监督力量，低效粗放的管理模式严重浪费了有限的市政资源，市政公用物品或服务的供给严重不足。

（四）社会资本发展缓慢导致模式固化难以打破

民间社会力量在计划管理模式下受到极大的挤压，从这一时期工业部门中所有制经济的演变可见一斑。1952 年个体经济和其他经济成分所占比重分别为20.6%和34.7%，1962 年至 1978 年间个体经济与其他经济成分比重几乎为零，国有经济和集体经济成为仅有的两种经济形式（见下表2.3）。因此，社会或个体几乎没有能力参与到市政公用事业的建设中，政府在市政公用事业发展中的作用进一步得到强化，一旦政府退出，市政公用事业的发展将会出现管理真空，造成无序和混乱，计划管理模式在低效运行中得到强化。

表2.3　　　　　　1952～1978 年中国工业部门所有制经济的演变　　　　　单位:%

年份	国有企业	集体经济	个体经济	其他经济成分
1952	41.5	3.2	20.6	34.7
1957	53.7	19.0	0.8	26.4
1962	87.8	12.2		

年份	国有企业	集体经济	个体经济	其他经济成分
1970	87.6	12.4		
1975	81.1	18.9		
1978	77.6	22.4		

资料来源　杨永华：《五十年中国所有制结构演变的实证分析和理论启示》，载《天津师范大学学报》2000 年第 2 期，第 22 页。

（五）高度集中的行政垄断为以后市政公用事业破碎化埋下隐患

计划管理模式实际上是融合了市政公用事业自然垄断和行政垄断两种力量，两种力量相互作用为日后我国市政公用事业多层级、碎片化埋下了隐患。从横向上看，首先，政府利用行政权力在本行政区划界限内垄断经营市政公用事业产品和服务，并排除其他资本力量参与市政公用事业产业的可能性，而这种横向上受制于政府行政区划范围限定的垄断性生产经营活动往往有悖于经济合理性和规模性，造成经济上的低效率和社会资源的浪费，并导致市政公用事业地域性上的碎片化；其次，由于实行"城乡二元"分割式发展政策，政府以"抽农补工"的方式，在投资和资源配置上优先侧重于大城市市政公用事业发展，而对农村公用基础设施投资不足，如水利设施、桥梁、交通、发电等，导致我国市政公用事业发展失衡，呈现出明显的城乡二元分化状况。从纵向上看，基于市政公用事业自然垄断特性，行政垄断往往体现在市政公用事业产品的生产、运输和分销的各个环节，形成各种"巨头"，由于各个环节间存在信息不对称和无序竞争，造成生产环节上的碎片化管理。

第二节　过渡转型模式——计划下的分权

国际方面看，从 20 世纪 30 年代大危机到 70 年代的滞胀，西方国家政府强制规制的弊端逐渐暴露出来，政府规制结果往往与微观政策制定初衷相左，严格的规制政策使得公用企业竞争不足、效率低下，损害了公众利益，并增加政府和企业的负担。20世纪80年代以来，美国、英国、日本等西方发达国家普遍掀起规制简化改革的浪潮，80年代中后期这场放松规制的浪潮传到中国，如日本著名学者植草益的《政府规制经济学》就是在这个时候被引进的。

国内方面，中央十一届三中全会的召开开启了社会主义现代化建设的新局面，也标志着我国城市建设进入新阶段。随着技术的创新、新观念的引进和转变、农村承包经营责任制的成功启发，传统的计划管理模式开始被打破，为更好地推动市政公用事业发展、解决资金瓶颈问题、减轻政府财政压力、优化投资环境，在中央和地方政府的推动下，各地方对市政公用事业进行了探索性改革，为市政公用事业新模式的发展创造了条件。

一、从改革开放到20世纪90年代初我国市政公用事业发展概况

（一）宏观政策环境分析

这一时期市政公用事业的发展是伴随着国家对社会主义认识的不断深化而取得的。1978年中共十一届三中全会正式提出个体经济是公有制经济必要补充的观点，同时指出："应该着手大力精简各级经济行政机构，把它们的大部分职权转交给企业性的专业公司和联合公司。"推动体制改革、解决"党政企不分"和"以政代企"成为这一时期市政公用事业改革的突破口。《国务院关于扩大国营工业企业经营管理自主权的若干规定》等系列法律的颁布，明确了国有企业在利润留成方面拥有一定的自主权，1980年则在计划安排、产品购销、新产品试制、资金运用、奖励办法、机构设置以及中层干部分支方面，不同程度地拥有了一些自主权。[①] 1982年中共十二大明确提出了"关于坚持国营经济的主导地位和发展多种经济形式的问题"，1984年中共十二届三中全会通过了《中共中央关于经济体制改革的决定》，明确了以城市为重点的经济体制改革的方向和任务，成为经济体制改革的纲领性文件，1987年中共十三大提出以公有制为主体，多种所有制经济成分并存的所有制结构。以上政策的相继出台为市政公用事业企业获

---

① 参见赵晓雷、王昉：《新中国基本经济制度研究》，上海人民出版社2009年版，第60页。

得经营自主权和非国有经济参与市政建设创造了先决条件。随着改革的进一步深入，我国经济建设的投资结构也发生变化，整体来看，国有投资不断下降，非国有投资比例不断上升（见表2.4）。1978年到1985年，我国个体工商业迎来第一个发展高峰，个体工商户的户数和人数平均增长速度为37.5%和45.9%。另外，国家还出台相关的法规政策，积极吸引外资和技术，到1985年底，外商、港澳台商在华与我方合资、合作经营与独资经营的企业，已注册登记的共5118户，注册资金总额为234亿美元，属于外方的资金达119亿美元，占资本总额的51.6%，外资企业分布在28个省、自治区、直辖市。到1986年7月底，中国政府已经批准外资企业合同总数6814个，协议外资金额达181亿美元，实际投入的金额为67亿美元。① 投资环境的优化以及这一时期集体经济、城乡个体经济以及其他经济的发展（见表2.5）为多种资本力量参与市政公用事业建设提供了资金和技术条件。

表2.4　　　　　　社会固定资产投资中各种经济成分所占比重　　　　单位：%

	国有经济投资	集体经济投资	个体经济投资
1980～1985年	66.7	12.7	20.6
1986～1990年	64.8	13.4	21.8

资料来源　国家统计局编：《中国统计摘要1999》，中国统计出版社1999年版，第42页。

表2.5　　　　1978～1990年中国工业总产值中各种经济成分比重变化　　　单位：%

年份	国有及国有控股工业	集体工业	城乡个体工业	其他经济类型工业
1978	77.73	22.37	—	—
1980	75.97	23.54	—	—
1985	64.86	32.08	1.8	1.2
1990	54.60	35.62	5.4	4.4

资料来源　根据《中国统计年鉴》各年度数据整理。

---

① 参见季崇威：《中国利用外资的历程》，中国经济出版社1999年版，第93～94页。

（二）具体法规政策及实施

这一时期市政公用事业的发展具有明显的探索性特征，不同行业和不同地区发展并不均衡，部分经济规模较大、实力较强的城市优先推进改革，然后推广到其他地方。首先进行的是公共交通领域的改革，1985 年国务院国发 59 号文件批转了城乡建设环境保护部《关于改革城市公共交通工作报告的通知》，提出"以国营为主，发展集体和个体经济"，在经营方式上"可以实行全民所有制下的个人承包"，以打破城市公共交通独家经营的现状。1987 年，国务院决定将企业改革的重点放在完善企业经营机制上，依据两权分离原则，实行多种形式的承包经营责任制，全国大部分国有企业实行了承包经营。1988 年，国务院发布《全民所有制工业企业承包经营责任制暂行条例》，以国务院法规的形式将企业承包经营责任制确定下来。同年 4 月 13 日《中华人民共和国全民所有制工业企业法》出台，原则上适用于交通运输、水利企业等市政公用事业领域。1990 年国务院出台《外商投资开发土地管理办法》，鼓励吸引外资开发经营成片土地，以加强公用设施建设。另外，另一项重要法规是国务院《关于投资管理体制的近期改革方案》的颁布，《方案》第一次提出了市政公用事业投资体制比较系统的改革思路，决定实行以建立基本建设资金制度和成立政府投资公司为主要内容的改革措施，这对后来我国市政公用事业的发展奠定了基础。

可以说，市政公用事业的过渡转型模式是针对传统计划管理模式的弊端而提出的一种发展模式，它是在传统所有制结构和经济体制变革的大背景下产生的，政府仍占据主导地位，但作为唯一投资主体的格局已经被打破。该模式在投资体制、运营管理等方面尝试变革，赋予企业决策权和责任权，并采用"试点 + 推广"的形式逐步在不同行业和地区推广，这种模式进一步深化的结果是为市政公用事业的市场化创造了条件。

二、过渡转型模式主要内容

（一）实行承包经营和企业经理负责制的现代经营方式

受农村家庭承包责任制的成功启示，承包经营方式开始成为市政公用企业的重要经营方式，承包责任制和企业经理负责制成为市政公用事业由传统管理体制向现代化管理体制转型的重要标志。承包经营责任制实际上是国家将原先由国有企业承担发展的目标分解并下放到企业，通过与企业承包经营者签订承包经营合同的方式赋予企业经营自主权，并实现经营目标的经营方式。承包经营并不是孤立存在的，它的顺利实施离不开其他经济体制改革的配合，尤其是经理负责制推行，承包经营和经理负责制的配合有利于理顺企业所有者和经营者之间的权、责、利关系，落实企业的经营决策权，起到了较强的激励和约束作用。随着承包经营责任制的不断完善，企业承包内涵不断丰富，由最初的上缴利润指标、技术改造指标，发展到后来的经济效益指标、发展后劲指标、企业管理指标等综合指标体系，并取得了较好的效果。以大连市市政公用事业为例，大连市煤气公司和大连市自来水公司分别于 1984 年和 1985 年改革实行经理负责制，大力推行各种经济承包责任制，并积极推行经济体制改革创新，逐步扭转了"吃大锅饭"的局面。[①]

（二）扩大融资渠道，推动以"拨改贷"为主的投融资体制改革

投融资体制改革从根本上改变了计划管理模式下政府单一投资体制局面，注重有条件的使用社会资本和外资，并开始运用经济杠杆、价格调控等市场手段来建立新的投资体制，取得了较好的成果。首先，这一时期投融资体制改革以"拨改贷"为主要内容，市政公用事业由完全靠财政拨款、无偿使用开始改为主要依靠银行贷款、有偿使用。实行对企业投融资体制的"拨改贷"改革，引导和鼓励企业、集体和外商投资建设市政公用设施。其次，国家在市政公用事业企业的设计、施工管理和建设单位责任制方面进行改革，尤其是对国家能源重点建设基金和建筑税的开征。第三，受这一时期国家对外资认识和态度的转变，国际金融组织、跨国组织以及私人资本的注入也为平衡市政公用事业投资结构创造了条件，以长春市中日友好水厂建设为标志，到 1992 年，城市供水行业先后引进外资 17 亿美元，共建设城市供水项目 140 多个，资金来源开始多元化，并产生了良好的经

---

① 参见祝明仁、李振荣主编：《当代大连城市建设》（上），东北财经大学出版社 1988 年版，第 300～301 页。

济效益。

（三）以"试点＋推广"形式进行有限度的改革

虽然市政公用事业的过渡转型模式在一定程度上改变了企业的经营管理权，但这一时期的改革仍然停留在有限的范围内。从改革的时空范围来看，首先，并不是所有的市政公用事业企业都采用了承包经营和经理人负责制，由于采用"试点＋推广"的模式，即使是同一地区、同一行业也只是有部分企业采用了这种经营方式；其次，这种模式的发展并不均衡，整体来看，东部省份要比中西部省份实施得更早，效果更加显著。从改革的深度来看，实质上，承包责任制和经理负责制是在维护产权不变基础上的政府与企业之间建立的一种合同关系，是对原有经营管理的一种补充性措施，它未涉及产权归属问题，没有改变原有法人地位、名称和经营范围。总体来看，这一时期的改革还仅限于经营方式、融资模式、提高收益上，在产权归属定价制度、主要融资渠道等问题上并没有发生根本性改变。

三、过渡转型模式取得的成效及不足

过渡转型模式形成于中国由高度集中的计划经济向市场经济转轨时期，起到了承上启下的作用。一方面，它积极推动经营管理模式的改革，在很大程度上扩大了企业的生产经营自主权，提高了承包经营企业负责人生产的积极性，对于打破传统高度集中的计划管理模式起到了积极作用；另一方面，它实行的岗位责任制、成本独立核算和奖金提成机制等在为企业发展提供一种约束机制的同时，也为后来的市场化模式改革提供了宝贵的经验借鉴。但作为这一特定时期的产物，受制于特殊的历史背景，过渡转型模式也存在许多不足，它并没有形成一套完整的运行机制，在改革的范围和力度上也很有限，它的诸多改革只能算是一种推动我国市政公用事业走向现代化管理的大胆尝试。

（一）过渡转型模式取得的成效

首先，政府单一投资的局面开始被打破。中央政府和地方政府不再是唯一的投资主体，在统一规划、统一管理下，地方、部门、集体和外商投资比重开始上升，企业融资渠道开始放宽，市政公用事业投资结构开始优

化。其次，经营管理体制上，尝试推行现代企业管理制度。内部承包责任制的实现有利于企业经营管理结构的调整，将企业的产、供、销下放到基层，经营目标层层承包，公用事业企业成为权、责、利一体的独立经济体，同时加强对各科室的考核监督，科室内部职能开始清晰化。在企业经营决策权上，尝试实行经理人制度，这为下一步改革干部管理制度，废除干部终身制和实行聘任制奠定了基础。然后，市政公用事业企业实行独立成本核算，自负盈亏，注重投资收益比例，经营者按照承包合同自主经营，承包完成国家的目标和任务（即承包指标），国家对完成承包指标的经营者兑现约定的奖励和报酬，奖金分配制度的实施使得个人贡献与企业效益、国家集体利益相挂钩，调动了个人积极性，提高了生产效率和效益。例如，1984 年大连市公交公司进行经济体制改革，推行承包责任制，扩大经理负责制下的经营自主权，为生产目标的实现提供了有利条件。大连市公交公司实施承包经营后，"1985 年的票款收入比原计划增加了 12.1%，总客运量比原计划提高了 7.1%，实现利润 374.5 万元，比 1984 年增加了 16%"①。

（二）过渡转型模式存在的不足

过渡转型模式并不是一种真正意义上的固定模式，它打破了传统的政府单一的管制模式，但在改革力度上却非常有限；它起到了思想催化的作用，但却并未获得一种真正意义上的法律认可。因此，改革还存在许多不足之处。

首先，改革缺乏宏观的目标规划，带有较强的探索性和盲目性。受制于特定的历史条件，过渡转型模式主要采用了"先改革，后立法""先试点，后推广"的形式。因此，在改革的过程中，中央政府缺乏对改革整体性推进的思考和把握，一些地方政府在看到其他地方改革取得较好效果后，凭借一腔热血，开始推进本地市政公用事业改革。改革的个人主义色彩还很浓厚，由于缺乏立法上的依据，改革的合法性也受到质疑。另外，改革缺乏目标规划还体现在这次改革是受农村家庭承包责任制的启发，在得到

---

① 祝明仁、李振荣主编:《当代大连城市建设》(上),东北财经大学出版社 1988 年版,第363 页。

中央的肯定后逐步推广的，是一个由地方到中央、再由发达地区到落后地区的不均衡过程。

其次，单纯改变经营模式和提高效益，未触及到产权等核心问题。传统高度集中的计划管理模式下，制约市政公用事业发展活力的根本问题在于产权的高度国有化，而桎梏于长期实行计划管理体制的惯性，改革在核心问题上仍未取得实质性进展，政企仍然不分，单一化的产权没有被打破，就不可能建立起相关的配套激励和约束机制。没有在承包企业职工的切身利益与企业的营运效益之间形成一种内在联系，最终导致"提高企业活力和效益的问题没有得到根本解决"[1]。

第三节　市政公用事业市场化模式

1992 年中共十四大提出建立社会主义市场经济体制的目标，成为我国市政公用事业由过渡转型模式向市场化模式迈进的分水岭。1993 年《公司法》的出台为市政公用事业企业走向规范化、现代化管理和运营提供了法律基础，2002 年建设部《促进城市市政公用事业市场化改革的意见》的出台，标志着我国市政公用事业市场化改革的大幕正式拉开。2003 年党的十六届三中全会指出："产权是所有制的核心和主要内容，现代产权制度是完善基本经济制度的内在要求，是构建现代企业制度的重要基础。"为进一步推进市政公用事业改革走向深水区提供了新思路、新方法和新技术。在这一系列激励性政策出台的背景下，改革的步伐不断加快、层次不断加深，市政公用事业市场化模式开始成形并不断完善，同以往模式相比，市政公用事业市场化模式具有鲜明的特征，它的理论基础更加充实、改革目标性更强、涉及领域更广、治理工具更加丰富，为下一步完善市政公用事业发展模式提供借鉴意义更大。

① 赵晓雷、王昉：《新中国基本经济制度研究》，上海人民出版社 2009 年版，第 73 页。

一、市场化模式兴起的动因

市政公用事业市场化旨在将国有、公营的市政公用事业的所有权或经营权以合法合理的方式转移到民间，引入真正的竞争机制。与计划管理体制和过渡转型模式存在很大的不同：一方面，市场模式改革的理论基础发生转变，产权理论、政府规制理论、市场竞争理论以及公私伙伴关系理论等被大量的引进并加以复制；另一方面，过渡转型模式并未从根本上解决政事不分、产权模糊、融资渠道单一、供需失衡等问题。因此，这一时期市政公用事业改革目标性更强，促进多元融资、加强竞争、激发市政公用事业活力和为政府减负等成为进一步改革的现实诉求。

（一）市政公用事业市场化模式的理论准备

第一，产权理论。产权理论认为产权结构能够影响到企业的组织架构、运营和决策方式，并对组织和个人产生激励或约束作用。市政公用事业低效率的根本原因是产权的单一公有化，这种产权模式下，组织和个人的积极性、创造性被抹杀，而且往往带来"搭便车"现象。因此，实现产权的多元化、引入社会参与是提高企业效率的根本途径。如 20 世纪 80 年代，英国、日本等西方国家积极推动市政公用事业的民营化改革，将原有的国有垄断企业改为股份制民营企业，产权的变化带来了生产效率的提高。国内许多学者也对公有产权和私有产权的生产效率进行比较，并得出了基本相同的结论，建设部副部长仇保兴认为，没有产权保障，就无法将个人收益与个人贡献挂钩，产权不稳定就不能实现长期收益的稳定性和避免短视行为。[①] 王俊豪（2002）、戚聿东（2007）等比较了英国公用事业民营化改革前后的生产效率，得出产权的多元化是提高市政公用事业效率的一个重要方法。因此，这一时期产权理论的引入成为市政公用事业改革的一个突破点。

第二，竞争理论。该理论认为国有企业一家独大，缺乏有效的竞争是

① 参见仇保兴：《西方公用行业管制模式演变历程及启示》，载《城市发展研究》2004 年第 2 期，第 15 页。

造成市政公用事业低效率的根本原因。垄断经营造成生产者、提供者、消费者之间信息的不对称，限制了消费者获取真实成本的可能性，从而使得"企业成本"变相转化为"社会成本"，造成企业缺乏提高生产效率的积极性。需要指出的是，竞争论者和产权学派都积极主张对传统体制进行改革，不同点在于，竞争论者认为无论市政公用事业是公有产权还是私有产权，只要存在垄断经营，就会带来低效，单纯的民营化并不一定带来高效率。因此，需要改变垄断经营的市场结构，对原有的组织形式和结构进行重组才是企业效率提高的关键因素。

第三，公私伙伴关系理论。20世纪90年代，公私伙伴关系的概念最早诞生于英国，其后迅速在美国、加拿大等主要西方国家传播开。在英国，公私伙伴关系主要包含资产出售、更广泛的市场、股份出售、伙伴关系公司、PFI、合资、合作投资、政策伙伴等几种形式。[①] 而在美国公私伙伴关系则更加灵活，按照"世界民营化大师"萨瓦斯的理解，公私伙伴关系包含了介于政府完全公营和完全私有化之间的所有情况，因此它具有更多的工具选择（见表2.6）。加拿大则根据私人部门的风险程度和私人部门的参与程度将公私伙伴关系分为5类（见图2.2）。尽管对公私伙伴关系存在不同的理解，但事实上这一概念都包含了以下几个要义：一是参与主体上打破政府或市场两种极端，寻求两者之间的合作；二是双方的合作是基于正式的要约，而不是行政命令的执行，双方法律地位是平等关系；三是这种合作机制是长效的，而非基于短时期的利益；四是合作的风险将由双方共同承担，收益则由双方共享。可以说公私伙伴关系的引入为我国市政公用事业参与主体及治理方式变革提供了新的思考角度，大大推进了民营企业和外资进入市政公用事业的步伐。

---

① 《公私伙伴关系——政府的举措》，英国财政部，第46～48页。

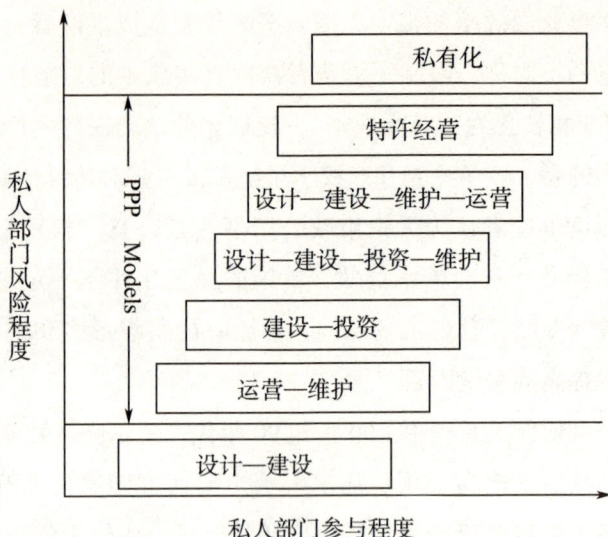

图 2.2　加拿大公司伙伴关系模式

表 2.6　　　　　　　　　　　　公私合作类型连续体[①]

政府部门	国有企业	服务外包	运营维护外包	合作组织	租赁建设经营	建设转让经营	建设经营转让	外围建设	购买建设经营	建设拥有经营
完全公营 ←　　　　　　　　　　　　　　　　　　　　　　　　　　　　　　→ 完全民营										

资料来源："The Canadian council for Public-Private-partnerships", http：//www. ppp-council. ca/resources/about-ppp/definations. html.

　　第四，政府规制理论。市政公用事业市场化模式的发展离不开政府规制的不断简化，传统政府规制理论认为由于个人的逐利动机，往往导致市场失灵的发生，因而往往倾向于强化政府规制，但这也导致了社会资本参与不足、竞争不足以及规制成本不断加大等问题的产生。随着"阿弗奇—约翰逊效应"（Averchn-Johnson Effect，简称 A-J 效应）、斯蒂格勒等人"政府规制俘虏理论（Capture Theory of Regulation）"、鲍莫尔和克莱沃里克"规制滞后效应"等理论的提出，政府强化规制受到越来越多的质疑。进入20 世纪 80 年代，随着可竞争市场理论（The Theory of Contestable Market）、

　　① ［美］E. S. 萨瓦斯：《民营化与公私部门的伙伴关系》，中国人民大学出版社 2003 年第 2 版，第 254 页。

政府规制失灵理论和 X 效率理论等的出现，简化政府放松规制的要求有了现实的理论指导。放松政府规制理论在 20 世纪 90 年代初被引入我国，这方面余晖（1998）、王俊豪（1999）、余燕山（2002）等学者做出了开创性的工作，并取得较丰硕的成果。

第五，新公共管理理论。20 世纪 80 年代以来，伴随着全球化、市场化、信息化的快速推进，以及政府日益严重的"财政危机"，西方发达国家掀起了汹涌澎湃的新公共管理运动，并取得了巨大的成功，引起了全世界，尤其是发展中国家的广泛关注。奥斯本在《再造政府》中描述了新西兰改革最初五年的巨大成果："在最初的五年中，国有企业收入增加了 15%，利润翻了四倍。到 1992 年，国有企业共支付大约 10 亿元的股息和税收，超出了任何人的预期。"① 同时，戴维·奥斯本、特德·盖布勒等新公共管理学家的经典著作在 20 世纪 90 年代开始传入中国，并且在他们的著作中较为详尽地阐述了政府改革的路线，这为改革家们提供了很好的参考和借鉴。对新公共管理的要义可以概括为：提倡政府政策职能和管理职能的分离，引入竞争机制，实现公共产品供给的多元化，提高政府的适应性和创新能力，推动政府转型，最终达到效率、效益、效果（3E）的统一。新公共管理思想在我国的传播也为推动政府改革、提高政府运行效率、推进政企分离和公用事业民营化起到了积极作用。

（二）市政公用事业市场化模式的现实诉求

第一，拓宽融资渠道，平衡融资结构。市政公用事业市场化首先要解决融资不足问题，通过鼓励社会资本进入市政公用事业领域，增加资本总量、平衡融资结构。长期以来，我国市政公用事业投融资总量过低，难以满足公众对日益增长的市政公用事业产品和服务的需求，这一方面是由于我国城市化进程发展迅速（见图 2.3），我国每年新增城镇人口绝对数量巨大、硬性需求高，再加上长期以来政府在市政公用事业投资偏低，历史欠账太多（据原建设部课题组统计，按照世界银行调查的发展中国家 GDP 2% 的最低市政公

① ［美］戴维·奥斯本、彼得·普拉斯特里克：《再造政府》，中国人民大学出版社 2010 年版，第 59 页。

用事业投资比重，我国"七五""八五""九五"期间共欠账达 3478 亿元)，资金缺口大；另一方面是因为传统的政府单一的投资渠道，造成融资渠道少、融资结构不良、社会投资不足，由于缺乏合理的激励机制和政策环境，社会资本不愿意或者不能够进入的现象还广泛存在。

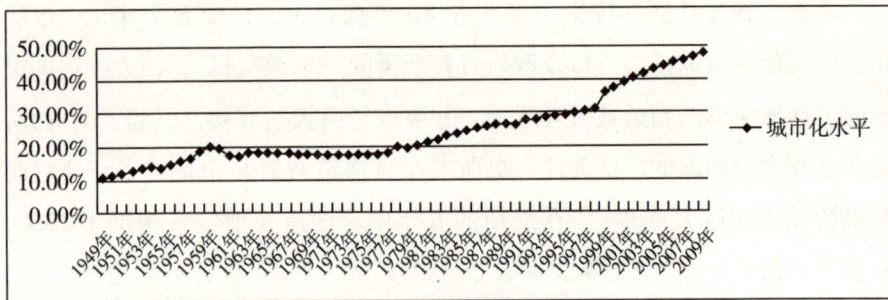

图 2.3　建国以来我国城市化水平状况

资料来源：根据 1949～2013 年《中国统计年鉴》的相关数据绘制。

第二，推动政企分离，提高资源利用效率。虽然我国已经开始尝试推进市政公用企业现代化的管理方式，但整体来看，政企不分的程度仍然较高，行政垄断色彩仍然较强，优胜劣汰的竞争环境依然脆弱。由于各地政府通过公用事业局或者类似机构掌控并负责公用事业的生产决策权力和人事权力，收支则由财政兜底保障，企业生存压力小，生产自主性和积极性不高。另外，我国公用事业还承担了过多的社会义务，社会负担沉重，导致资金使用效率远低于西方发达国家水平。通过推动市政公用事业市场化的发展，可以从以下几个方面改善上述问题：一是推动产权结构调整，完善现代企业治理机制，使企业成为真正意义上的独立法人，自主经营、自负盈亏，增强企业经营的危机感和创新意识；二是引入优胜劣汰的竞争机制，推动技术创新和信息透明度提高，逐步降低生产和运营成本；三是逐步建立和完善激励、约束机制，提高企业积极性和主动性。

第三，减轻政府负担，优化政府服务功能。传统的市政公用事业发展模式下，政府不仅背负了沉重的财政负担，而且还承担着沉重的政策性义务，如人员的安置、职工住房、子女教育和医疗等等社会职能，政府的精力被过多地牵制，在政策制定时，往往因为顾忌多方利益，使得政府市政公用事业的统筹和规划职能弱化。通过鼓励多方参与，保障公用事业产品和服务的数量和质量，一方面政府通过特许经营、合同外包等获得大量资金，用于支持国计民生事业，更好地发挥财政作用；另一方面，政府角色更加清晰，更好地发挥好政府规划者、监管者和合作者的作用，为市政公用事业发展营造良好的环境。

第四，扩大内需和防范金融风险的双重需要。随着经济全球化和世界一体化进程的加快，各国更加紧密地被"捆绑"在一起，经济的不确定性、风险性和破坏性较之以往大大加强。如果市政公用事业仍单纯地依赖于政府投资或银行贷款，那么受国际金融风险和国内货币、财政政策调整的不确定性，市政公用事业的发展必然面临巨大的风险，民生也势必会遭受影响。通过鼓励社会投资，实现资金来源的多元化，可以在很大程度上降低这种风险。另外，由于市政公用事业一般产业链完整、产业附加值高、投资回报率相对稳定，在国民经济遭受金融风险冲击、经济疲软的情况下，加大对这一领域的资金投入可以有效扩大内需，促进经济发展。

二、市政公用事业市场化模式的概况

（一）我国市政公用事业市场化模式发展历程

我国市政公用事业市场化的发展真正起步于 20 世纪 90 年代初期，伴随着相关法律政策的相继出台和政府规制的不断放松，相应的激励机制逐步建立起来。根据研究视角的不同，王欢（2005，未公开发表），句华（2006），张会恒（2007），陈明（2009），李景元、薛永纯、郝志功（2010）等国内学者分别对这一时期市场化的发展阶段提出了自己的观点。本书认为，基于市政公用事业自身的公益性和自然垄断性特征，一种模式从最初的的产生、认可到调试、运行中的支持与保障，再到最后的成形与固化都需要以公共政策和法律法规作为根本性的依据和支撑。事实上，对以上学者的阶段划分进行更深层次的探讨也能应和这一依据。根据中央政府政策的支持力度，其大致历程可以划分为三个阶段①：

---

① 参见石淑华：《中国公用事业民营化改革的若干反思》，中国经济出版社 2012 年版，第 54~60 页。

第一阶段：20世纪90年代以拓展筹资渠道为主要特征的民营化政策"试点期"。这一时期市场化改革体现出三方面的特征：一是改革目标的单一性，政策制定的目标过度聚焦于筹集建设资金，而忽视引入有效竞争，充分发挥政府和市场作用；二是准入群体的偏颇性，政府最初把准入主体限制在外资，排斥国内民营资本；三是政府监管滞后，政府简单地采用工程招投标的方式而不是按照公用事业特有的属性对外资进行监管。

第二阶段：2001～2007年，以加入世界贸易组织为契机，进入市政公用事业民营化改革的"快步发展期"，中央政府各部门先后出台一系列针对性的政策。以中央为主导，在总结经验教训的基础上，积极引导和规范市政公用事业市场化改革。

第三阶段：2008年以来，以应对金融危机作为深化改革的契机，推动公用事业民营化改革进入"稳定发展期"。这一时期政策主要体现了复杂国内外形势下市政公用事业的市场开放特征。

（二）我国市政公用事业市场化模式的主要特征

社会主义市场经济体制的建立和不断完善为我国进一步深化改革和扩大开放扫清了障碍，伴随着新时期服务型政府的建设，传统的束缚经济、社会发展的因素逐步消融，社会活力被激发出来，我国市政公用事业市场化模式就是在这样一种背景下形成的。从市场化推动我国市政公用事业积极作用方面看，我国的市政公用事业市场化模式呈现出以下特征：

1. 引入市场机制，政府公共服务的职能得到优化

在传统市政公用事业模式下，市政公用事业由政府统一规划并负责生产和供给，虽然最大程度上保证了公平性，但这种"婆媳关系"也存在诸多的问题，主要有以下四个方面：一是单一的融资渠道，市政公用事业的发展受财政拨款的影响波动较大，难以保证供给稳定；二是政事不分，官僚作风浓，生产效率低下，服务意识和创新意识差；三是冗员问题严重，政府负担过大，造成的运营、维护成本普遍太高；四是政府忙于微观管理，统筹规划职能弱化。针对传统模式的弊端，市政公用事业走向市场化发展方向。

首先，注重遵循市场规律，合理引导公用事业发展。一是遵循市场供给规律和价格规律，市政公用产品或服务供给量的多少主要根据市场供求关系而不是政府计划，市政公用产品或服务价格是其价值的体现，建立在"社会成本"基础上，而不再由政府制定价格；二是以合同和法律取代原有的行政命令，政府通过向企业、社会购买公共服务或者通过特许经营等途径与之建立起平等、自愿、互利的民事关系，合同与法律成为调节这种民事关系的主要依据。

其次，推动政府与生产者角色分离，政府作为规划者、监督者和合作者的角色逐渐清晰。市场化模式下，政府虽然不直接参与市政公用产品或服务等微观生产环节，但这并不意味着政府完全退出，更不意味着政府可以将责任也推向市场，政府将在公用事业决策、监管等方面发挥更加宏观性的调控功能：通过制定科学合理的规划，构建市政公用事业发展蓝图；通过推动立法工作，建立更加完善的市场准入、退出机制，打击无序竞争或非法垄断经营，以及通过政策鼓励和支持，为公用事业市场化创造良好的政策和法律环境等。

2. 规制不断简化，多元竞争参与的格局初具规模

整体来看，我国市政公用事业市场化模式的形成过程是一个不断简化行政规制、深化竞争的过程。自社会主义市场经济体制确立以来，中央和地方政府先后出台多项法律、法规以及方针政策，鼓励、支持和引导多元主体参与市政公用事业发展。例如，2001 年国家计委发布《关于促进和引导民间投资的若干意见》，提出："除国家有特殊规定外，凡是鼓励和允许外商投资进入的领域，均鼓励和允许民间投资进入；鼓励和引导民间投资以独资、合作、联营、参股、特许经营等方式，参与经营性的基础设施和公益事业项目建设。在政府的宏观调控下，鼓励和引导民间投资参与供水、污水和垃圾处理、道路、桥梁等城市基础设施建设。"2002 年建设部出台《关于加快市政公用行业市场化进程的意见》，明确指出："开放市政公用行业市场。鼓励社会资金、外国资本采取独资、合资、合作等多种形式，参与市政公用设施的建设，形成多元化的投资结构。"并且《意见》还确定特许经营为市场化的主要形式。2004 年建设部发布《市政公用事业特许

经营管理办法》，同年，《国务院关于投资体制改革的决定》出台，指出："鼓励社会投资，放宽社会资本的投资领域，允许社会资本进入法律法规未禁入的基础设施、公用事业及其他行业领域。"等等。

随着政府规制的不断完善，多元竞争参与的格局初步形成。当前，公用事业引入竞争主要有两种途径：一是通过民营化等引入产业外竞争厂商；二是通过分割垄断厂商来增加竞争主体。对于后者又存在四种模式，即纵向分割模式、横向分割模式、网运分离模式和数网竞争模式。[①] 在多种竞争模式下，国有、外资、民营、个体、合资、股份等各种投资者均参与到市政公用服务的生产和供给中，多元供给局面的初步形成打破了政府单一垄断局面，推动了有序竞争格局和合理价格机制的初步形成。投资主体的多元化也在一定程度上缓解了当前我国市政公用领域筹资不足的问题，以水务行业为例，截至 2008 年底，中国水务市场上形成了国际超大型企业（威立雅、中法水务）、国内大型企业（首创股份、中环保、天津创业环保、金州环境集团等）、境外专业水务企业（凯发集团、亚洲环保控股等）以及国内民营企业激烈竞争的格局。2008 年，全国供水投资达到 1045 亿元，是 2002 年的 5.3 倍，其中社会投资占总投资的 68%。1998 年至 2003 年五年间，全国供水投资年均增长率为 18%；而 2003 年至 2008 年五年间，年均增长率激增至 42%，提高了 24 个百分点。[②] 同时，多元化的投资还对打击垄断领域腐败、打破原有利益格局以及降低投资风险具有积极作用。多元参与竞争的格局的出现，使得任何一方都不得不积极推动市政公用事业技术创新和改革，不断压缩产品或服务的生产周期，推动"社会成本"的不断下降，进而实现整体效率的提高。

3. 触及产权变革，市场化的形式多样且不断丰富

以效率为向导，我国市政公用事业在市场化的过程中逐渐探索出多种形式，不仅涉及经营管理权的变更，而且在推动市政公用事业产权变

① 参见常欣：《规模型竞争论：中国基础部门竞争问题》，社会科学文献出版社 2003 年版，第 265~282 页。

② 全联环境服务业商会：《关于进一步深化市政公用事业市场化改革的意见》，载中国水网，2009 年 11 月 20 日，http://www.cecc-china.org/detail/15996.html.

革方面也做出了开创性的尝试，市政公用事业呈现出全方位、多领域的发展趋势。周林军等人参考世界银行和加拿大 PPP 国家委员会的分类方式，结合国内的应用现状，将我国市政公用事业领域 PPP 模式分为三类（见表 1.2），虽然，研究主要侧重于分类，但仍从侧面反映出我国市政公用事业市场化形式的多样性特征。本书在对已有实践进行研究的基础上简要总结出我国市政公用事业各行业市场化的主要实现形式（见表2.7）。

表2.7　　　　　　当前我国不同市政公用行业市场化主要实现形式简表

公交	供水	污水处理	供热	天然气	垃圾处理	园林绿化、道路维护等
BOT TOT DBFOT Service Contract	BOT TOT Concession	BOT TOT	BOT	BOT 主要采取 垂直一体 化经营	BOT BOOT TO OMM	BOT

4. 改革向纵深发展，重视市政公用事业规范化、法制化建设

与传统模式的先试点再推广最后立法流程不同，这一时期市场化改革伴随着大规模的政策推动和立法保障，以中央政府为主导，地方政府为补充，不仅涉及公用事业改革的主体的确认、资金的来源、改革的具体形式及定价问题，而且还包括政府监管内容等，从而引导和规范市政公用事业向规范化、法制化的方向发展。例如 2002 年国务院下发《国务院办公厅关于妥善处理现有保证外方投资固定回报项目有关问题的通知》，要求分别采取改、购、转、撤的方法妥善处理历史遗留问题，进一步规范吸引外资行为，促进我国吸引外资工作健康发展。2003 年国资委与财政部颁发《企业国有产权转让管理暂行办法》，《办法》对企业国有产权转让的监督管理、企业国有产权转让的程序、企业国有产权转让的批准程序以及法律责任等问题做出较为明细的规定（见表2.8）。另外，为配合中央各项政策的贯彻落实，地方政府也纷纷制定了相关的规章制度。

表 2.8 1992 年以来我国中央各部门发布的推动和规范公用事业民营化发展的政策(部分)

时间	部门	文件
1992.05 1992.07	国务院 建设部等	《国家环保局、建设部关于进一步加强城市环境综合整治若干意见》 《关于解决我国城市生活垃圾问题的几点意见》
1993.11	中国共产党第十四届中央委员会第三次全体会议	《中共中央关于建立社会主义市场经济体制若干问题的决定》
1994.03	国务院	《90 年代国家产业政策纲要》
1999.10	国家计委	《关于加强国有基础设施资产权益转让管理的通知》
2000.01	全国人民代表大会常务委员会	《中华人民共和国招标投标法》
2000.09	建设部	《城市市政公用事业利用外资暂行规定》
2001.12	国家计委	《关于促进和引导民间投资的若干意见》
2002.01	国家计委	《"十一五"期间加快发展服务业若干政策措施的意见》
2002.03	国家计委	《外商投资产业指导》
2002.09	国家计委、建设部、国家环保总局	《关于推进城市污水、垃圾处理产业化发展的意见》
2002.12	建设部	《关于加快市政公用行业市场化改革进程的意见》
2004.03	建设部	《市政公用事业特许经营管理办法》
2004.07	国务院	《国务院关于投资体制改革的意见》
2005.02	国务院	《关于鼓励支持和引导个体私营等非公有制经济发展的若干意见》
2005.09	建设部	《关于加强市政公用事业监管的意见》
2006.05	住房和城乡建设部	《关于印发城镇供热、城市污水处理特许经营协议示范文本的通知》
2006.12	国务院办公厅	《国务院办公厅转发国资委关于推进国有资本调整和国有企业重组指导意见的通知》
2008.03	住房和城乡建设部	《关于城市园林绿化一级企业资质就位有关问题的通知》
2008.11	住房和城乡建设部	《供水、供气、供热等公用事业单位信息公开实施办法》
2009.02	住房和城乡建设部	《全国城镇生活垃圾处理信息报告、核查和评估办法》

时间	部门	文件
2009.10	住房和城乡建设部	关于印发《城市园林绿化企业一级资质申报管理工作规程》的通知
2010.05	国务院	《国务院关于鼓励和引导民间投资健康发展的若干意见》
2010.10	证监会、公安部、监察部、国资委、预防腐败局	《关于依法打击和防控资本市场内幕交易的意见》
2012.05	国务院办公厅	《国务院办公厅关于印发"十二五"全国城镇生活垃圾无害化处理设施建设规划的通知》
2012.06	住房和城乡建设部	《关于印发进一步鼓励和引导民间资本进入市政公用事业领域的实施意见的通知》
2012.12	住房和城乡建设部	《住房和城乡建设部关于促进城市园林绿化事业健康发展的指导意见》
2012.12	国务院	《国务院关于城市优先发展公共交通的指导意见》
2013.09	国务院	《国务院关于加强城市基础设施建设的意见》
2013.09	国务院办公厅	《国务院办公厅关于政府向社会力量购买服务的指导意见》
2014.03	国家发展和改革委员会	《天然气基础设施建设与运营管理办法》
2014.04	国家发展和改革委员会	《关于建立保障天然气稳定供应长效机制的若干意见》
2014.06	国务院办公厅	《国务院办公厅关于加强城市地下管线建设管理的指导意见》
2014.09	财政部	《财政部关于推广运用政府和社会资本合作模式有关问题的通知》
2015.04	国家发展和改革委员会	《基础设施和公用事业特许经营管理办法》
2015.05	财政部、国家发展和改革委员会、中国人民银行	《关于在公共服务领域推广政府和社会资本合作模式的指导意见》
2015.05	国务院办公厅	《国务院办公厅转发财政部发展改革委人民银行〈关于在公共服务领域推广政府和社会资本合作模式的指导意见〉的通知》

资料来源 根据住房和城乡建设部、国务院等政府网站公布信息整理。

第二章 我国市政公用事业发展模式变迁

三、市政公用事业市场化模式面临的现实问题

市政公用事业市场化模式产生于传统的监管机制失效，而新的监管机制尚未建立的转型期。一方面，改革取得了显著成效；另一方面，受制于市场自身的局限性以及政府监管方面缺失等方面原因，市政公用事业市场化模式在运行过程中也出现了许多问题。

（一）市场化模式的公平性和普遍性受到质疑

市场化的根本目的是通过引入有效的竞争机制，更好、更有效地满足公众对公共产品和公共服务的需求。但在实际改革进程中却出现改革目标错位的现象，尤其是市场化对弱势群体的关注度不够等问题，引起公众对我国市政公用事业改革公平性和普遍性的质疑，这种现象的产生主要有两方面的原因：一是不健全的市场机制下的企业自利行为；二是市场化过程中政府操作不规范行为。

由市场自身所引发的的不公平主要有三种表现形式：一是对社会弱势群体缺乏关注，对追求利益最大化的民营企业来说，公共服务的普遍服务意味着成本的大幅提升，如果这种损失不能得到相应的补偿，他们势必会违反普遍服务的可承受性和非歧视性原则。"大量私营企业参与供水和卫生设施服务，并不必然意味着穷人能够得到更好的服务。除非服务合同是仔细制定的，否则这些合同可能会将低收入地区提供的服务排斥在外，并形成地方垄断企业"[1]，石淑华对在民营化中女性更容易遭受歧视的研究证实了这一点；二是民营化过程中必然产生失业问题[2]，市政公用企业市场化后，如何处置好现有在岗人员和离退休人员的安置成为企业面临的一个直接问题，在保证效率和降低成本的激励下，部分企业在现有配套措施并不完善的情况下，大刀阔斧地实行裁员，引起事业员工的不满；三是负的外部性行为，由于现有市场和政府监管机制不健全产生，许多企业缺乏安全生产和环保意识，导致安全事故和环境污染事故时有发生，如 2009 年南漳

---

① 世界银行：《与贫困作斗争》，中国财政经济出版社 2001 年版，第 97 页。
② 参见陈明：《城市公用事业民营化改革的复杂性研究》，载《经济管理》2006 年第 14 期，第 79 页。

自来水浊水事件和赤峰自来水污染事件等。另外,一些"邻避设施"在投产运营过程中并未与当地民众就补偿事项达成一致,冲突产生后,往往被进一步激化。

从政府方面看,许多地方政府只注重财政收入的增加和甩掉财政包袱,急于将现有存量资产套现,在对企业资本、信誉及经营能力等缺乏有效评估情况下,单纯地引入多方参与,甚至有意降低特许经营门槛和不公开投标等,将经营风险和责任一同推向市场。另外,市政公用事业民营化中"低价"与"溢价"是政府不得不面临的选择。一般来说,出于偿还民营化前期债务压力以及避免"国有资产流失"的政治风险,政府更倾向于"高溢价"。高溢价是指在民营化的过程中出现的交易价格高于资产净值或评估值(即折价或者低价),这种行为也间接地增加对公用事业产品服务普遍性的挑战。如 2002 年上海浦东自来水溢价事件和 2004 年合肥王小郢污水处理厂高溢价事件等,表面上看高溢价为政府获取了大额的财政收入,企业支付了过高的费用,但实际上,由于企业获得了过长的特许经营期形成垄断经营,而将成本转嫁给消费者,公众成为成本的最终承担着,也是这场交易中唯一的"输家"。

另外,由于舆论准备不充分,政府未就市场化改革的必要性、重要性以及改革对公众的现实意义进行及时、详尽的解释,也会造成部分公众对改革的不理解和不支持,甚至是阻挠改革的进一步推行和落实。

(二)市场逐利动机加剧市政公用事业发展不平衡

不同于传统管理模式,市场化模式下,资本的流动性更强,强烈的逐利动机引导着资本流向投资回报率高且稳定、政策优势明显的区域和行业,导致地区之间、城乡之间、行业之间发展不平衡。

首先是加剧地区发展不平衡。据天则经济研究所数据显示,2002 年我国东部、中部、西部私人资本在城市建设固定资产投资比例分别为:73.13%、16.01% 和 10.86%,2003 年这一比例调整为 77.10%、13.31% 和 9.59%,不仅比例严重失衡,而且这种趋势还在进一步的加强。

其次是加剧城乡之间、城市之间发展不平衡。市政公用事业一般都具有建设规模大、一次性投资成本高、长期回收和现金流量的不稳定特点,沉没成本风险往往较高，而乡村地区公用事业产品消费一般具有消费水平较低、消费产品和服务可替代性强、消费比较分散等特点，因此，形成规模经济的难度比在城市还要大。在资本的趋利性下，如果缺乏国家的有效调控和政策引导，市政公用事业城乡之间差距会不断扩大，需要注意的是这种差距在不同规模城市之间也比较明显（见表2.9）。

表2.9   2002～2003年私人资本分城市类型的城市建设固定资产投资结构

	2002年城市建设固定资产投资（万元）	2002年按资金来源分不同规模城市所占比例	2003年城市建设固定资产投资（万元）	2003年按资金来源分不同规模城市所占比例	环比增长率
超大城市	2678813	43.62%	5037493	54.16%	88.05%
特大城市	947231	15.43%	1111734	11.95%	17.37%
大城市	782571	12.74%	885120	9.52%	13.10%
中城市	838317	13.65%	1054796	11.34%	25.82%
小城市	893645	14.55%	1212079	13.03%	35.63%

资料来源　余晖、秦虹：《公私合作制的中国实验》，上海人民出版社2005年第1版，第22页。

最后是加剧行业间发展不平衡。受当前市场化程度的影响，不同行业在市场准入、行业规范、竞争与规制以及政策扶持力度方面存在较大差异，这种差异引导着资本向准入门槛相对较低、竞争度较低和政策更加明朗的产业发展。例如，相对其他行业，当前我国的市政公用水务事业相对市场化程度较高，因此能够吸引到中法水务、苏伊士水务、威立雅水务集团和首创股份等大量实力雄厚的企业资金。

（三）市场化过程中产生权力腐败行为

戴维·伊斯顿认为"公用政策是对社会价值的权威性分配"。事实上，从市政公用事业的传统管理模式过渡到市场化模式，本质上也可以看作是对社会多元利益的再分配问题。每一次转轨都伴随腐败的高峰期，市政公用事业市场化改革面临同样的问题。市政公用事业市场化模式涉及所有权和经营权的变革，在不完善的监管体制下，必然会成为权力腐败的对象。"一般来说彻底的市场化，很少腐败，彻底的国营化，腐败也不多，公私的边界，最容易发生腐败。民营化使得公与私广泛接触，频繁变化，腐败最容易发生。"①

市场化过程中存在的腐败风险。以特许经营授权为例，在特许经营和合同承包等公私合作方式中都涉及合作对象的选择问题，能否中标并不完全取决于是否价格上的优势，而是根据综合指标，综合指标的评定又带有一定的主观性，这就增加了投标者贿赂官员和权力者寻租的风险。特许经营授权中项目的审批、产品的定价等方面也增加了腐败的发生率。如20世纪90年代沈阳市政府与法国苏伊士水务集团的合作，沈阳市项目主办人因在谈判中接受贿赂而使沈阳市遭受巨大损失，该项目负责人于2001年被判刑。另外，其他的民营化方式也存在诸多漏洞，为寻租提供了空间，如凭单制中的诈骗行为等。

市场化运作中政府规制存在"被俘虏"的风险。"在整体经济或者法治制度尚未健全的时期，管制者与被管制者往往会结成同盟，或制定规划规制政策的机构和人员往往被企业或某些利益集团所俘获。"② 导致这种现象的原因主要有以下三个方面：一是市政公用事业的监管者往往与市政公用事业企业有着千丝万缕的关系，部分较有实力的主体或多或少都有官方色彩，他们通过各种途径影响政策的制定；二是监管者与被监管者之间严重的信息不对称，由于对市政公用领域进行成本核算、价格确定、质量标准确定以及投资回报率分析等需要很强的专业性，而政府又往往缺乏这方面的专业人才，谈判中漠视专家作用和意见，在缺乏有效监管的情况下，企业往往提供有利于自己的虚假信息，从而使监管者制定有利于自己的政策，而政府显得被动、无力；三是我国市政公用事业监管机制政出多门、职责交叉的现象也为被监管者"各个击破"提供了巨大机遇。

（四）不合理的价格形成机制威胁公众利益

在当前不完善的市场机制下，市政公用事业产品和服务的价格并不能

---

① 毛寿龙：《公用事业民营化三大忧虑》，载《科技智囊》2003年第3期，第22页。

② 仇保兴：《市政公用事业改革的理论和实践进展综述》，载《城市发展研究》2007年第1期，第108页。

完全反应其市场价值，而是掺杂了多重因素影响，主要有四个方面：

固定回报或变相固定回报赋予的价格调整权。许多民营或外资企业为保证收益，在与政府签订特许经营或其他合作协议时往往提出固定回报率的要求，虽然"固定回报"已经被中央政府明令禁止，但在实际的运营过程中，又衍生出多种变相固定回报，如保证最低需求量、赋予企业一定的价格调整权力等。

附加条件赋予企业的价格调整权。民营化过程中不仅涉及资产的转移，而且还涉及人员安置等一系列问题，为防止民营化企业的裁员行为，许多地方政府会面临当地失业率过高的问题，影响社会稳定，因此，政府会尽量地要求保留现有的员工及其薪酬待遇，这与企业追求利润、降低成本形成一组矛盾，两者的焦点最终只能聚焦于公用产品价格的调整上。

特许经营内容不合理造成的价格垄断权。以特许期为例，地方政府既要获得财政来源，同时又要留住企业，因此，政府常给予企业 20~30 年的特许期，有的甚至达到 50 年。过长的特许期为企业垄断价格的形成埋下隐患，在以后的经营中，企业通常会提出重开谈判、修改合同等要求，否则则以退出作为威胁。

政府与企业之间信息的不对称。由于存在严重的信息不对称，当企业提出价格调整时，政府要么被动接受，要么不得不投入大量的财政补贴，这严重扭曲了市政公用事业价格机制，损害了消费者的利益。

（五）改革的法律、法规制度建设准备不足

在市政公用事业市场化模式的探索上，西方国家走过了漫长的历程，期间经历了政府力量与市场力量的多次角逐，在理论和法律制度构建方面积累了丰富的经验。我国虽然在 1992 年提出建立建立社会主义市场经济体制，但由于市政公用事业的特殊性，改革步伐非常缓慢。事实上，直到 2002 年《关于加快市政公用行业市场化改革进程的意见》和 2004 年《市政公用事业特许经营管理办法》的相继出台，我国的市政公用事业发展才真正进入全面加速阶段。面对这一全新挑战，如何规范好政府与市场的关系，处理好市政公用产品和服务的经济属性和社会属性的关系，实现企业经济效益和社会效益的统一等一系列亟需解决的问题相继出现，但可惜的是，近年来我国在加快市政公用事业发展和监管方面的法律呈现非连续性特征，使得在体系构建和内容细化方面还很不完善。以特许经营为例，我国的市政公用事业市场化主要以特许经营的方式实现，但由于制度环境、政策制定、参与者行为等多方面的原因，目前市政公用事业特许经营模式在理论上存在一些需要探索的问题，在实践上需要完善政府政策、规范参与者行为。① 从特许经营的配套措施来看，相关的土地制度、税收制度、财政等制度构建还很不完善，投资人信用考评与资产评估、定价、监管机制等方面制度建设也长期处于空白或混乱状态，这在一定程度上造成了地方政府市政公用事业改革的混乱和不规范。

案例

一场由地方政府主导的水务改革闹剧

2002 年，齐齐哈尔自来水公司刚刚成功完成改革，由原来的纯国有企业变成一个政府控股 75.8%、职工占股 24.2% 的股份制改革企业，股权结构合理，产权明晰，公司上下人心振奋，当年就赢利 1000 多万元。但在 2003 年，市里突然再次提出水务改革，这样的决策引发了多方猜疑。

2003 年，私营企业哈尔滨翔鹰集团股份有限公司正式实现对齐齐哈尔自来水公司控股，该私营企业掌门人是被誉为"最美政协委员"的刘迎霞。自民营化以来，齐齐哈尔市水务出现多方面的问题，引起多方不满。

2007 年齐齐哈尔市居民饮用水出现严重霉味，后经查实，自刘接手后，为节省成本，从未对供水管网进行过清洗，引起水质恶化。引发民众极大不满的还有水价方面的原因，自刘迎霞接管齐齐哈尔自来水公司后，自来水价格大幅上升，到 2009 年，齐齐哈尔市居民饮用水价格达到 4.2 元/吨，在新一轮的水价上涨中超过北京、上海、广州等城市，成为"全国最高水

---

① 参见李青：《我国市政公用事业特许经营实施障碍与对策》，载《山西财经大学学报》2008 年第 5 期，第 39 页。

价"。在居民强烈不满情绪下，市政府不得不自掏腰包买单，通过政府私下补贴企业形式，使居民用水价格每吨下降1元钱。

2011年，哈尔滨翔鹰集团股份有限公司将自己控股的齐齐哈尔自来水公司股权转让给中国水务投资有限公司，"巧妙地"将这一"烂摊子"转手他人，成功地"金蝉脱壳"。

那么这样一家私人企业是如何赢得竞标的呢？齐齐哈尔自来水公司原副总经理王忠义介绍，由于大部分股东并不同意股权转让，市里不得不挑选个别股东召开股东大会，形式上通过收购方案。据张凡荣透露，为让"领导满意"，项目出售方案先后修改了8次，最后直接改成了"定向招商"，为保证由翔鹰集团股份有限公司收购，直到招标拍卖会的前一天晚上，才通知另一家企业来竞标，可以说是做到了"面面俱到"。另外，该收购还得到了齐齐哈尔市原市委书记杨信（已于2014年9月被立案侦查）的批示："抓紧运作、形成方案"。

纵观这次"强购"的全过程，从公司提出收购意向、市委书记批示、拟定招标方案、定向招商、假招标，到日后公司的运营监管、肆意提高水价、恶意获取政府补贴，再到最后的"金蝉脱壳"，可以说每一个环节都有权力腐败的违法现象，法律的权威受到严重践踏，公众的利益遭受巨大的损失，政府的公信力也遭受质疑。

（资料来源：根据网络资料整理）

第四节　我国市政公用事业改革现实的治理困境

进入21世纪，我国市政公用事业呈现加速市场化的趋势，地方政府开始意识到只有打破传统的政府垄断经营模式，积极探索市政公用事业改革，才能实现市政公用事业经济效益和社会效益的统一。然而，反观20多年的发展，我们发现市政公用事业发展现状并不乐观，将市场化简单地等同于私有化，导致大量国有资产流失，对市政公用事业公益性的漠视，使得弱势群体在公用事业产品和服务中更加边缘化等，政企不分、治理结构失衡等问题仍是困扰市政公用事业改革的顽疾。市政公用事业改革该何去何从？本研究在系统梳理我国市政公用事业发展模式变迁的基础上，结合现状，总结出我国市政公用事业发展面临的五大困境。

一、理论基础构建遭遇瓶颈

1. 对市政公用事业"公益性"认识不足或偏颇。市政公用事业不仅是城市建设的一部分，而更应该视为满足公民生存权和发展权的必要性前提，从这一层面上讲，市政公用事业的公益性特征应该是市政公用事业改革的根本出发点和落脚点。"普遍服务是政府提供公共物品和服务应遵循的一个基本准则。"[①] 虽然，地方政府对公用事业的"公益性"属性普遍认可，但对公益性的衡量标准却很难达成共识，尤其是在当前"唯 GDP 论"的绩效考核标准体系下，许多地方政府从功利主义的角度出发，试图简单地以"补偿机制"来弥补改革对社会弱势群体造成的福利损失，认为通过税收和补贴等形式实现社会福利再分配，可以达到"帕累托改善"的改革效果。但在实际执行过程中，帕累托改善有着严格的前提条件，如价格调整不变、不能裁员、补贴不变和有效竞争等[②]，显然，我国当前的市场化改革在这些方面做的还不够好，因此，改革往往达不到预期目标。石淑华的研究发现，城镇低收入家庭水电燃料费用支出的增长远远高于收入增长，"公用事业产品价格的上涨导致公用事业费用支出占收入和消费支出的比重过大，加大了低收入家庭的生活压力"[③]。

2. 对市场化、民营化与私有化认识上的混乱。市场化侧重于市政公用事业部门的市场行为和结构调整，遵循市场规律，改变原有的垄断局面；民营化主要侧重于市政公用事业经营权归属问题，而对市政公用事业的产权归属问题不做强调，既可以是国有民营，也可以是民有民营，通过经营权的转移，改变传统政企不分带来的低效问题；私有化主要侧重于公用事

---

① 饶常林、常健：《论公用事业民营化中的政府责任》，载《行政法学研究》2008 年第 3 期，第 53 页。

② 陈明：《中国城市公用事业民营化研究》，中国经济出版社 2009 年版，第 108 页。

③ 石淑华：《中国公用事业市场化改革的公平性分析——低收入家庭可承受能力的视角》，载《东南学术》2011 年第 2 期，第 33～35 页。

业产权归属问题，强调公用事业产权应该由国有向私人转移。三者之争的核心是产权和经营权的归属问题，但问题解决的关键在于能否通过有序、高效的竞争来提高经营效率，虽然传统意义上的完全国有化桎梏了改革的深化，但过度私有化也未必是好事。概念上的混乱为公用事业改革中的不规范现象提供了可乘之机，一些地方政府单纯的看到市政公用事业的经济利益而忽视其目标的多重性特点，在实际的市场化过程中以"甩包袱"的心态将投入大、经济效益低的公用企业"一卖了之"，导致国有资产流失严重；也有一些政府对公用事业改革缺乏足够认识，将市场化与私有化等同，一味地推行私有化，甚至错误地认为市政公用事业产权的公有制是导致低效的根源，不断引入"资产重组""资产出让"等私有化概念，这无异于"饮鸩止渴"。

3. 对政府角色认识不清、功能定位不明。政府作为市政公用事业的拥有者和市政公用事业改革的推动者，应该在改革中扮演好规划者、协调者、监管者和合作者的角色。然而，现实中，政府缺位、错位和越位的现象较为普遍，政府往往存在两种极端行为：要么直接参与到公用事业竞争中，并利用手中的资源和信息优势获取利润，导致政事不分、妨碍市场秩序等问题；要么就放任自流，以多元投资为名放弃政府主导责任。

二、碎片管理妨碍整体治理

我国市政公用事业采用了传统的"条""块"管理体制，这种体制是基于行政区划而构建的，而非基于公共服务的一体化和完整性。因而，在现实的运行过程中掺杂了过多的地方利益和部门利益，使得市政公用事业在发展的过程中出现碎片化的现象，主要体现在四个方面：部门管理不统一，地区、城乡发展不平衡，府际发展不协调，公私分工不合理导致无序竞争。

第一，部门管理不统一。市政公用事业涉及生产、输送和分销等环节，而各个环节的管理往往又涉及不同的部门，例如，燃气行业的生产、输送和分销一般涉及发展改革委、物价局、国资委、建委、规划局、执法局、环保局和市政公用事业局的相关工作处，即使是同一生产经营环节也往往有多个部门参与其中，如此多的部门在实际的管理过程中依据不同的法规和条例对公用事业进行管理，往往会造成"多龙治水"的尴尬局面。以特许经营监管环节为例，由于政府职能转变滞后，政府监管职能交叉甚至冲突（见图2.4）。

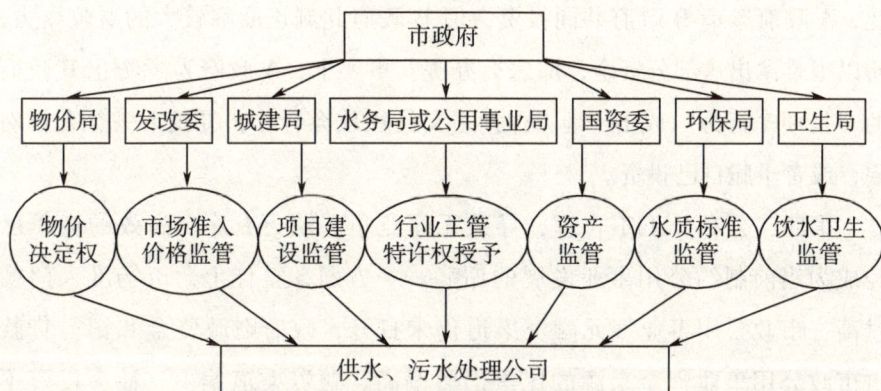

图2.4　我国城市典型的水务监管体系

资料来源　肖晓军：《特许经营制在我国目前公用事业市场化中面临的问题》，载《市政公用事业》2007年第3期，第121页。

第二，地区、城乡发展不平衡。整体上看，我国市政公用事业地区间发展很不平衡，据建设部统计，2005年，东、中、西部地区市政公用事业投资占全国市政公用事业投资比重分别为65.4%、15.4%和19.2%，东部地区对中、西部地区的明显优势不仅体现在投资比重上，还体现在公用事业的融资能力、运营管理能力、技术能力等多个方面。从城乡来看，农村公用设施建设还很不完善，城乡统筹的市政公用事业发展格局还未形成，由于政府投资较少，同时对外来资金缺乏足够的吸引力，相当一部分农村地区没有公用的污水和垃圾处理厂，农村地区的自来水普及率也较低，部分地区还存在安全饮水困难的状况等。

第三，府际发展不协调。由于我国的市政公用事业范围仍是建立在行政区划之上，这种模式具有强烈的有界性、闭合型管理的特征，因而缺乏一种为公众提供整合性公共服务的战略思考和长远规划。再加上地方政府自身利害关系，使得府际间合作变得更加困难。公用事业以行政区划来界定市场范围，往往有悖于规模经济的原则，造成经济上的低效和资源的浪费，另外还可能滋生地区保护主义。例如，A 政府与 B 政府由于地缘关系，计划在城市供水方面采取合作方式，以降低成本，满足市民日益增长的生活用水需求，A 政府经济实力明显高于 B 政府，为降低市民用水成本，A 政府决定采用较高的补贴来降低自来水出厂价格，由于采取合作方式，因此，A 政府邀请 B 政府共同投资，但 B 政府此刻正面临较大的财政压力，所以很难拿出这部分资金，那怎么办呢？事实上，A 政府为了防止 B 政府的"搭便车行为"或出于地方保护主义往往放弃合作，寻找下一个合作对象，或者干脆自己投资。

第四，公私分工不合理，导致无序竞争。缺乏有序、高效的竞争已经成为当前制约公用事业发展的诟病。一方面，整体上，市场准入门槛过高，市政公用事业多元融资渠道仍未打开，政府财政资金和银行贷款占市政公用事业资金来源的比重仍然偏高，融资渠道偏少、社会投资不足的现状没有得到有效改善；另一方面，政府简单地将部分经营性业务推向市场，放宽对这一领域的准入限制，而对市场进入后的过程行为却缺乏有力的监管，导致竞争无序行为的发生，甚至部分地方还存在寻租和腐败等不法现象。

三、监管不力导致无序发展

目前，我国市政公用事业监管机制改革尚处于构建阶段，监管体系与运行机制还存在很多不完善的地方，不能很好地适应公用事业市场化的步伐，"我国政府监管改革滞后于公用事业的市场化改革，市政公用事业政府监管方式还处于探索阶段，特别是对于供水、燃气、污水处理等技术含量较高、产品及服务直接涉及公众安全的行业的监管明显薄弱"[1]。具体体现在：监管法制落后；监管方式单一；监管标准缺乏；监管机构权责界限模糊，缺乏制度性统一协调机制；社会监督以及对监管者的监管机制缺乏等。另外，实践中还存在领导监管意识不强、工作人员监管能力薄弱、监管效

---

[1] 邹东涛主编：《中国经济发展和体制改革报告 No.1（中国改革开放 30 年 1978~2008）》，社会科学文献出版社 2008 年版，第 443~444 页。

合作治理：市政公用事业发展模式研究

率低下等问题。总体上看，我国市政公用事业领域监管规范化、法制化程度还不高，这也导致了以下问题的发生：

1. 价格形成体制不合理。当前价格一般采用"成本＋利润＋税金"的政府定价方式，定价、调价时，首先由企业提出申请材料，然后由物价局审核，经过法定程序报政府批准并公示，而整个过程民主化和透明化程度较低。如2002年中国电信"大幅调高国际长话接入结算费"事件，由于信息的不对称以及错综复杂的利益关系，政府监管往往缺乏力度，甚至出现"政企结盟"状况，公用事业企业采用虚报生产和经营成本的方式来提高成本价格差，在超额利润的驱动下，企业往往具有强烈的过度投资欲望，甚至存在违规经营的侥幸心理。

2. 风险评估不健全。当前对公用事业改革监管方面的关注过多的集中于价格和竞争机制之上，而忽视了对市政公用事业风险防控机制的研究，对市政公用事业市场化存在的效率风险、公共性风险、公共安全风险以及合法性风险研究不足。风险防控不科学、不完善，就无法形成良好的市场退出机制和救济机制，在遇到企业撤资、价格垄断、政府回购等情况时，企业、政府以及消费者的利益无法得到保障。

四、片面发展忽视系统构建

市政公用事业的发展不是孤立存在的，而是一项系统性工程，这不仅是指市政公用事业的发展需要健全的多元参与主体、完善的法律法规等配套设施，而且还应包含以下两层关系：供水、供热、燃气、污水处理、公共交通等系统共同构成市政公用事业系统，它们之间是一个整合、优化、协调的关系，任何的割裂式发展都会对整个市政公用事业系统造成损失；市政公用事业系统又是整个城市政治、经济、文化、生态、社会大系统的有机组成部分，也就是说，市政公用事业不仅仅是一项工程建设，而且它事关城市整体规划和公众利益，必须全面考虑。从以上两层关系上看，我国的市政公用事业改革存在以下几个方面的问题：

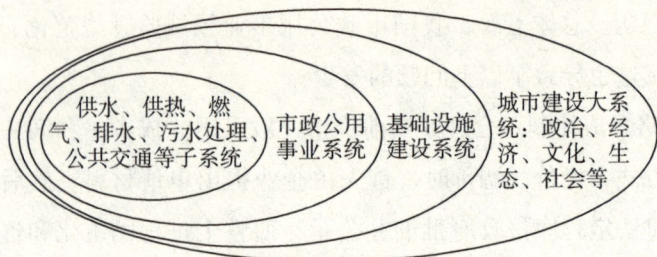

图 2.5　市政公用事业系统

第一，市政公用事业各子系统之间发展失衡。供水、排水、供热、污水处理、公共交通等作为满足市民基本生活需求的基础性行业，如同"木桶理论"提到的一样，市民生活水平高低的最终决定性因素并不是最长的"木板"，而是取决于最短的"木板"。因此，最合理的结构是各行业间的均衡发展。当前，我国的市政公用事业行业间发展很不平衡，据建设部课题组调查："十五"期间，市政公用设施总投资达 20302 亿元，其中，道路、桥梁投资总额为 8752 亿元，占 43.11%，远远高于其他行业（见图 2.6）。而燃气、供热等投资比重却相对较小，发展相对缓慢，相对于快速的城市化进程和较高的人口流动水平，我国的公交投入也明显存在不足，一些城市公交陈旧、安全性能差，新能源、大运量、智能化公交系统建设比较缓慢。2013 年为止，除增加轨道交通固定资产投资比例外，这种状况并没有发生太大改变，2013 年市政公用事业各行业固定资产投资占总投资的比重是：排水 5%，园林绿化 10%，市容环境卫生 2%，供水 3%，燃气 3%，集中供热 4%，轨道交通 15%，道路桥梁 51%。

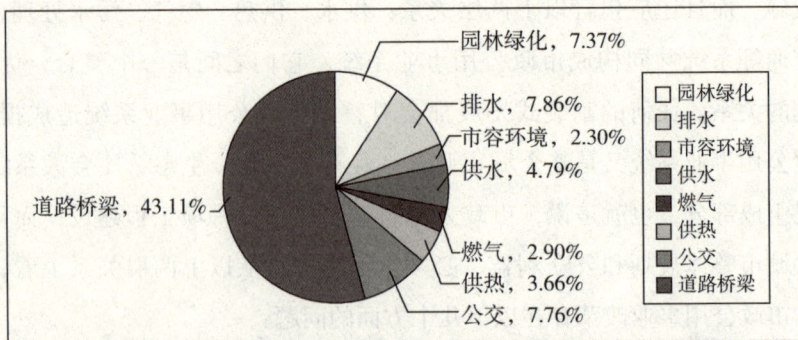

图 2.6　"十五"期间市政公用设施投资各行业所占比重

资料来源：根据住房和城乡建设部统计公报整理。

第二，各子系统与市政公用事业总系统割裂。各子系统共同构成市政公用事业总系统，行业之间要加强协作，提高整体效益。例如，城市"共同沟"的修建，将供水、供热、燃气等管线集中设置在一条隧道内，本来可以大大降低管理难度，减少地面的反复开挖和节约维护成本，同时还能起到美化城市环境、节省土地资源的作用。但在实际的使用过程中，由于各行业、各部门之间缺乏有效的协作和沟通，反而使路面的开挖更加频繁，事故频发，出现了"马路拉链"的特殊"景观"。据了解，2009～2014年，南京主城区道路平均每年要被"开膛破肚"约1500次，严重影响到人们正常的生活秩序。在极端情况下，各部门间缺乏协作甚至造成生命和财产损失，例如2013年11月发生的青岛输油管道爆炸事故。①

第三，市政公用事业总系统与城市大系统之间的割裂。市政公用事业又是城市整体政治、经济、社会、文化和生态系统的一部分，市政公用事业问题不仅仅是投资与收益的技术问题，在某种程度上，它更是一种艺术。从社会效益上看，市政公用事业建设过程的公众参与度高、信息透明度高、以及结果惠及范围广，那么，政府在民众中的公信度和认可度也会随之而然地提高；从经济效益上看，市政公用事业本身投资规模大，经营得当，对地方经济带动作用显著；从文化效益上看，例如，英国的某些地下共同沟经过开发成为城市旅游的一部分，已经融入到城市文化之中；从生态效益上看，大型市政基础设施建设，往往会增加地方政府或者投资方在地方环境保护方面的投资，如大型垃圾场和城市污水处理厂的周围往往植被覆盖率更高。从我国当前市政公用事业发展现状来看，这些效益显然还没有开发出来。首先，由于市政公用事业主要采取特许经营等方式实现市场化运作，信息的透明较低，政府与企业、企业与民众之间存在严重的信息不对称。其次，价格形成机制不完善，由于缺乏相关技术和能力，政府往往根据企业所报成本制定价格，往往会导致民众的利益受损。另外由于政府监管不力，市政公共用事业实际

---

① 《青岛输油管道爆炸事故调查报告发布（全文）》，载新浪财经证券时报网，2014年1月11日，http://kuaixun. stcn. com/2014/0111/11080757_4. shtml.

运作过程中也会出现一系列的问题。近年来，邻避事件的爆发呈现加速趋势，2009 年 8 月泉州市泉港区城市污水处理厂实行调试期间，出现故障并引起臭味，引发当地民众和污水处理厂的严重冲突，参与村民达 200多人，有多名工作人员受伤。①

五、政策法律框架缺失、混乱

西方发达国家在推行市政公用事业改革之前往往形成了较为系统和完善的法律法规，一种是为市政公用事业改革提供整体性的指导和框架，如《公用事业法》《公用事业监管法》；另一种是部门法，专门负责为某个行业改革提供法律依据，如《自来水法》《煤气法》等（见表 2.10），这些法律不仅明确的废除原有的国家经营，而且还将"允许民营化"写入法律，这就为下一步的改革提供了明确的法律依据。同西方国家不同，改革开放以后，我国市政公用事业改革整体上采用了"先改革，后立法"的模式，通过试点改革，总结改革的经验和教训，并在此基础上逐步推广，等到时机成熟再出台相关法律加以巩固和落实。这种立法思路，虽然具有针对性，但也往往加大改革成本，例如从改革伊始到政策法律出台这段期间，由于缺少具体法律保障和规制，必然导致改革的混乱和投机行为。虽然，近年来，我国越来越重视市场化法制建设，但整体来看，当前我国市政公用事业改革法律法规建设还很不完善，主要存在以下三个方面的问题：

表 2.10　　英国主要公用事业行业民营化改革时颁布的法律与主要内容

法律名称	颁布时间	主要内容
《自来水法》	1989 年	建立"自来水服务监管办公室"，建立"国家江河管理局"，允许 10 个地区自来水公司民营化
《煤气法》	1986 年	建立"煤气供应监管办公室"，废除英国煤气公司的独家垄断经营权，允许民营化

---

① 《污水处理厂出故障现臭味，引发冲突》，载新浪网，2009 年 9 月 1 日，http://news. sina. com. cn/o/2009 – 09 – 01/032816217543s. shtml.

法律名称	颁布时间	主要内容
《电力法》	1989 年	建立"电力供应监管办公室",把电力行业分割为电网、分销和电力生产公司,允许民营化
《电信法》	1984 年	建立"电信监管办公室",废除英国电信公司在电信行业的独家垄断经营权,允许民营化

资料来源　仇保兴、王俊豪:《中国市政公用事业监管体制研究》,中国社会科学出版社 2006 年版,第 31 页。

　　第一,法律、法规缺失。导致法律缺失的原因主要有两个方面:一方面是原有的法律不能适应新的情况,我国现有的市政公用事业方面的法律、法规大多制定于改革开放初期,随着市政公用事业民营化的不断加深,民营化的手段、方式已经发生根本性的变化,传统的以行政命令为主的规制法律已经明显不能适应新形势的变化,急需调整;另一方面是法律真空,市政公用事业无法可依。例如,虽然我国政府严禁外资项目采用固定回报形式,但法律法规对"固定回报"没有确切的定义,对 BOT 协议中的"照付不议"和"或取或付"条款是否是"固定回报"也存在争议。① 另外,我国至今没有颁布《公用事业法》《特许经营管理法》,没有《公用事业法》就无法从宏观上清晰地界定政府、企业、社会和公众的权利与义务,尤其是无法为公私合作中出现的突发情况提供一种权责界定机制、纠纷协调机制和事后救济机制。

　　第二,法律、法规混乱。在我国,最高立法机关是全国人民代表大会及其常务委员会,但国务院又有制定行政规章的权利,国务院各部委和地方人民政府有制定法规和实施细则的权力。由于市政公用事业自身的特性和涉及部门利益问题,我国各部门出台的相关法律法规之间不配套、不协调甚至相互矛盾问题也时常发生(见表 2.11):

---

① 参见傅涛:《市场化进程中的城市水业》,中国建筑工业出版社 2007 年版,第 47~48 页。

表 2.11　　　　　　有关收费公路经营权转让主要法律法规的不一致

立法机构	全国人大	国家计委	交通部
法律、法规名称	《公路法》	《关于基础设施资本性转让有关问题的通知》	《高速公路经营权转让管理办法》
"经营权"所涉及的范文内容和相关定义	收费权	无详细说明	收费权及相关业务公路运营权（如加油站）
管制或审批机构	国家公路—建设部；地方公路及其他—省市区政府，但须报建设部备案	国家计委或省市区计划部门（根据投资审批限额而定）	由中央财政出资的国家级公路和其他收费公路—建设部；由地方政府出资的公路—省市区政府，但必须报建设备案
转让年限	无详细说明	不超过 25 年	不超过 30 年
再转让要求	无详细说明	第一次转让 3 年后允许，但须原审批机构批准	不允许

　　资料来源　周林军、曹远征、张智：《中国公用事业改革从理论到实践》，知识产权出版社 2009 年版，第 19 页。

　　第三，原则性立法，可操作性不强。当前的部分法律仅仅对规制或民营化的一般问题进行原则性的立法，针对性不足，可操作性较差。例如法律中虽然规定了优惠政策、同等条件等，但由于缺乏具体可量化的实施办法，实际实施过程中地方政府往往错用或滥用这一法律，造成地方政府负担过重甚至资产流失；再如，价格形成机制立法保障的空泛化导致难以形成"公允价格"，对于向城市污水管网排放工业超标水造成污水处理厂运行危害的，以及拒交和欠交污水处理费的用户难以进行合理处罚。

第三章　市政公用事业合作治理的
依据及其解析

　　持续、稳定、安全地为社会提供价格合理、质量优良、数量充足的市政公用事业产品或服务，才能为经济社会发展奠定良好的基础条件。这是我们思考市政公用事业改革和发展问题的逻辑起点和价值选择。在市政公用事业领域，任何简单的国有公营模式或市场化模式，无论从理论角度看还是从实践效果观察都存在着诸多问题和弊端，难以达到我国市政公用事业改革和发展的目标。究其原因，这与市政公用事业领域的复杂性、多样性和动态性密切相关。无论是市场化模式还是国有公营主张，都不能全部涵盖和解释中国市政公用事业改革的丰富性和复杂性。那么，面对市政公用事业领域如此复杂、多样且动态性的特征，应当如何规划市政公用事业的发展呢？"在现代社会，任何一个行动者，不论是公共的还是私人的，都没有解决复杂多样、不断变动的问题的知识和信息；没有一个行动者有足够的能力有效地利用所需要的工具；没有一个行为者有充分的行动潜力去单独地主导（一种特定的管理活动）……基于这样一个前提，人们对公共管理的多主体性认识逐步达成共识。"[①]　也就是说，复杂性隐含着对主体多元化的需求。基于这种认知，"治理"（Governance）理念，作为应对多样的、动态的和复杂的社会问题的新思维，日益受到人们的重视。我们所倡

----

　　① 刘智勇:《柔性组织网络建构:基于政府、企业、NPO、市民之间参与与合作的公共服务供给机制创新研究》,载《公共管理研究》2008 年第 2 期。

导的在市政公用事业领域引入的合作治理的理念与模式就是在治理的框架下产生的一种新的治理形式，下面我们就对治理以及由此生发出来的市政公用事业合作治理进行简单的阐述。

第一节　我国市政公用事业合作治理的依据

一、市政公用事业合作治理的理论依据

我们已经对市政公用事业做了国内与国外、理论与实践上的初步梳理，在此基础上，结合当前我国市政公用事业发展面临的困境，有必要对市政公用事业合作治理进行更深层次的理论探讨，从而为合作治理的实现提供理论上的依据和支撑。本书对市政公用事业合作治理理论依据的探讨基于以下的逻辑起点和脉络：

1. 市政公用事业的属性特征是什么？这些特征是一成不变的吗？公用事业的不同属性对公用事业深化改革和发展提出了哪些要求？

2. 政府与市场在公用事业产品或服务的提供中扮演什么角色？功能定位如何？如何实现优势互补？

3. 只有政府和市场就够了吗？治理时代，公用事业改革和发展如何更好的回应公民、社会参与要求？

4. 多元参与是否就一定带来"更好的治理"？多主体之间如何实现有效协作才能实现治理资源的优化配置？

（一）市政公用事业的属性分析

对市政公用事业属性的认识是决定采用何种方式经营管理的基本逻辑起点，国内外理论和实践的发展表明：当对公用事业的性质认识发生改变时，其经营管理模式也往往发生改变。

1. 经济层面上的市政公用事业属性分析

传统市政公用事业管理模式是建立在市政公用事业自然垄断特性基础之上的，克拉克森（Kenneth W. Clarkson）等人认为自然垄断情况下，生产

函数一般呈现规模报酬递增规律，即生产规模越大，单位产品的生产成本就越小。因此，同几家规模较小的企业同时进行生产相比，由一家企业集中大规模生产，资源利用更加有效。① "如果有一个厂商生产整个行业产出的生产总成本比由两个或两个以上厂商生产这个产出水平的生产总成本低，则这个行业是自然垄断的。"② 在这种思想的指导下，许多学者认为，自然垄断产业因为具有投资规模大、投资回报周长、资产专用型高、沉没成本大等特征，由一家或极少数几家提供公用事业产品能够实现社会福利最大化，而自然垄断产业内的竞争会导致资源浪费或破坏性竞争（Foster）③，并最终影响资源配置效率和损害社会福利，上述观点为垄断经营提供了理论依据，因此，政府需要设置很高的政策性进入壁垒。

夏基（Sharkey）和鲍莫尔（W. J. Baumol）等著名学者的研究却认为，自然垄断的显著特征是其成本函数的弱增性（Subadditivity，又称"成本劣加性"）。1982 年，鲍莫尔（W. J. Baumol）、帕恩查（J. C. Panzar）和韦利格（R. D. Willing）在其共同发表《可竞争市场和产业结构理论》一书中，用范围经济和成本弱增性系统地论证了自然垄断，当一个企业的产量超出其规模经济时，只要其成本比两个或更多的企业来提供这些产量时的成本低，即具有成本弱增性，就仍具有自然垄断的特性，他们的研究成果表明规模经济并非自然垄断的必要条件，决定自然垄断的是成本的弱增性。④ 因此，"规模经济通常是按照不断下降的平均成本函数来定义的，而范围经济通常是以一个企业生产多种产品或多个企业分别生产一种产品的相对总成

① Kenneth W. Clarkson, Roger Leroy Miller. Industrial Organization：Theory, Evidence, and Public McGraw-Hill Book Company, 1982：p. 119.

② ［英］约翰·伊特维尔、莫里·米尔盖特、彼得·纽曼：《新帕尔格雷夫经济学大辞典》（中译本），经济科学出版社 1996 年版，第 648 页。

③ Foster. C. D,. Privatization, Public Ownership and Regulation of Natural Monopoly, Basil Blackwell. 1992：pp. 160～161.

④ Baumol, W. J. , J. C. Panzar and R. D. Wilig, Contestable Markets and Theory of Industry Structure, New York：Harcout Brace Javanovich Ltd. 1982. 转引自王广起：《公用事业的市场化运营与政府规制》，中国社会科学出版社 2008 年版，第 8 页。

本来定义的"①。显然，建立在成本弱增性基础上的自然垄断扩大了自然垄断的边界。

随着自然垄断实践的不断发展，部分学者对上述理论提出了质疑，他们认为垄断经营会导致企业放松内部管理和技术创新，最终导致社会分配的低效率。而在自然垄断行业引入竞争，能够有效解决"产业成本结构"和"价格结构"问题，从而实现生产和分配效率的提高（Waterson）②，来自电力等公用事业的大量实践也进一步证实了上述结论。王俊豪认为自然垄断理论是建立在企业能够主动去实现最大可能效率基础之上的，而在现实中，任何企业中的垄断都会导致低效，这种低效甚至可能远远低于企业能够达到的最大效率。

整体来看，理论上的发展逐渐为公用事业领域内放松政府管制和引入市场竞争提供了依据。但传统意义的自然垄断理论及其分析仍囿于静态分析，缺乏动态的分析，其前提条件较为严苛，例如技术不变、市场不变、时间跨度为长期、投入要素的等比增长等，当自然垄断的内、外部环境发生变化时，可能会导致公用事业行业或行业部分环节的自然垄断性质发生变异，进而产生竞争适用的可能，沃特森（Waterson）的研究表明"技术的发展"和"需求的增加"能够使一个产业从自然垄断中脱离出来，因此，一个产业的自然垄断特性并不是一成不变的。③ 就公用事业而言，并非所有的业务都具有自然垄断的特性，随着技术的发展和需求的增加，国内外的学者在自然垄断领域引入竞争的研究也取得较大的进展（见表 3.1、表 3.2）：就行业来说，自来水行业自然垄断程度最高，燃气和供热居中，城市公交和污水处理相对较弱；就各行业环节来看，生产和分销环节竞争性要普遍强于管网建设和输送，这为公用事业多元参与竞争与合作余留了空间。

① 王俊豪:《论自然垄断产业的有效竞争》,载《经济研究》1998 年第 8 期,第 43 页。

② Waterson. M,. 1988, "Regulation of the Firm and Natural Monopoly", Basil Blackwell. 转引自王俊豪:《论自然垄断产业的有效竞争》,载《经济研究》1998 年第 8 期,第 44 页。

③ Waterson. M. Regulation of the Firm and Natural Monopoly, Oxford:basil Blackwell,1988. 转引自陈明:《中国城市公用事业民营化研究》,中国经济出版社 2009 年版,第 10 页。

表 3.1　　　　　垄断性公用事业行业的自然垄断型业务与竞争性业务

	网络供应系统	成本的劣加性	成本沉淀性	自然垄断程度
供气（生产）	中	中	一	一
供气（配送）	大	大	中	中
供水（生产）	中	中	一	一
供水（配送）	大	大	大	大
供热（生产）	中	中	一	一
供热（配送）	大	中	小	中
公共汽车	小	小	小	小
出租汽车	小	小	小	一
污水处理	小	小	小	小

资料来源　参考植草益《微观规制经济学》相关内容整理。［日］植草益：《微观规制经济学》，中国发展出版社 1992 年版，第 48 页。

表 3.2　　　　　垄断性公用事业行业的自然垄断型业务与竞争性业务

垄断性公用事业行业	自然垄断型业务	竞争性业务
自来水	自来水管道网络	自来水生产、销售业务等
污水处理	污水管道网络	污水收集、处理业务等
管道燃气	燃气管道网络	燃气生产、存储、销售业务等
供热	供热管道网络	热能生产、销售业务等
城市公交	城市公交道路网络	公交车运行、票务业务等

资料来源　王俊豪：《深化中国城市公用事业改革的分类民营化政策》，载《学术月刊》2011 年第 9 期。

2. 使用或消费层面的市政公用事业属性分析

世界银行将公共物品定义为："非竞争性和非排他性的货物，非竞争性是指一个使用者对该物品的消费并不减少它对其他使用者的供应；非排他性是指使用者不能被排除在该物品的消费之外，这些特征使得对公共物品实行收费是不可能的，因而，私人提供者就没有提供这种物品的积极性。"[1] 因此，非排他性和竞争性成为公共物品的两个基本特征。显然，这

---

[1]　世界银行：《1997 年世界发展报告》，中国财政经济出版社 1997 年版，第 26 页。

种对公共物品"极端的"分类方式具有高度的限定性，并不能涵盖现实生活中的多数具有"公共性"的物品。事实上，大多数公共品并不能同时满足或充分满足非竞争性和非排他性的特征，因此，又被称作是"准公共物品"，因此这种分类方式饱受批评。为回应争议，公共选择学派代表人物布坎南（Buchanan）丰富了准公共物品的概念，他认为公共物品不仅包括严格意义上的"纯"集体商品，还包括"公共性"从0%到100%的其他一些商品或服务[1]，他提出了介于私人产品与公共产品之间的"俱乐部产品"的概念，"有限的非竞争性"和"局部的非排他性"是其显著特征。[2]

从消费和使用角度对公共物品进行分类，尤其是准公共物品对传统意义上公共物品范围的扩展，为私人部门进入公共领域，提供生产和服务提供了足够的理论支撑。近年来，国内学者围绕准公共物品的类型（张高旗，2005）[3]、供给模式（郑书耀，2009）、多元供给主体（刘磁君，2010）[4] 以及民营化的风险（谢煜、李建华，2006）[5] 等方面展开了较为系统的论述。

同自然垄断特性相同，公共物品的"非排他性"和"非竞争性"也同样具有相对性。受经济发展水平、科技水平、居民的文化素质和消费习惯以及政府与公众的公共选择等因素的影响，市政公用事业公共物品的性质和范围也在发生变化。[6] 就我国城市化发展现状来说：一方面，公用事业的范围逐渐扩大，更多的物品和服务被纳入市政公用事业体系之中；另一方面，政府的主体地位在不断弱化，而主导作用却不断突显，在当前"弱自然垄断"的激励下，更多的竞争者进入到市政公用事业的生产和服务中。

① ［美］詹姆斯·M. 布坎南：《民主财政论——财政制度和个人选择》，商务印书馆1993年版，第12页。

② J. M. Buchanan(1965)."An Economic Theory of Clubs",Economica,32,p.2.

③ 张高旗：《准公共物品分类探讨》，载《延安大学学报》（社会科学版）2005年第6期，第59~61页。

④ 刘磁军：《俱乐部产品多元供给模式选择》，载《生产力研究》2010年第3期，第126~128页。

⑤ 谢煜、李建华：《准公共物品民营化的风险分析》，载《行政论坛》2006年第6期，第62~65页。

⑥ 任俊生：《中国公用产品价格管制》，经济管理出版社2002年版，第9~10页。

3. 社会价值层面的市政公用事业属性分析①

市政公用事业作为我国公共服务中的基础性行业，为城镇居民生活提供必需的普遍服务，具有"公共性"的特征。我们认为"公共性"不仅限于经济学意义上的公共物品的纯度，还包括在生产和提供服务的过程中所体现的维护公共利益的价值取向。以消费属性（包含竞争性、排他性和需求弹性三个维度）、生产属性（包含规模经济性、网络性两个维度）来分析我国市政公用事业"公共性"，发现不同行业和行业环节的公共性存在差异，并得出以下结论：一是"公共性"是市政公用事业的本质属性；二是"公共性"应该从价值取向和技术特征两个层面理解；三是"公共性"具有层次性、相对性、发展性等特征；四是不同行业对各种"公共性"差异因素有所侧重。以公共性差异为视角，反思当前我国公用事业市场化发展中的问题，发现尚有较大的改进空间：一是片面追求市场化形式，而忽视内容的丰富；二是产权改革陷入误区；三是市场结构中垄断与竞争失衡；四是缺乏完善的价格机制等。因此，"公共性"属性成为进一步推进公用事业改革或纠偏的一个重要标准。

（二）公共服务中的政府与市场关系

在公共服务的发展史上，政府与市场似乎是一对不可调和的矛盾，两者之间呈现出"此消彼长"的趋势，这种对立可以追溯至亚当·斯密，甚至更早。早在1776年，亚当·斯密在《国民财富的性质和原因的研究》中，就将政府的职能限定为"借助军队来保护国家的安全，使其免遭外国的侵略；建立严明的司法机构，保护社会中的任何一个成员不受他人的欺侮和压迫；建立公共工程和公共机关，主要服务于商业和促进国民教育"②。在古典经济学等学说理论的推动下，市场这只"看不见的手"在资源配置中的作用被无限放大，"最小化的政府"成为各国的施政标准，"管的最少的政府就是最好的政府"。政府与市场对立的最尖锐时期是在20世

---

① 本部分的理论成果详见：曹现强、刘梅梅：《公共性差异视角下的市政公用事业发展探析》，载《理论探讨》2012年第4期，第142～147页。

② ［英］亚当·斯密：《国富论》，张兴、田要武、龚双红译，北京出版社2007年版，第138～141页。

纪 30 年代到 70 年代，随着经济大危机的爆发，市场万能论受到各方质疑，"凯恩斯主义"占据了理论阵地的制高点，以罗斯福新政为标志，西方发达国家政府开始大规模地干预社会生活的方方面面，并建立起"从摇篮到坟墓"的完善的社会保障体系，政府从"幕后"走向"前台"，成为"看得见的手"。但是"凯恩斯主义"并不能完美的解决财政赤字和通货膨胀问题，为更好地解释政府和市场在公共服务中的行为，布坎南、约瑟夫·阿罗等人做了大量开创性的工作，他们的学说被称为"公共选择理论"，其实质是通过民主决策的政治过程来决定公共物品的需求、生产和供给，是将个人选择转化为集体选择的政治过程。该理论以"经济人假设"为前提，运用微观经济学的成本——效益分析方法解释个人偏好与政府公共选择的关系，将"追求个人利益最大化"视为一切人的行为动机，并得到一系列"政府失灵"的分析结论。尽管公共选择理论本身也广受争议，但是它以新古典经济学的基本假设和分析方法来研究政治问题和政府行为，仍具有较强的启示和借鉴作用。

　　鉴于政府和市场在公共服务领域内各自的优势与不足（见表 3.3），20 世纪 80 年代以来，在公共服务领域出现了一种政府与市场走向合作的趋势。如何更好地发挥政府和市场各自的优势，同时弥补两种手段的不足，成为研究的一个重点，这就涉及公用事业改革中政府与市场角色和功能界定问题。新公共管理理论在这方面做出了开拓性的贡献，其影响至今仍是非常巨大的。奥斯本（D. Osboren）与盖布勒（T. Gabler）在《改革政府：企业家精神如何改革着公共部门》一书中提出了著名的政府再造"十大原则"：1. 掌舵而不是划桨；2. 授权而不是服务；3. 将竞争机制注入到服务提供中去；4. 转变规则导向型组织；5. 按结果而不是按投入进行拨款；6. 满足顾客而不是官僚制度的需要；7. 挣钱而不是花钱；8. 预防而不是医治；9. 从等级制到参与合作；10. 通过市场力量进行变革。可以说，新公共管理从一开始就带有很强的实践导向性，这一点可以从 1979 年撒切尔政府的改革体现出来。改革分为四个阶段：引入私人部门管理技术阶段；公共服务私有化阶段；公共服务代理阶段；公共部门和私人部门伙伴关系阶段。改革提出了著名的 3E 标准，即经济（Economy）、效率（Efficiency）、效益（Effectiveness），作为衡量公共服务绩效的最终尺度。在实现手段上，奥斯本和盖布勒曾用"政府箭袋里的箭"来形容公共服务的主要方式，并将其分为传统类、创新类和先锋类，萨拉蒙（Lester. Salamon）等人提出了政府的治理工具等。虽然，新公共管理存在"矫枉过正"的嫌疑，但毕竟开启了政府与市场合作的新范式，并为接下来的世界范围内的民营化浪潮提供了宝贵的理论依据和实践指导，主要包括：一是精简优化政府职能；二是创新管理方式；三是引入企业管理手段和实行分权改革。

表3.3　　　　市政公用事业合作治理中政府与市场的关系

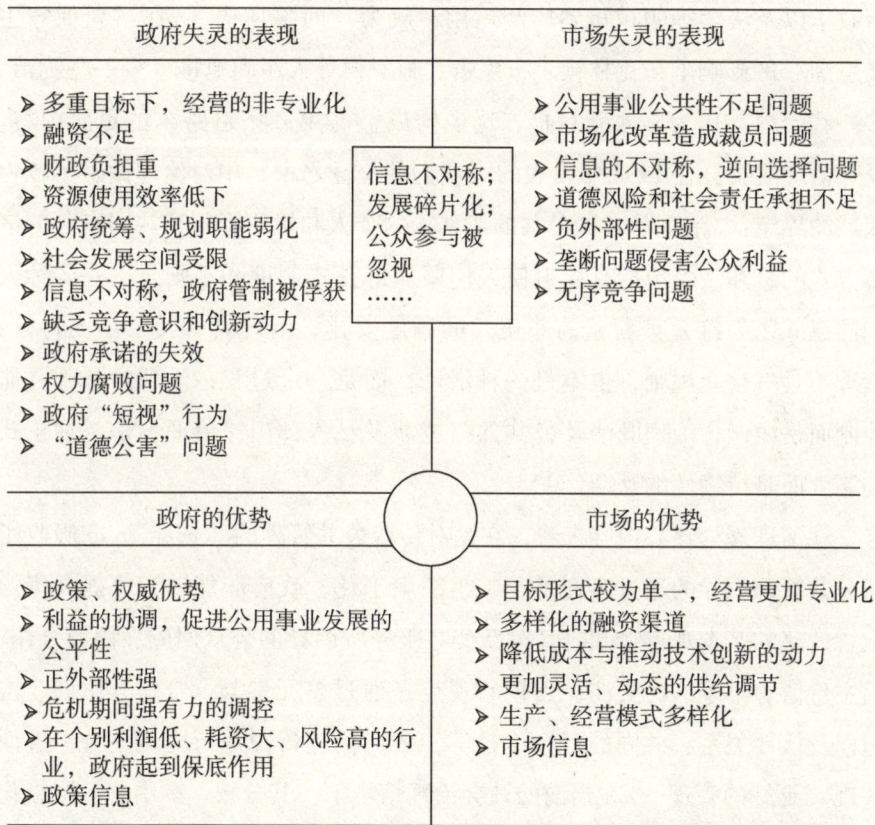

政府失灵的表现	市场失灵的表现
➤ 多重目标下，经营的非专业化 ➤ 融资不足 ➤ 财政负担重 ➤ 资源使用效率低下 ➤ 政府统筹、规划职能弱化 ➤ 社会发展空间受限 ➤ 信息不对称，政府管制被俘获 ➤ 缺乏竞争意识和创新动力 ➤ 政府承诺的失效 ➤ 权力腐败问题 ➤ 政府"短视"行为 ➤ "道德公害"问题	➤ 公用事业公共性不足问题 ➤ 市场化改革造成裁员问题 ➤ 信息的不对称，逆向选择问题 ➤ 道德风险和社会责任承担不足 ➤ 负外部性问题 ➤ 垄断问题侵害公众利益 ➤ 无序竞争问题
政府的优势	市场的优势
➤ 政策、权威优势 ➤ 利益的协调，促进公用事业发展的公平性 ➤ 正外部性强 ➤ 危机期间强有力的调控 ➤ 在个别利润低、耗资大、风险高的行业，政府起到保底作用 ➤ 政策信息	➤ 目标形式较为单一，经营更加专业化 ➤ 多样化的融资渠道 ➤ 降低成本与推动技术创新的动力 ➤ 更加灵活、动态的供给调节 ➤ 生产、经营模式多样化 ➤ 市场信息

（中间方框内）信息不对称；发展碎片化；公众参与被忽视……

作为公共服务的重要内容，我国市政公用事业发展的实践基本上遵循了上述轨迹，新公共管理的经验同样值得借鉴。总体来看，当前市政公用事业领域政府改革以及市场改革出现了一种"优势互补"的趋势，从政府改革方面看，政府管制不断放松，更多的市场化元素和理念被引入到政府部门,从而有效地解决政府融资不足和负担过重等问题。例如:在自然垄断性较强的行业领域,政府通过完善自身改革,实现对公用事业的现代化管理,通过对国有企业明晰产权、引入竞争、完善公司治理,实现科学管理和加快建立现代企业制度等;而在自然垄断性相对较弱,适合引入竞争的领域,政府逐渐退出,政府和市场之间的界限则越来越清晰,政府规划者、监管者和服务者的功能更加突出。

（三）治理理论

20世纪80~90年代以来,治理理论逐渐在政治学、经济学、管理学、行政学以及法学等领域得到广泛运用,成为"时髦词语",在"新保守主义思潮"的影响下,克林顿、布莱尔、施罗德等人明确地将"少一些统治、多一些治理"作为施政新目标,这也构成了"第三条道路"的重要内容。全球治理委员会在1995年发表的《我们的全球之家》中对治理做出了较为权威的界定:"治理是各种公共的或私人的个人和机构管理其共同事务的诸多方式的总和。既包括有权迫使人们服从的正式制度和规则,也有各种人们同意或以为符合其利益的非正式的制度安排,治理具有四个主要特征:治理不是一整套规则,也不是一种活动,而是一个过程;治理的基础并非控制而是协调;治理既涉及公共部门也涉及私人部门;治理不是一种正式的制度而是持续性的互动。"[1]

就治理理论核心内容来看,它是对传统公共管理的"扬弃",它吸收了新公共管理倡导的通过多元参与、组织扁平化、政府职能转变等提高资源配置效率的基本观点,同时又对新公共服务所倡导的公众回应、协商合作、民主价值等给予广泛关注,其核心观点是通过多元参与、合作、协商、沟通以及伙伴关系、共同的目标途径等,来对治理资源进行优化整合,进而实现"更好的管理"。在当前的社会治理情境下,其分权、多中心、网络化等要义也为政府间、政府与社会、公众、私人部门间打破界限,形成相互依赖的公共关系提供了理论上的支撑。然而,由于治理是基于主体间自愿

---

[1] 参见全球治理委员会:《我们的全球之家》,牛津大学出版社1995年版,第2~3页。转引自俞可平:《治理与善治》,社会科学文献出版社2000年版,第5页。

基础上的合意，其机制的运行并不具有强制约束力。因此，各主体违约成本很低，难免出现"治理失灵"，为避免"治理失灵"的风险，俞可平提出了"善治"（Good governance）的概念，并总结出"善治"的合法性（legitimacy）、法制（rule of law）、透明性（transparency）、责任性（accountability）等 10 项基本要素。[①]

可以说，治理理论倡导的多中心为公共领域引入企业、社会和公民参与提供了理论依据。它的出现契合了公共事务管理复杂性、多样化的趋势，意味着国家、政府与社会一种新型关系的形成。治理理论不仅为指导实践提供了宏观的理论分析框架，而且随着各国改革实践的不断发展，治理理论的具体内涵与形式也日益丰富，出现了诸如网络治理、协同治理、整体性治理等多样的治理方式，这为我国市政公用事业领域中跨域治理、跨部门治理和公私伙伴关系等议题的解决提供了多样化、可操作的理论方案。

1. 网络治理

从理论渊源上讲，网络治理在对新公共管理和治理理论进行扬弃的基础上，又吸收和借鉴了经济学、企业治理等方面的研究成果，在关注政府内部治理网络绩效的同时，更加强调政府、市场和社会的良性互动所形成的公共治理网络的效能，使治理理论更具整体性和操作性。

"网络治理"具体概念最初由艾格斯在《网络治理：公共部门的新形态》一书中提出，是指"一种全新的通过公私部门合作，非营利组织、营利组织等多主体广泛参与提供公共服务的治理模式"[②]。国内专家陈振明教授认为："网络治理是指为了实现和增进公共利益，政府与非政府部门等公共行动主体彼此合作，在相互依存中分享公共权，共同管理公共事务的过程。"[③] 它的核心在于强调在一定的框架和合约规定下，政府通过行政授权、委托—代理、购买服务等合作方式与其他非政府部门（包括企业、非

① 俞可平：《全球治理引论》，载《马克思主义与现实》2002 年第 1 期，第 23～24 页。

② Steven, Goldsmith & William D. Eggers, 2004. Governing by Network: The New Shape of the Public Sector. New York: Brookings Institution Press. pp. 3～5.

③ 陈振明：《公共管理学——一种不同于传统行政学的研究途径》，中国人民大学出版社 2003 年，第 86 页。

营利组织、公民个人等）一起为实现公共利益而采取的协同行动。

尽管国内外学者对网络治理具体概念莫衷一是，但总体来看，网络治理主要包含以下几方面要义：（1）强调多元主体包括私人部门、社会组织、公众等的作用。从宏观角度讲，针对社会网络的特点，有机融合了政府、市场和社会网络机制，力求通过解决不同利益主体合作中的诸多难题来改善政府内部管理，"实现政府、市场和社会三马齐辕式的互动"[①]；从微观角度讲，包括了政府、企业、非营利组织、普通公民等多元主体的参与。（2）治理手段上主要表现为行政、市场和社会手段的综合运用。另外网络治理还积极利用现代信息技术，提出了电子政务等实践方案等。（3）治理结构的网络化。政府与其他主体更多的是以平等合作的方式组成服务网络，实现公共利益，而不仅是政府自上而下地运用权威。（4）治理目标的明确化。网络治理旨在提高公共服务的质量和效率，增进公共利益，满足公众需求。

作为一种公共服务的实现方式，网络治理在实践中也面临几方面的困境：一是网络治理致力于探索和设计实践方案，认为价值判断是公共服务自身的属性问题，因此回避价值判断；二是网络治理难以突破科层治理和竞争治理的适用范围；三是多中心的理论倡导造成政府角色混乱，政府功能和作用难以有效发挥，治理网络存在陷入混乱的风险；四是网络治理主张公私界限模糊化，但却未对治理网络中多元主体的合理分工提出有效的机制保障，这造成了实际操作中的权责归属困境和"搭便车"现象。

2. 协同治理

在"协同治理"的英文表达上国外学者基于词源、学科、认知和习惯上的不同而有所差异，国外学者在对"协同政府（Joined-up government）"研究的基础上，习惯用"joined-up governance"表述"协同治理"，而国内学者更加倾向于用"Collaborative/Synergetic/Cooperative governance"。协同治理在英国工党布莱尔政府上台后逐渐兴起，是在反思新公共管理运动的基础上，提出的一项变革性的政府举措。协同治理同样主张在公共治理过程中，加强政

---

① 刘波等：《整体性治理与网络治理的比较研究》，载《经济社会体制比较》2011年第5期，第139页。

府与政府之间、政府部门之间、政府与其他主体之间相互配合，协同行动，进而形成井然有序、相互促进的治理结构，通过各部门的协同合作，实现公共资源的优化配置和治理成效的扩大。具体包含以下要义：（1）协同治理强调政府、第三部门、私人组织等主体在治理过程中的平等协作性和配合性；（2）协同治理强调合作治理过程中集体行动的自发性及治理过程的自组织性；（3）协同型治理强调治理结构的优化与集体行动的有序性。

对协同治理的深化研究是基于协同治理与整体性治理比较分析基础之上的。二者的相同点是显而易见的，如注重将政府以外的力量引入到治理体系，强调政府间协作的重要性等。在二者的差异性比较上，佩里·希克斯分析了整体性治理与协同治理二者的不同：在逻辑起点上，协同治理回答的问题是"我们能够一起做什么？"而整体性治理回答的问题是"需要谁参与，并在什么基础上取得我们真正想得到的东西？"在目标与手段的关系上，协同治理手段和目标虽然一致，但两者并不互相增强，而整体性治理的手段与目标之间存在相互增强关系。另外，整体性治理和协同治理对具体运用的社会结构要求也略有差异。协同治理主体之间关系更具有灵活性和随机性特点，因而具有更强的适应性，它对社会结构的完整性要求并不苛刻，这也是为什么协同治理在社会大变革或者重大危机事件发生后，能够迅速发挥作用的重要原因；而整体性治理一般来说在体系成熟、结构稳定的社会中更具有优势。

3. 整体性治理

就历史演变来看，虽然 20 世纪 80 年代初的新公共管理运动提高了公共部门的活力，但由于缺乏对公共价值的关注与探讨，政府部门之间过度重视效率的提高和竞争机制的引入，而忽视了部门合作与协助的必要性，公共领域的"碎片化"问题开始变得愈加严重，"碎片化指向的是政府部门内部各类业务间分割、一级政府各部门间分割以及各地方政府间分割的状况"[①]。"碎片化"治理的弊端是显而易见的：过度分权和工作细化使得

---

① 谭海波、蔡立辉：《论"碎片化"政府管理模式及其改革路径——"整体型政府"的分析视角》，载《社会科学》2010 年第 8 期，第 12 页。

组织僵化，部门主义和地方保护主义盛行，整体服务意识较差；完整的业务流程被不合理的分割，资源重复建设、使用效率低下。为纠正"碎片化管理"的弊端，英国学者佩里·希克斯等人认为必须以"整体性政府"为导向，强化沟通与交流，结束不同部门间单打独斗的"近视行为"，整体性治理开始作为一种新型治理方式引起广泛的关注。

从多元治理主体的实现上看，整体性治理（Holistic governance）强调实现治理主体的多元化，但同网络治理不同的是，整体性治理更加注重发挥政府在治理网络中的主导地位，为保证整体性治理体系高效运行，它主张优化政府内部层级结构关系，而不是一味地强调扁平化，通过政府整体性治理功能的发挥，有效改善政府内部"碎片化"的制度结构，并在此基础上注重其发挥其他治理主体的优势。在此过程中，通过加强主体间有效协调和整合，力图实现多元主体彼此之间的政策理念整齐划一、目标能连续一致和政策执行的相互强化，以达到无缝隙的合作治理状态。因此，整体性治理是一个由不断完善政府自身治理结构和功能，到实现政府、社会、市场多元合作治理的螺旋式、外延化的过程。

从实现途径来看，整体性治理的实践体现出两种不同的发展思路：一方面，整体性治理注重多元治理网络的搭建，主张对各种社会治理资源进行科学地调动和使用，但反对将这种协作关系过度复杂化，通过简化政府与私人组织、社会、公众间错综复杂的关系，形成明确的权责机制和运作机制，力求保证治理网络在可控范围内，符合经济效益和社会效益的统一；另一方面，整体性治理还体现了一种逆部门化、碎片化的思维，从整体主义的视角出发，通过重新政府化的过程，优化政府治理结构，重塑政府在公共服务体系中的协调、主导角色。实践中，治理层级、治理功能以及公私伙伴关系是同时进行的，以公众利益为导向，重新整合功能相同或相近的政府职能部门，并通过与社会相关部门以及利益相关群体合作，共建"一站式"服务，例如大部门制改革等。

从运行机制方面看，整体性治理实现主要包括权责机制和整合机制。整体性治理体现出较强的英国改革色彩，改革主要着眼于政府内部治理结构的优化调整，意图构建整体性的治理框架和运行机制。从某种程度上讲

合作治理：市政公用事业发展模式研究

"还是以官僚制作为基础的",因此,协调不同层级、部门间政府关系仍是不可避免的重要议题。由于政府作为公共权力行使主体的特殊性,明确的权责机制的建立成为推动和保障政府部门由破碎走向整合的前提,但不同于传统管理模式的权力机制和市场化模式下的价格机制。整体性治理从整体主义出发,综合利用权威与契约两种手段,实现政府内部之间、政府与社会、市场之间权责的科学分配。从整合机制上看,包括利益整合与资源整合两个方面,利益整合机制方面,通过建立构建合作平台,各主体的利益诉求能够得到充分表达和有效保障;资源整合机制方面,整体性治理的盛行与信息技术的发展密不可分[①],信息网络技术的快速发展为整体性治理的实现提供了技术上的保障,通过建立共享数据库,可以实现在线资源的整合与共享。

从演变逻辑上看,整体性治理吸收了网络治理和协同治理的精华部分,因此理论更加系统且富有前瞻性,成为"21 世纪的大型理论(Grand theory)"。作为治理理论框架下的三种典型方式,无论是网络治理、协同治理还是整体性治理,在实践的操作过程中并不是完全独立实施的,随着治理面临问题的复杂性、动态性、多样性的增强,三者之间呈现出鲜明的彼此借鉴、交互融合的发展趋势,这使得对三者的辨别更加困难。作为西方国家治理实践的结果,三种治理方式的共性特征也为我国市政公用事业合作治理理论借鉴提供了诸多的启示:一是公众利益成为治理模式变革的根本价值取向;二是多元的治理主体是满足日益增长的公共服务需求的根本保障;三是实现治理主体间的合作与治理资源的有效整合成为治理发展的主流趋势。

(四)新合作主义

公用事业合作治理的另一个理论依据来源于"新合作主义"。一般来说,为了同二战前以及拉美一些威权主义国家中的合作主义制度相区别,故将二战之后,甚至更长一段时间内的这种以三方伙伴关系机制为代表的制度模式称为"新合作主义(Corporatism)",也被称为"社团主义""法团主义""组合主义"等。《布莱克维尔政治学百科全书》将其定义为:

---

① 竺乾威:《从新公共管理到整体性治理》,载《中国行政管理》2008 年第 10 期,第 57 页。

"一种特殊的社会——政治过程，在这个过程中，数量有限的、代表种种职能利益的垄断集团与国家机构就公共政策的产生进行讨价还价，为换取有力的政策，利益组织的领导人允许通过提供成员的合作来实施政策。"①"新合作主义"最初被运用于解决劳资冲突和福利制度完善领域，劳工和雇主通过结合成相应的利益集团，在政府的参与下，开展各种形式的合作。后来，这种合作主义被引入到众多学科之中，成为推动决策科学、解释社会结构、平衡国家与社会关系的重要理论框架。

纵观二战以来合作主义发展的轨迹，其经历了曲折的历程，甚至在 20 世纪 80 年代曾一度沉寂，进入 20 世纪 90 年代，随着西方政治、经济的发展，合作主义呈现出复兴之势，"第三条道路"也应运而生，在这样的背景下，合作主义开始被应用于城市治理。合作主义要建立的是这样一种模式或制度安排，是一个纵向的合作结构，它包含以下要点：（1）国家具有重要地位，它合法参与经济决策，主导工业发展方向；而社会参与则以行业划分的功能团体的形式，国家和社会互相承认对方的合法性资格和权利，并相互协商制定有关的政策。（2）法团主义政治的任务是将社会利益组织集中和传达到国家决策体制中去，因而，它代表国家与社会间的一种结构关系。（3）功能团体对相关的公共事务有建议和咨询的责任，同时在公共决策确定后有执行的义务；此外，它还应把本集团成员完好地组织起来，限制他们的过激行动。（4）获批准的功能团体数量是限定的。（5）不同团体间是非竞争的关系。（6）每个行业内的不同代表组织以层级秩序排列（hierarchically ordered）。（7）功能团体在自己的领域内享有垄断性的代表地位。（8）作为交换，这些团体的领袖选举、利益诉求和组织支持等事项，国家应有相当程度的控制。②

实质上，新合作主义是将社会利益集团直接纳入到国家的决策体系中，通过政府与社会利益集团开展正式协商，以达成包含政府在内的三方协议，因此，它往往是"民主的""可参与的""社会公平取向的"。新合作主义

① ［英］戴维·米勒等主编：《布莱克维尔政治学百科全书》，中国政法大学出版社 2002 年版，第 186～187 页。

② Williamson, J. B., Pampel. F. C. (1993), Old-Aged Security in Comparative Perspective, Oxford University Press, p. 17.

的代表人物施密特（Schmitter）认为新合作主义"作为一个利益代表系统，是一个特指的概念、模型或制度安排类型，它的作用是将公民社会中的组织化利益联合到国家的决策结构中"①。

需要注意的是，新合作主义的应用也有着较为严苛的社会条件：一是社会结构要高度的分化，社会利益呈现多元化的特征；二是不同的利益主体能够形成高度组织化的利益团体，甚至是"某些社会组织的力量过于强大，单纯通过社会自身的力量已经难以实现社会经济秩序的整合，因而需要国家的介入，并扮演仲裁的角色"②。而我国目前仍处于社会转型期，社会结构分化程度仍然较低，社会利益虽然呈现分化的趋势，但整体上仍具有高度的统一性，尤其是社会力量还很薄弱，难以形成与政府合作的平衡力量。因此，新合作主义在我国的运用更多地是结合了治理理论多中心、多元化的观点（见表3.4），也可以说，中国采取了一条与西方国家反方向的道路来实现新合作主义，"中国采用的国家化组合制度并非加强国家对经济与社会的控制手段，而是恰恰相反，起了减轻国家紧密控制的作用"③。近年来，新合作主义在我国得到广泛运用，也证明了其在政府关系优化④、利益协调⑤、福利制度建设⑥、城市治理⑦等领域的适用性。但是总体来看，新合作主义为市政公用事业合作治理带来的启示和借鉴主要有：一是发挥政府的主导作用，发挥政府在宏观调控、监管等环节的优势；二是重视对话、协商机制的建立，避免无序和分裂状态；三是重视公用事业发展过程

---

① SCHMITTER P C. Still the century of Corporatism? ［M］//SCHMITTER P C, LEHMBRUCHG. Trends toward Corporatist Intermediation［s1］:Beveny Hills sage,1979,p.9.

② 王威海：《西方合作主义理论述评》，载《上海经济研究》2007 年第 3 期，第 111 页。

③ Philippe C. Schmitter, Still the Century of corporatism? ［J］. Review of Politics, Vol. 36. 1974(1).

④ 参见马建斌：《新合作主义在我国利益协调中的适用性分析》，载《开放导报》2008 年第 3 期，第 66 ~ 67 页。

⑤ 参见卢汉桥、刘承栋：《新合作主义的利益协调机制探析——作为一种公共政策制定模式的观察》，载《广州大学学报》（社会科学版）2006 年第 12 期，第 24 ~ 28 页。

⑥ 参见郑秉文：《论"合作主义"理论中的福利政制》，载《社会科学论坛》2005 年第 11 期，第 5 ~ 24 页。

⑦ 参见张长立：《合作主义视域中的城市多元主体治理解读》，载《南京社会科学》2013 年第 11 期，第 79 ~ 84 页。

中各方利益的平衡，尤其是要限制"精英阶层"对"弱势群体"的不公平现象，加强民众组织化的利益表达渠道建设等。

表3.4　　　　　　　　　　多元主义与新合作主义的异同

	多元主义	新合作主义
思想/理论来源	精英民主理论	天主教义、民族主义 社会有机论
原则	平等、利益充分表达	组织、理性、秩序、协商与控制
核心体系/概念/基础	利益集团	利益协调和代表体系
组织形式	完全自治的扁平化的网络化的组织结构	科层组织下的网络式的组织联盟，组织化的功能单位
参与团体的数量	众多	有一定限制
团体间关系及利益实现机制	对抗性竞争、讨价还价	非竞争关系，协调与合作，减少冲突，通过层级结构实现有序互动
对政府的态度	与政府展开对抗，限制政府权力扩张	政府是"中心概念"，视政府为合法性的根源；增强政府的权威和秩序、但反对政府专制
政府与公共利益关系	政府并不一定能完全代表公共利益，利益多元化下，必然催生多重利益集团	政府是代表公共利益的自主性组织，以全局利益为重，超越各种利益群体，平衡不同利益
政府与其他团体关系	利益集团合法性与生俱来；政府、利益集团间是平行、独立的关系，不存在隶属关系；利益集团对政府施以监督和制约	其他团体的合法性由政府认可、并受到政府规制；各利益团体保证支持政府决策；政府与利益团体有各自定位
政治结果	多重少数人统治	利益的限制性表达和层级式社会利益结构
公民影响政治/政策的途径	参与完全自治的利益集团	组织化的层级结构的利益集团

资料来源　根据郭道久：《对抗性竞争与协商合作——多元主义与合作主义的利益集团观比较》，载《教学与研究》2006年第8期，第71～76页内容整理。

二、市政公用事业合作治理的现实动力

市政公用事业合作治理的关键词是合作，只有实现政府与市政公用事

业各相关利益主体之间的有效合作，才能够顺应城市化发展的趋势，适应当前市政公用事业发展的要求，满足城市居民对市政公用事业的需要。那么，多元主体如何才能形成有效的合作关系呢？各主体进行合作的动力何在呢？正如利益相关者理论所阐释的，利益是构成和促进合作的原始动力，只要存在利益的地方，就存在合作的可能。但是，如果仅将合作动力简单地归结为利益驱动无疑会犯形而上学式的以偏概全的错误。只有将城市公共事业合作治理的驱动力置于城市发展的时代背景和外部环境下分析，才能全面、客观地把握市政公用事业合作治理的动力源泉。

1. 合作治理是市政公用事业发展的现实需求。近年来，我国城市化发展势头迅猛，速度不断加快，城市数量和规模高速增长。而城市原有的公用基础设施和公共服务的陈旧和落后，已经远远滞后于城市的发展速度，难以满足公众对市政公用事业更新、更高的需求，成为制约城市进一步发展的瓶颈。与此相关联的原有市政公用事业治理主体，即政府难以适应城市化的变化和需求，在市政公用事业的单极治理过程中显得有心无力，在当前世界各国纷纷缩减政府规模的时代背景下，再要求扩大政府规模和职能以适应市政建设已经失去了现实可操作性。此外，城市扩张对于市政公用事业的要求不仅仅是单纯的量的增长，还包括质的变异，城市的扩张使市政公用事业治理的复杂性、技术性和异质性空前提高，已超出了传统市政公用事业认知的范畴，需要更为多元的、专业的治理主体协力才能够胜任。因此，对市政公用事业由利益相关主体进行合作治理是最切实可行的办法，这样，不仅可以提高市政公用事业的数量、质量和水平，而且还可以使各方主体各司其职、各安其分、各取所需，在实现公共目标的同时，满足自身的利益需求，有利于减轻政府负担，提高社会与市场的活力。

2. 城市比较竞争的压力需要多元主体分担承受。传统城市是较为封闭的自足式生存系统，竞争源少且主要来自于城市内部各部门之间的比较；现代城市是开放的复杂系统，竞争主要来自于外部。随着国内市场和国外市场的统一、扩大和自由化，生产要素的自由流动为城市提供了进行外部竞争的前提和条件，各个城市越来越感受到来自于外部的压力。目前，我国城市之间的竞争已逐渐由隐形变为显性，争夺区位优势和更多的政治、经济资源都有赖于城市自身竞争实力的提高。

另一方面，当前城市间关系呈现出竞争加剧与合作凸显的双重走向，城市公用事业的发展不仅成为衡量居民城市生活和工作便利性的重要指标，而且成为推动一个城市综合实力发展和吸引力提升的重要保障。从某种程度上看，城市吸引力的高低取决于市政公用事业的发展状况，只有市政公用事业得到切实改善，才能为城市的生产和经营主体提供良好的基础设施和公共服务保障，才能为市民生活水平的提高和城市经济的发展提供良好的环境和平台。如前所述，市政公用事业的复杂性和城市政府能力的有限性之间的矛盾，导致城市政府无法独立承担提高竞争力的责任。这就需要通过各方主体的共同努力，为城市提供更多质优价廉的市政公用事业，为城市的发展和竞争力的提高提供助力。

3. 推进市政公用事业的技术进步要求多元主体的合作。科技进步与合作治理之间是互为推动力的关系，首先，技术的进步催生管理方式的变迁，随着科学技术的发展，越来越多的新技术成果被广泛引入市政公用事业领域，如数字技术和物联网技术的应用，使市政公用事业的发展迈入信息网络化时代。其次，信息化时代下，势单力孤的城市治理主体难以有效地吸收、消化海量的信息资源，也无法独立应对高新技术所带来的冲击。因此，只有更多的治理主体参与其中，通过彼此之间的相互学习、信息互通、优势互补才能切实提高市政公用事业的技术含量和治理水平。如近年来，越来越多的城市政府参与到数字城市和智慧城市技术的研发与交流之中，通过经验分享、数据库共建等措施为市政公用事业的更新和升级提供技术和专业保证。

4. 促进多元主体的合作治理符合社会管理创新的政治要求。党的十八大报告明确提出："要在改善民生和创新管理中加强社会建设，围绕构建中国特色社会主义社会管理体系，加快形成党委领导、政府负责、社会协同、公众参与、法治保障的社会管理体制。"[①] 合作治理理论为推动政府执政理

---

① 《在改善民生和创新管理中加强社会建设》，载人民网：http://cpc. people. com. cn/18/n/ 2012/1108/c350821 – 19526663. html.

念和执政方式的转变提供了一条新的途径，是在新形势下提升党的领导能力、组织动员能力和社会管理能力的新思考，是实现社会良性互动、和谐共治的新路径。从城市范围内看，促进市政公用管理创新属于创新社会管理机制的范畴，符合当前的政治需要。因为市政公用事业管理创新工作系统性强，复杂性高，涉及面广，所以必须集全民之智，聚全市之力，努力发动多方参与、统筹协调推进。为完成这一任务，需要充分发挥社会协同功能，根据各主体在市政公用事业治理体系中的地位与利益关系，完善治理结构，保障治理主体的平等地位，设计较为完善的多元主体的平等参与机制，实现各主体的和谐发展与利益共赢，进而形成鼓励竞争、和谐有序、科学有效的市政公用事业治理结构，促进市政公用事业的发展。

第二节　市政公用事业合作治理内涵及其价值取向

一、市政公用事业合作治理的内涵

治理的出现被认为是全球化、信息化和知识经济时代国家和社会的关系这一人类的基本结构重新调整和变迁的结果，这意味着不同的国家——社会结构有不同的治理模式。治理模式的选择可大致简化为两种：多元主义模式（Pluralism）和合作主义模式（Corporatism）。前者强调社会中心，主张在结构分化的基础上对权力进行多元配置并实现政治市场上的多元竞争，建立起"弱国家强社会"的治理模式；后者主张国家权威的主导性和控制力，强调通过政府主导下的政府与不同团体组织的相互支持与合作使社会不同利益得到有序的集中、表达与协调，达成社会的相对均衡、有序和协调。可见，在两种治理模式下，多元主体参与治理的依据、手段和表现形式都存在很大差异。鉴于"路径依赖"的作用，考虑到我国历史文化传统和传统计划体制集权模式的影响，当前治理模式的选择要与历史演化逻辑相一致，就必须从合作主义思想出发寻找国家和社会能够互动合作的切入点。①

由上文分析可以得出如下结论：第一，市政公用事业的特性决定了其发展的优先目标是持续、稳定、安全地为社会提供价格合理、质量优良、数量充足的产品或服务；第二，相关实践和理论表明，面对市政公用事业领域复杂、多样且动态性的特征，任何简单的国有公营主张或市场化模式都难以达成上述目标；第三，治理理论为应对市政公用事业治理的复杂性提供了新思路、新方式和新工具；第四，治理模式的构建受到一国基本的国家——社会结构的影响，基于我国国情，必须从合作主义思想出发寻找国家和社会能够互动合作的切入点。基于这些结论，我们在此提出市政公用事业合作治理的模式。

所谓市政公用事业合作治理就是在发挥政府在市政公用事业领域的主导作用和责任的前提下，通过建构制度化的多元主体参与和多元的治理工具、方式相接合的治理平台，并通过构建有效的多元参与、利益整合、有序竞争和规范监管等运行机制形成网络化的治理结构，实现政府、社会和市场三方之间的良性互动和有效合作，确保市政公用事业健康、稳定、持续发展。市政公用事业合作治理的主要理论基础是治理理论和合作主义思想，其价值目标是维护和增进公共利益，为公众提供数量充足、质量优良、价格合理的市政公用事业产品或服务。具体地讲，市政公用事业合作治理具有以下特点：

一是治理主体的多元化。市政公用事业服务改革和效率提高不仅要依靠政府的投资和监管、靠市场机制，还要靠社会资源的充分发掘。除政府外，治理主体还涉及企业、非营利组织、社区以及公民个人。各个主体因其自身特性、动机、目标和作用等方面的不同而发挥着不同的作用。

二是治理结构的网络化。网络代表的是一种"多对多（many to many）"关系，与等级制下的"一对一（one to one）""一对多（one to many）"的关系不同之处在于相互之间存在着权力与资源依赖，网络关系是一种多边关

① 参见曹现强、宋学增：《市政公用事业合作治理模式探析》，载《中国行政管理》2009 年第 9 期，第 56～59 页。

系。网络化意味着政府与其它主体之间从自上而下的等级制向平行组织之间互动转变、从命令和控制向谈判和协商转变、从对立向合作转变，由此形成多元主体之间相互依赖、相互协商、相互合作的网络结构。

三是治理工具的丰富性。多元互动关系增强了治理过程的重要性，所以合作治理非常强调权威、权力的行使以及治理工具、方式的选择。市政公用事业合作治理模式丰富了治理工具箱，既包括政府工具，如直接提供、公共企业、管制、政府间合作等；又包括市场工具和方式，如 LBO、BTO、BBO、BOO、BOT、TOT、PPP 等；还包括社会工具，如志愿者组织、家庭、社区等。

四是治理过程的动态性。合作治理是一种动态的过程，它强调通过多边互动、网络合作的方式进行动态化、弹性化治理。各个治理主体可以不断变更网络的线路和挑选合作的伙伴，以便各个成员通过了解和互相选择，在互动的过程中创造出新的解决复杂问题的方法。因而，合作治理模式也是一种可持续发展机制。

五是强调政府的主导性地位和作用。市政公用事业合作治理主张政府在合作治理网络处于主导性地位，发挥核心作用。这是由合作主义思想主张、市政公用事业的特性与政府职能之间关系以及我国市政公用事业改革与发展的特殊性等多重因素叠加影响决定的。政府主导性作用和核心地位主要体现在制度供给、责任担当、政策激励和扶持、市政公用事业监管和政府财政投入等方面。

二、市政公用事业的价值取向

从东西方市政公用事业发展的历史演进来看，不同发展阶段，市政公用事业改革与发展在内容和形式上都表现出明显的差异性，这种差异性的背后实质上反映了不同的价值取向问题。如"二战"后的西方发达国家普遍重视到市政公用事业发展过程中的公平问题，甚至将这种公平推进到"无以复加"的地步；再如我国 20 世纪 90 年代末突起的市政公用事业市场化改革大潮，则是在市政公用事业供给严重不足，行业发展普遍缺乏活力的背景下发起，"效率"成为鲜明的时代主题。但价值取向的选择不仅仅涉及市政公用事业本身的属性、历史阶段的使命等客观性因素，还会受到暗箱操作、危机事件、甚至是政治性因素的影响，不合理的价值取向往往导致市政公用事业的发展出现一系列问题。东西方市政公用事业发展共同表明：不同价值取向下，市政公用事业呈现不同发展态势，错误的价值观念会导致权力的异化和公共目标的迷失，坚持正确的价值导向才能够促进公用事业稳定、健康、持续的发展。

（一）公共利益的价值取向

公共利益最大化是市政公用事业发展的基本价值取向，也是市政公用事业改革的最终落脚点。对市政公用事业的公共利益价值取向可以从以下两个角度理解：目标的公共性和行为的主动性和自觉性。

第一，市政公用事业治理目标的公共性。市政公用事业是服务于市民的基本公共服务，而基本公共服务的均等化则是近年来政府治理的侧重点。因此，市政公用事业的治理必须充分体现公共性特征，使市政公用事业能够成为市民共享的，能够切实改善人民生活，提高生活质量的途径和保障。

第二，实现公共利益行为的主动性和自觉性。市政公用事业是实现公共利益的重要途径。只有搞好市政公用事业，公众的公共需求才能得到满足，公共利益才能得到更好的实现。因此，市政公用事业的治理主体必须从实现公共利益出发，以公共利益为导向，通过卓有成效的工作实现公共利益。在实现公共利益过程中，市政公用事业主体行为的主动性和自觉性是衡量其工作优劣的重要指标之一。因为，市政公用事业状况的改善不是实现政府和领导个人目标的副产品，而应成为实实在在的治理活动的目标导向，治理主体只有拥有了针对公益而不是私利的主动性和自觉性，才能切实地从公共利益出发搞好市政公用事业。

（二）和谐共治的价值取向

第一，和谐共治是构建社会主义和谐社会的基本要求。"民主法治、公平正义、诚信友爱、充满活力、安定有序、人与自然和谐相处"是和谐社会的主要内容。和谐共治的价值导向紧扣社会主义和谐社会的时代主题，有效回应了十八届三中全会"社会治理"的新理念，以解决人民群众最关心、最直接、最现实的利益问题为出发点，发展社会事业、完善社会治理方式，有利于促进社会公平正义和增强社会创造活力。

第二，和谐共治体现了市政公用事业治理的基本发展趋势。新形势下，市政公用事业的发展必须摆脱传统政府管理模式的桎梏，体现新的发展理念。以服务型政府为导向，"和谐共治"契合了市政公用事业发展的基本趋势。能够激发治理主体的竞争活力，提高市政公用事业服务的专业性，并降低治理成本，同时又为加强主体间合作营造了良好的环境氛围，符合了公共服务领域改革的大势。

第三，和谐共治是促进市政公用事业"可持续发展"的重要保障。稳定、健康、可持续的市政公用事业符合最广大群众的根本利益，和谐共治的价值导向通过调整人与人之间、人与自然之间、人与社会之间的关系，促进市政公用事业持续发展。

首先是促进人与自然的和谐关系。一是要树立善待自然的科学发展观，即经济与社会的发展不以牺牲环境和生态为代价。二是要促进人与自然环境、自然资源的可持续发展，以最低的成本和代价营造良好的生活环境，改善生活质量不以破坏自然环境为前提，不以浪费资源为代价，实现资源节约型和环境友好型相结合的科学发展模式。

其次是促进人与社会的和谐关系。人的生存和发展依赖于一定的社会结构。人作为社会存在物，一方面要与自然界发生关系，实现物质变换；另一方面又与特定的社会发生关系，促进社会进步和人本身的发展。市政公用事业的发展同样离不开人与社会的和谐协调和可持续发展。市政公用事业的发展要充分体现以人为本的治理理念，有效协调当前利益和长远利益，在市政公用事业的建设过程中将二者有机结合，既体现代内的公平发展，又要兼顾代际的公平发展。

再次是人与人的和谐关系。宏观上讲，人（包含企业法人等）是推动市政公用事业发展的最终力量，人们在生产中结成的社会关系在很大程度上决定了市政公用事业资源的利用水平，人与人之间的和谐共处与可持续发展相辅相成，而无谓的冲突和不当竞争又会带来资源的极大浪费。因此，要通过法律、规范和道德的约束来保持多元主体间的和谐状态，促进市政公用事业的可持续发展。

（三）公平与效率相统一的价值取向

公平与效率的对立统一关系贯穿于市政公用事业发展的各个阶段。传统市政公用事业供给者（政府）一般将效率置于生产领域，而将公平归置于分配领域，当出现结构发展失衡时，往往采取"削此增彼"的简单处理方式。但事实上，生产和分配具有不可分割的内在关联性，这导致不能仅仅局限于传统领域下公平与效率优先性思考，为实现市政公用事业的平衡、健康发展，有必要坚持效率与公平相统一的价值取向，实现对公平和效率价值在生产和分配环节的跨域思考。具体来说，除了传统划分方式以外，还应注重生产领域中的公平和分配领域中的效率问题。

首先，要坚持市政公用事业生产环节中公平与效率的统一。生产领域中公平与效率问题主要应体现起点公平和过程公平，即各治理主体应进行平等的合作与竞争，各主体之间应保持地位平等，机会均等、权利义务对等，不拥有、不谋取、不使用特权，在平等的合作、有序的竞争之中共同促进市政公用事业的发展。

其次，要坚持市政公用事业消费（分配）环节中公平与效率的统一。从微观角度讲，要着重处理好生产者与消费者的关系问题，将生产者对利润的追求与消费者对使用价值和对公平分配结果的追求结合起来。在这一方面，可以综合利用市场规律下的价格杠杆机制、政府调控机制以及利益补偿机制来达到两者的双赢。在价格过低的情况下，生产者利润下降，生产动力不足，导致市政公用事业产品或服务供给不足，这时政府可以通过财政、税收等直接手段激励生产者生产积极性，也可以通过提供技术、信息或者营造更加公平的竞争环境等间接手段来推动生产领域的发展；当价格过高时，由于市政公用事业产品或服务往往具有垄断性质，公众的可选择性较小，因此，政府仍扮演平衡者的角色，可以通过适当引入竞争、使用政府凭单、推动技术革新等手段，既保证生产者利益，又保证公众需求，从而实现市政公用事业发展公平与效率的统一。

合作治理：市政公用事业发展模式研究

第三节　市政公用事业合作治理中多元主体的定位

一、市政公用事业合作治理中多元主体的划分依据

市政公用事业合作治理的主体是多元的，准确界定多元主体在合作治理中的地位和作用，是对市政公用事业治理进行研究和分析的前提条件。在此，我们从"利益相关者理论"出发，以利益为线索和纽带，界定市政公用事业合作治理中的多元主体的定位。

"利益相关者"一词的提出最早可以追溯到1984年，弗里曼在《战略管理：利益相关者管理的分析方法》一书，明确提出了利益相关者理论。利益相关者理论本是一种协调企业利益的管理理论，旨在说明企业的管理者为综合平衡各个利益相关者的利益要求而进行的管理活动。与传统的股东至上主义不同，该理论认为任何企业的发展都离不开各利益相关者的参与或投入，企业利益的产出不是个别主体努力的结果，而是所有利益相关者共同努力的产物，因此，在利益分配领域不能只关注个体利益而忽视整体利益。此后，这一理论在应用之中逐渐突破了经济管理领域，进入了社会管理领域，成为一种围绕利益展开的，以利益均衡为核心的管理分析框架。因为该理论涉及各主体的利益定位和为实现共同利益的制度构建问题，所以可以成为分析市政公用事业合作治理中各利益主体的工具。

我们认为在对市政公用事业合作治理利益相关主体的界定过程中，有两方面因素处于核心地位：一是利益相关者的认定，即谁是市政公用事业治理的利益相关者；二是利益相关者的特征。在认定利益相关者和确定其特征方面，我们认为应该以如下属性作为标准：（1）合法性，即某一主体是否被赋予法律和道义上的市政公用事业的参与权，或者拥有特定的对于市政公用事业权益的支配权和索取权。换言之，即某一主体在市政公用事业治理过程中，是否对市政公用事业的生产和供给拥有参与和索取的正当身份和途径。（2）权力性，即某一主体是否拥有影响市政公用事业治理的

地位、能力和相应的手段，这是利益相关的关键内容，只有当某一主体有能力或者有途径参与到市政公用事业治理的过程中，并拥有施加影响的能力和途径时，才能说明该主体拥有权力性。（3）能力性，即某一主体必须是有能力实际参与到市政公用事业合作治理中来，至少在市政公用事业的生产、经营、运作、监督等某一重要环节中能发挥实质的促进作用。（4）收益性，即某一主体能否从市政公用事业中获取利益。这种利益可以是公共利益，也可以是部门利益或私人利益。如果某主体无法从市政公用事业的合作治理中获得利益，不能实现预期的合理目标，则说明这种合作是短期的甚至可能是无效的。（5）救济性。即某一主体能够在市政公用事业的合作治理过程中，在因利益博弈导致合理利益受损的情况下，拥有自我救济或通过其他手段从别的主体那里获得救济的能力。如果某一主体不具备这种属性，那么这种合作也是短期甚至是无效的。

以上述属性作为标准，我们可以看到市政公用事业合作治理的主体既包括正式的组织又包括非正式的组织，既包括市场组织又包括非市场组织。城市政府、事业单位、企业组织、社会性非营利组织等具有利益相关性的主体共同构成了市政公用事业治理主体。在这些组织中，城市政府是法定的城市治理的主体，也是核心主体。市政公用事业的公益属性和政府的公共服务职能决定了政府在市政公用事业中拥有着天然的、不可推卸的责任和义务，必然会成为市政公用事业治理的主导性力量；事业单位作为现行体制下政府进行社会管理的辅助机构，也是市政公用事业治理主体之一，可以成为政府进行市政公用事业治理的助手，对市政公用事业也有着不可推卸的责任。企业组织虽然不以公共利益为直接导向，但市政公用事业的供给是企业经营活动的目标和盈利渠道，从自身经济利益出发，企业组织必然会积极谋求成为市政公用事业这块"大蛋糕"的制作者和分配者。非营利组织作为除政府和企业之外的第三部门，代表着部分市民的利益，存在参与市政公用事业治理的内在需求，从实际作用而言，市政公用事业的发展也需要非营利组织力量的支持，因此无论在主观和客观上，非营利组织成为市政公用事业的治理主体都具有一定的合理性。此外，随着城市公众民主权力的增长、参政议政能力的提高、社会自治能力的扩大，有组织的公众也将会成为市政公共事业合作治理的主体。

基于以上分析，本研究将政府、企业、非营利组织和公众作为市政公用事业合作治理主体，并依此展开分析和讨论，但是由于各个主体的自身条件不同，各主体在合作治理过程中所发挥的作用也必然会有所差别。只有科学界定这些主体的功能，才能使多元主体各司其职、各安其分，在自己最擅长的领域中发挥最有效的作用。

二、市政公用事业合作治理中各主体的定位

市政公用事业的合作治理，需要发挥政府的主导性作用，搭建包括政府部门、事业单位、非营利组织、企业乃至公民个人在内的多元主体的利益表达、协调、整合和实现的治理平台，以维护、实现和增进公共利益，推进社会的和谐与可持续发展。为此，市政公用事业的合作治理首先需要肯定政府作为主导型力量的地位和作用；其次以政府为主导，明确和规范市政公用事业各主体的分工和权利义务关系。通过促进市政公用事业各利益主体的协调与互补，促进社会和谐与可持续发展。

（一）政府在市政公用事业合作治理中的定位

政府在市政公用事业治理中的功能定位可以通过以下三个维度进行分析：第一是政府的非全能性，即政府无力、无法全面承担和垄断市政公用事业的治理权力和责任；第二是政府的不可或缺性，即政府不应也不能被排除在市政公用事业之外；第三是政府应当在市政公用事业的治理中起到核心和居中协调的作用。

1. 城市政府的非全能性。在前面的论述中，我们已经讨论了政府的非全能性，即城市化浪潮的冲击和日趋复杂的治理环境，使政府不可能全面承担起市政公用事业建设的重任。因此，需要更多的主体，以更加合理、全面的方式共同参与到市政公用事业的治理中来，以弥补政府的不足，满足城市对市政公用事业的需求。

2. 政府的不可或缺性。政府的不可或缺性指政府虽非全能，但也无可替代。无论是市政公用事业的市场化还是市政公用事业的合作治理都是在现行制度框架中所作出的管理方式和手段的创新，并非彻底否定政府的主

导地位，也没有颠覆既有制度框架。当然，政府的主导地位并非仅仅是一种象征意义的存在，实际上，政府地位的确立，有其历史和现实的充分依据。

政府对公共利益的代表性。政府是公民权利让渡的产物，是公共利益的代表者，现实中政府的私利化只是政府权力异化的结果，政府效能的低下和腐败等问题不是政府本质的体现，是可以制约和纠正的。因此，政府相较于其他主体而言，能够最大限度地代表公共利益。市政公用事业是市民公共利益的集中体现，所以必须由政府保障市政公用事业的发展以维护公共利益，防止其他主体为私人利益和局部利益侵害公共利益。

政府权力和资源的优越性。基于公共权力行使的需要，政府拥有着其他主体所不具备的支配性权力和大量资源。支配性权力的存在使政府能够轻易调动一切可能的力量投入到市政建设中来，能够有效降低交易成本，缩短建设流程；城市政府还拥有大量的、可供支配和使用的资源，能够有效弥补市政建设中的资源短缺和成本过高问题。

政府治理经验的丰富性。政府是专门的公共管理机构，在公共事务管理方面拥有其他主体所不具备的经验优势。就市政公用事业而言，政府的治理成果虽未达到公众所期待的高度，但不可否认，相对于其他主体而言，政府对市政公用事业治理的经验和教训是最为丰富的，这在一定程度上可以使政府少犯错误、少走弯路。

3. 政府的主导地位与导向、协调功能。一般来说，学者们对政府作用的不可或缺性争议不大，争议的焦点往往集中在政府如何发挥其作用。争议一般集中在两个方面，第一是合作治理体系中政府与其他主体的地位比较；第二是政府对其他主体的作用和影响。首先，政府治理经验的丰富性、权力和资源的优越性使政府拥有了其他主体所不具备的先天优势，决定了以政府作为主导进行市政公用事业治理是当下现实的和有效的途径；其次，政府对其他主体的作用和影响应有别于传统意义上的上下级关系和从属关系，即各主体之间的地位应当是平等和协商的。除平等地与其他主体进行部分市政公用事业的治理之外，政府所发挥的作用主要是对多元主体的合作治理进行方向性引导，提供良好的制度和政策支持。具体来说，政府在市政公用事业合作治理中主要扮演了以下角色：

规划者与引导者。政府在市政公用事业合作治理中的核心功能在于能够有效、合理地引导其他主体的行为，发挥导向功能，保证市政公用事业供给的方向性和有效性。政府对市政公用事业的引导有别于传统行政手段的硬性指导，是一种柔性化的方向性指引，把握方向但不强行介入，合理建议但不强加于人，尊重市政公用事业主体之间的平等地位和关系。政府将逐渐淡出市政公用事业产品或服务的直接生产与提供的活动，从而使得政府目标更加聚焦于决策环节，主要包括：对全国、省、市、县等行政区域内的市政公用事业发展规划提出整体性发展愿景；通过行政命令或激励性措施保证特殊时期或危机状态下的市政公用事业发展；针对市政公用事业发展薄弱的环节和地区提出政策性鼓励与支持，保障发展的均衡性与市政公用事业系统的安全性，例如纯公共产品由于极强的公益性和"搭便车"效应的存在，私人部门普遍缺乏进入该领域的积极性，为保障这部分公用事业产品和服务的持续、稳定供给，政府或授权的事业单位理应承担起这部分的责任。

利益协调者与网络合作平台的搭建者。一方面，政府需要为各主体的活动提供规则和范围，使各主体能够依据既定的规则，在各自的范围和领域中活动。通过界定各主体的边界，使之不越权、不越界。另一方面，合作治理的实现离不开合作治理平台的搭建，政府需要为各主体的行动提供沟通的途径和网络。即合作治理需要杜绝各个主体的各自为政，需要充分体现治理的合作性。这两方面的结合既是逻辑的需要，也是现实实践的需要，边界的划分有利于防止生产秩序的混乱和跨界竞争，保护正常的生产秩序，防止不正当竞争，特别是保护相对弱势的群体的利益不受侵害；同时为了适应公共事业网络性和关联性的特点，需要各主体之间进行有效地沟通和合作，防止重复建设和相互邻避。

合作治理体系的保障者与监督者。合作治理网络的健康运行既需要有健全的参与主体，也需要有确保主体间有效合作的制度环境，在这方面，政府有着其他主体所不具备的独特优势，政府通过制定法律规范和倡导诚信，明确主体间权责界限、保障法律合同的规范落实、打击扰乱市场秩序行为等，为公众利益实现和利益救济活动提供法律框架。政府对合作治理多元主体进行监督主要从两个方面进行：一方面，政府需要进行过程监控，防止市政公用事业治理主体在市政公用事业建设中的违法和违规行为，及时纠正，防患于未然，例如上级政府对下级政府公用事业发展中可能存在的权钱交易行为进行监督，政府对企业垄断或企业间"利益联盟"谋取暴利等行为的法律追究等；另一方面，政府还需要进行成果监控，对各主体的工作成果进行绩效评估，并针对问题提出改进意见和措施。

总之，在合作治理的框架中，政府主导性的体现和实现与传统的带有强烈意识形态特点的集权体制下的政府全盘管理有本质的区别，其基本内核以对合作治理框架之内的利益主体的合法和合理利益的认可与等视为基础，由此引伸出治理框架之内的利益诉求机制与利益整合流程，充分体现了对多元利益的尊重和调和，发挥了整合共同利益的作用。

（二）市场在市政公用事业合作治理中的定位

企业是市场主体，由国有企业、民营企业和外资企业等组成，一般来说国有企业虽然参与市场竞争，但由于担负某些公共职能，因此并不是完全的市场活动主体。因此，一般意义上的市场主体，主要是指民营企业和外资企业（以下无特殊说明，统称"企业"）。传统意义上，受认识水平和市场主体目标单一性的影响，民营企业和外资企业长时期徘徊在市政公用事业边缘，其参与市政公用事业产品或服务的范围、广度和深度受到政府的严格限制。随着城市化的快速推进和科学技术的迅速发展，对市政公用事业的认识由整体性自然垄断转变为业务性垄断，为企业进入市政公用事业领域提供了足够的生存和竞争空间，在长期、稳定的投资回报率驱使下，市场主体越来越多地参与到市政公用事业发展中来，成为市政公用事业的生产者和经营者。需要注意的是，近年来，随着企业经营理念的不断创新，越来越多的企业也开始注重社会责任的承担，这在一定程度上缓和了企业与政府、公众、社会组织的紧张关系，使得多主体治理网络关系得到优化。

生产者。市政公用事业合作治理中企业的根本功能是为公众提供更多质优价廉的市政公用事业产品。作为市政公用事业合作治理系统输入、输出的主要载体，企业承担着人力、物力、资本、信息方面的交流与传递作用,成为维系市政公用事业合作治理系统的重要纽带,在生产领域发挥着其他主体无法取代的重要作用。政府通过招商引资,将市政公用事业的生产、经营权,甚至是部分产权转移到企业,企业通过发行股票等融资手段获得建设资金,实现企业运作。作为市场活动的主体,企业具有自我激励和自我强化的特点,在利润的驱动下,企业通过技术积累和不断推动技术革新,推动生产效率的提高,从而使它拥有其他主体无可比拟的专业优势,具备进行独立生产的机器设备和相应的技术人员,能够独立胜任市政公用事业的生产建设工作。

经营者。企业作为市场主体,对于经营活动也拥有其他主体所不具备的先天优势。企业的管理经验、营销理念以及丰富多样的营销渠道可以有效弥补其他主体在经营方面的不足,有利于强化市政公用事业的运营管理,提高经营收益,改善经营效果,实现市政公用事业的合理利用和保值增值。

技术革新者。市政公用事业治理系统具有动态性的特征,技术革新成为推动市政公用事业治理模式变迁的主要因素之一,在这方面,民营企业和外资企业有着更大的优势。国有企业由于具有政策优势,普遍缺乏竞争意识和危机感,长时期依靠垄断地位来维持企业运营,公有国营体制下,不仅公众对市政公用事业产品和服务的选择权得不到保障,导致公众与政府、国有企业之间不平等的依赖关系,更重要的是由于缺乏技术革新,随着市政公用事业规模的扩大,冗员问题、低效问题、财政负担问题等越发加重,整个市政公用事业系统呈现出臃肿老态、运转不灵的状况;开放、多元、竞争的环境下,民营或外资企业生存竞争压力更大,通过更加灵活的融资渠道、更加先进的管理方法,在现代企业家精神的推动下,企业积极推动技术的研发与创新工作,使得市政公用事业生产、运输、分销成本不断降低,产品的多样性和质量也发生根本性的改变,民众的选择权得以充分实现。另外,企业间的充分竞争和技术创新意味着国有企业、民营企业和外资企业必须让渡更多的顾客价值,例如更多地倾听消费者的诉求、更好的售后服务等等,公众在市政公用事业合作治理中的地位和作用日益凸显。

社会责任的承担者。随着现代企业管理理念的不断发展,许多企业,尤其是大型跨国企业或国内实力较强的企业越来越注重企业品牌的力量，以期实现企业长青。这些企业在积极参与当地市政公用事业招投标、建设、运营的过程中，还非常注重加强与政府之间的沟通与合作，并与当地民众建立良好的"邻居关系"。例如，首创股份明确地将"增强经济效益的同时，注重社会效益和勇于承担社会责任"写入企业文化，威立雅将"提高人类的日常生活质量"视为其经营目标，在2008年汶川地震中，首创集团首批捐款达763万元，威立雅向灾区捐款400万元，中法水务捐款300万元。企业这种积极的姿态也显示出企业可以在社会责任承担与企业绩效上取得"双赢"，并使得市政公用事业合作治理网络更加牢固。

（三）非营利组织在市政公用事业合作治理中的定位

"非营利组织"是指在政府部门和以营利为目的的企业之外的志愿团体、社会组织或民间协会。这些组织的共同特点是：具有民间独立性质，具有法人资格，以公共服务为使命，组织盈余不分给内部成员。它们的集合就构成"非营利部门"，或者称"第三部门"，成为政府和企业之外的第三种强大的社会力量。

非营利组织的存在对于我国而言具有特殊意义。在社会转型期造成的多元分化乃至碎片化的社会结构中，通过某些组织和团体对社会局部利益进行凝聚和表达具有非常重要的政治意义，也是公共治理的根本需要。非营利组织是部分公民权利让渡的产物，是社会部分利益的代表者。市政公用事业作为一项重要的社会公益事业，直接体现着社会全局和局部的公共利益，在利益实现层面与非营利组织相契合，从而使非营利组织进入市政公用事业领域成为可能。因此，市政公用事业合作治理认同非营利组织的积极作用和主体地位，主张通过建立与非营利组织的合作、协商和伙伴关系，在局部利益不违背整体利益的前提下，最大限度地增进在某一区域或某一行业特定范围内的共同利益。

需要特别指出的是，我国的非营利组织具有不同于西方国家的特殊性，即我国的非营利组织并非纯粹的社会组织，而是事业单位和民间非营利组织的集合，二者具有不同的功能和活动范围。事业单位是我国公共管理的特殊部门，在本质上是政府权力的延伸，代表政府的意志，行使政府授予的权力，承担社会管理的职能。正是因为事业单位的存在，导致政事不分，事业单位也因承担过多的政府职能，产生了与政府部门相似的机构臃肿、效能低下等一系列问题。但是长期的管理实践证明，在我国现行体制下，事业单位作为公共利益的代表者和补充者有其存在的合理性，能够有效提高政府管理的专业性，减轻政府的负担。在当前社会的转型期，事业单位作为政府权力的过渡和缓冲带，依然有其存在的价值。同样，在市政公用事业治理领域，事业单位的作用也不容忽视。

随着事业单位分类改革的推进，市政公用事业领域的事业单位一般可分为行政执法和公益服务两类。行政执法类事业单位在市政公用事业治理中的定位与政府部门类似，但公益服务类事业单位在市政公用事业治理中的地位较为特殊，主要体现在：一方面，公益服务类事业单位往往代表某一行业或某一类特殊群体的利益，具有较强的、较为广泛的代表性，能比较集中地反映公共利益，同时也可以依靠其强大的组织力量为所代表的群体谋求利益；另一方面，公益服务类事业单位又往往受制于政府的管理和约束，在某些方面不得不屈从于政府权力，因此其独立性受到一定影响。

虽然，非营利组织参与公共服务的实践已经非常普遍，但在市政公用事业领域，非营利组织的参与还相对有限，主要集中在市政道路维护、园林绿化养护、路灯维护修理、清理乱贴及涂鸦、清理卫生死角、消除"四害"、市容专项整治等市政活动，并且受经费不足、志愿者流动性大、专业水平不均衡等因素限制，非营利组织参与市政公用事业合作治理的持续性、稳定性难以保证。因此，非营利组织在市政公用事业合作治理过程中主要发挥辅助功能。具体而言，主要包括：

生产与经营的服务者。即为市政公用事业的建设和运营提供服务。非营利组织一般不具备独立的生产能力，因此在生产领域非营利组织的功能主要是参与生产决策，并利用自身专业优势为生产活动提供咨询和建议。在经营领域，非营利组织可以加大参与力度，但是由于非营利组织本身的非营利性，往往缺乏盈利的动力和经验，因此并不适宜进行盈利性经营活动。非营利组织对市政公用事业的经营，主要体现在对纯公共产品类市政公用事业的经营方面，非营利组织可以协助政府做好这方面的工作。

监督者。非营利组织作为"第三部门"，拥有一定的中立性和独立发言权，因此非营利组织可以成为监督政府和企业的主体。由于自身的资源和组织优势，非营利组织的监督效果远高于一般的个体监督。非营利组织的社会影响，使其在进行有效监督的同时，能够给予政府和企业较大的压力。

供给者。非营利组织的供给能力是有限的，但在纯公共物品和半公共物品的供给领域，非营利组织可以发挥一定的作用。此外，在辅助供给领域，如标准制定、规划设计等方面，非营利组织也可以一展所长。

矛盾缓冲者与利益协调者。非营利组织的非营利性和志愿性特征，使它更加容易接近公众，了解公众真实的利益诉求，公众通过与非营利组织合作、成立或参与非营利组织，使得分散的力量得以凝聚，更好地表达自己的利益诉求。另一方面，非营利组织也为政府较为准确地了解多数民意提供了途径，同时也为政府与民众之间开展对话提供了组织载体。

（四）公众在市政公用事业合作治理中的定位

随着互联网技术的发展，公民在获取信息和发布信息方面拥有了更加便捷的条件和手段，可以随时关注自己关心的问题。随着公民权利意识的增强，与公众切身利益密切相关的市政公用事业自然成为公民关注的焦点问题。公众是公共利益的所有者，市政公用事业是公共利益的实现方式，因此，市民对市政公用事业的参与具有天然的正当性。改革开放之前，国家的政治环境和公民意识的不足使公众缺乏政治参与的机会、能力和意识；改革开放之后，公众逐渐拥有了独立的经济利益，自主意识、权利意识开始觉醒，国家制度设计和运行机制的松动，也为公众争取和维护自身权利提供了一定的空间。

近年来，有三项因素进一步促进了公民的参与：

1. 社区自治。社区是城市的基础单位，是公众活动的基本场所。近年来，随着社区自治的发展，社区已由一个固化的地域概念上升为一个经济、政治概念。城市社区自治强调公众的广泛参与，倡导公众进行自我组织、自我管理、自我服务、自我监督，使公众得到了民主熏陶和参政训练，公众的参与热情空前提高。

2. 服务型政府的构建。服务型政府的构建旨在建立服务于民的政府，简政放权是其基本方向。为增强社会自我服务的能力，政府实施了一系列旨在增强社会活力的措施，极大地促进了非营利组织和社区自治的发展，为公众权利意识的增强提供了良好的外部环境。

3. 互联网的发展。互联网的发展为公众进行意见交流和表达拓展了充足的言论空间。互联网的隐匿性使公众能够畅所欲言，充分表达自己的真实感受与意愿。虽然网络舆论夹杂着一定的偏激言论，但多数公众的言论是真实和理性的。互联网舆论平台的发展使公众在获得大量信息的同时，也初步具备了通过网络舆论监督政府的能力。

从以上分析不难看出，随着时代的发展，公众参与意愿能力的提高是非常显著的，那么这是否意味着公众已成为市政公用事业合作治理的主体了呢？在目前条件下，单一公众由于缺乏治理的资源和条件，通常不具备成为市政公用事业治理主体的资格，但这并不意味着公众在市政公用事业发展中不重要或无所作为。

从政治权力的本源来说，一切权力属于人民。因此，公众既拥有法定的知情权、表达权，又拥有由此衍生的参与权和决策权，同时公众还拥有最终的评判权。首先，公众对市政公用事业的治理拥有法定的知情权和表达权，这是公众基本民主权利在市政公用事业治理中的集中体现；其次，公众作为主权所有者，必然应当拥有市政公用事业治理的参与权和决策权，有权参与治理并且拥有影响决策的权力；最后，公众是市政公用事业的消费者，其感受与评判能够真实地反映市政公用事业治理的效果。同时，公众作为主权所有者，有权对其代理人和权力执行主体的治理效果进行最终评判。因此，公众对市政公用事业的满意程度是衡量市政公用事业治理的最终评价标准。

基于上述分析，我们认为公众在市政公用事业合作治理中具有角色多重性，主要表现为：

合作治理需求的发出者与结果的最终承担者。一方面，市政公用事业合作治理最根本的目的和存在意义是为满足公众日益增长的市政公用事业产品和服务的需求，随着经济发展、城市化进程加速，人们的生活水平有了显著提高，消费理念日趋多元化，对市政公用事业产品和服务的认识也由单纯的满足生存需要向满足发展、享受需要转变，需要呈现层次性和丰富性的动态变化，政府通过社会需求评估，及时掌握市政公用事业发展行业动态，并通过编制国民经济发展规划，合理配置市政公用事业治理资源，为企业生产提供指导与帮助，企业通过接受政府指导以及市场调查等活动，将公众发出的需求进一步细化，通过项目评估、方案设计、竞标、组织生产、运营等将需求转化为实际的企业活动；另一方面，市政公用事业合作治理的最终结果将由公众来承担，公众是市政公用事业的消费者，拥有一般意义上的消费者的权利。消费者的口碑是市政公用事业是否成功的主要标志，因此公众的消费者地位使其获得了市政公用事业治理效果的最终评判权，公众满意成为市政公用事业绩效考核的主要标准。

合作治理系统的监督者与系统优化的根本推动者。公众拥有多重身份，既是消费者，也是公共权力的真正拥有者，因此对于市政公用事业，公众拥有最终的监督权。公众有权对市政公用事业的生产、运营、管理的整个流程进行监督，有权对包括政府在内的所有合作治理主体进行批评和建议。另外，公众日益增长的需求以及公共参与意愿和能力的不断提升，使得整个合作治理系统主体间力量趋向平衡，结构不断优化。

此外，组织化的公众还扮演了自我服务者的角色。公众并非完全被动地接受市政公用事业供给主体的服务，在社区自治的背景下，公众还可以通过自我服务的方式，进行局部的市政公用事业的自我供给，因地制宜的根据实际需要进行生产活动。

第四节　市政公用事业合作治理的模式分类

事实上，试图对市政公用事业治理模式进行分类和总结是困难的，因为这不仅要考虑到市政公用事业自然属性的差异、治理主体间关系问题，而且从不同的视角出发结论，也往往得到不同的治理模式分类，甚至单就监管环节，国内学者就提出了各式各样的治理模式。我们认为市政公用事业合作治理的模式取决于市政公用事业的特性和现实的治理需要。基于当前市政公用事业治理领域多元主体共存、主体间权责界限和运行机制差异，治理资源使用各有侧重的现状，我们尝试从多角度出发对合作治理进行梳理，并重点选取市政公用事业多元主体合作治理作为研究视角，以期准确把握合作治理模式的适用范围和特定用途。

一、基于市政公用事业特性的合作治理模式分类

市政公用事业的分类标准有很多，最常见的分类方式是根据某一行业在提供产品和服务过程中是否使用运输管网。以此为标准，可以将市政公用事业分为网络型和非网络型两大类。

网络型市政公用事业主要包括自来水、污水处理、供暖、供气和城市公交特别是轨道交通等。这些市政公用事业的最大共同之处在于，在向市民提供服务的过程中，都必须通过一定的物理网络进行输送。所以，该类城市公用行业和电信电力铁路运输行业一样同属网络型行业。网络型城市公用行业通常投资大，回报周期长；资产专用性强，沉淀成本高；规模经济显著。

非网络型市政公用事业则是指那些在提供服务过程中，不依赖特定的管网支持的市政公用事业，如环卫、道路养护、园林绿化和道路照明等。这些公用行业具有以下基本特点：一是具有较强的非竞争性和非排他性的公共产品性质；二是具有明显的外部性，往往难以进行收费；三是具有较强的外显性，对于城市的外在形象具有重要意义。

基于对这两类市政公用事业的基本特点的把握，往往构成不同的治理模式。

一般来说，网络型市政公用事业，尤其是自然垄断性较强的业务环节，其治理一般采取政府为主，其他主体为辅的治理模式。当然伴随着经济与科技的发展，某些网络型市政公用事业的具体业务已不属于自然垄断的范畴，"例如，城市自来水行业包括自来水生产、管道输送和销售这三个主要业务领域，其中，只有自来水管道输送属于自然垄断性业务，而自来水生产和销售则是可竞争性业务"[1]。因此，在网络型市政公用事业中也存在着

---

① 王俊豪：《深化中国城市公用事业改革的分类民营化政策》，载《学术月刊》2011 年第 9 期，第 61 页。

竞争业务，此类业务可以较大程度的引入市场机制，使企业成为该领域的治理主体；而对非网络型市政公用事业由于其非自然垄断性，一般应主动引入竞争机制。非网络型城市公用行业无需管网系统支持，沉淀成本少，进入门槛低，虽然目前此类行业由于难以收费等因素而多数由政府独营，但如果政府能够放松进入管制，则该类行业完全可以融入市场领域，由市场主体发挥主导作用。

二、基于不同依托媒介的合作治理模式分类

根据不同市政公用事业"公共性"的差异，市政公用事业中主体间合作治理依托媒介也会有所不同，一般来说，"公共性"更强的市政公用事业由于涉及公众范围更广、影响更大、潜在风险性更高等，需要对主体间合作的内容、方式等做出更加严格具体的硬性规定，以保证这种合作顺利进行。"公共性"相对较弱的市政公用事业往往具有较强的竞争性，可以通过市场化运营实现经济效益和社会效益的统一，这就需要减少对这一领域内"条条框框"的规制，而采用更加灵活的方式实现多样化的供给来源。因此，往往通过合同、协议等来保障合作的顺利实施，以此，可以将市政公用事业合作治理划分为基于权力关系的合作治理和基于契约关系的合作治理。

基于契约关系的合作治理模式。契约治理建立在市场化的基础上，以双方的民事权利义务关系的合意为前提，各参与主体身份独立平等，政府与企业、社会组织在合作过程中要秉持契约自由与平等精神，并进行充分协商。通过订立合同，政府与企业、社会组织之间就市政公用事业产品或服务供给的对象、时间、地点、质量、价格、付款方式等内容达成一致，并以合同内容的完成情况作为衡量合作治理实际成效的主要标准。从适用的主体上看，一般适用于政府与企业、社会组织之间、企业与社会组织之间的合作。以契约治理最为简单的形式分析，将主体界定为政府、企业和公众，这里面包含两层契约关系，一是公众作为发包方，政府作为接包方，行使公众委托赋予的政府职能，向公众提供公共服务，这是一种隐性的广义契约合作关系；第二层契约是政府作为发包方，将市政公用事业产品的

生产、经营权外包给企业，企业作为接包方，通过特许经营等为政府提供规定的产品或服务。从使用的对象上看，基于契约关系的合作治理一般适用于公共性相对较弱、潜在风险性相对较低的竞争性业务。从运行机制上看，基于契约关系的合作治理的实现需要一系列的配套机制的建立和完善：如平等对话机制，主体身份上的平等性成为契约合作治理的根本性前提；诚信机制和问责机制，要建立全面、科学的信用评估体系，作为合作治理选择对象的依据，尤其是加强规范政府的承诺行为和失范追责；风险防控机制，这种模式下，政府一般较少直接参与到市政公用事业的生产中来，企业成为最主要的生产者，受国内外市场波动、国家政策调整、危机事件等不确定性因素影响，企业经营风险也会加剧，因此必须建立完善的风险防控机制，尤其是补偿机制的建立与完善。

基于权力关系的合作治理模式。这是一种以权力的隶属关系或以权力作为调节双方权利义务关系的合作治理模式。对于部分投资规模大、回收周期长、沉淀成本高、潜在风险性高的自然垄断行业或垄断性业务环节，政府不宜完全放开竞争，过度引入市场机制，为实现规模经济和范围经济，就需要对合作治理的双方或多方进行较为严格的权责界限界定。具体来讲，从适用的对象上看，一般适用于公共性较强的自然垄断行业或业务，如管网的建设及网络型市政公用事业的运输环节。从适用主体上看，基于权力关系的合作治理模式主要适用于政府上下级及部门之间、政府与国有企业之间、政府与有隶属关系的事业单位之间的合作，权力的畅通运行是合作的关键。从合作治理的机制看，主要是合作治理双方的权责机制与监督机制的建立与完善，尤其是市政公用事业的发展需要突破原有的行政区划或部门，这就涉及不同府际间权力与利益关系的协调问题。

从实践层面看，基于权力关系的合作治理和基于契约关系的合作治理各有特点。基于权力关系的合作治理相对运行机制比较传统，该模式具有供给稳定、风险相对较低、财政支持等优点，但也易导致运行机制僵化、社会参与度低、信息透明度低等不足，随着技术的发展以及市场机制走向成熟，基于权力关系的合作治理范围呈现缩小趋势。基于契约的合作治理模式因其更具有灵活性和可操作性，更加注重引入竞争机制，也更加符合市场规律，因而在市政公用事业领域得到越来越广泛的运用。但基于契约关系的合作治理模式在现实中也面临着许多的挑战：政府往往滥用自身的优势，契约合作异化为行政干预，由于对行政体制与资源的强依赖性，社会组织在合同协商中往往处于弱势地位，缺乏基本的议价能力，被动接受政府指定的工作内容、考核标准和经费数额；政府不能兑现承诺，失信行为导致社会组织或企业遭受重大损失；企业的道德风险与信息的不对称，使得政府或公众在获取公用事业产品或服务时支付较高的成本等，需重点防范。

三、基于治理主体跨越合作的治理模式分类

市政公用事业的治理需要多元主体的参与，但如果仅将合作治理局限于政府、市场主体、非营利组织的简单组合，将会简单化市政公用事业合作治理的内涵，影响合作治理的效果。对于合作治理，还应当从更宏观的角度进行把握，突破主体的排列组合结构，进行跨越式的制度构建，形成基于跨部门、跨所有制、跨区域的合作治理模式，丰富合作治理体系。不同的主体间关系可以将合作治理划分为：政府上下级之间的纵向合作、跨部门的横向合作、跨域府际间合作、公私合作、不同市场主体间合作等多种形式。但从市政公用事业发展的现实来看，比较普遍且影响较大的是以下三种比较典型的合作模式，即跨部门合作治理、公私合作治理和跨区域合作治理。在后面的章节中，我们也主要依托这一分类对市政公用事业的合作治理进行分析。

（一）跨部门合作治理

"跨部门合作是整合相互独立的各种组织以实现所追求的共同目标，且围绕有必要合作的特定政策目标，在关切各部门利益和不取消部门边界的前提下实行跨部门合作。各部门合作关系首先是一种合作伙伴关系，而不是竞争或为部门争利。每个部门都具有各自的资源和能力优势，跨部门合作也就是一个资源整合的过程，可以使有限的资源发挥最大的社会效益。"[1] 市政公用事业由于行业众多，且每个行业的不同建设运营环节也往

---

① 王玉明、邓卫文：《加拿大环境治理中的跨部门合作及其借鉴》，载《岭南学刊》2010 年第 5 期，第 117 页。

往分属不同部门管理，因此跨部门合作是实现良好治理的基本要求。跨部门合作旨在通过制度、组织、文化的构建形成不同部门间的协同合作机制，实现各个部门的紧密合作，提高公用事业的治理效率。

（二）公私合作治理

伴随着市场体制的完善，私部门介入市政公用服务已经成为一种普遍的样态。公私合作治理是指公私部门之间基于各自的体制和组织优势，通过协商谈判，依托通过某种特定形式，如特许经营，达成公私部门之间的有效合作，实现利益共享。公私合作的目的在于减轻政府供给压力，通过增加供给主体，引入新的管理理念和方式，提高市政公用事业治理的有效性，是一种从公共利益出发，基于市场机制构建起来的一种在手段上分工、在目的上合作共赢的治理模式。

（三）跨区域合作治理

随着我国城市群区域经济系统的逐渐形成和城乡一体化发展进程的加快，市政公用服务跨区域供给的需求不断增强，跨区域合作成为市政公用事业发展的新趋势。跨区域的合作治理是指若干个一定区域内的横向治理主体之间，基于面临的市政公用服务的共同问题，打破行政区划和传统体制限制，通过多元化的组织和机制构建，在区域内进行资源的重新分配整合，以获得市政公用服务的最大经济效益和社会效益。这种合作通常是以区域内的府际合作为动力和主要表现形式，但参与的主体可能是广泛的。跨区域合作治理的对象通常具有两个特性，一是外部性强，单一主体的治理会由于外部效应溢出而引起争议；二是自然垄断性强，由于沉淀成本高和规模效益特性，单一主体经营不经济。因此，跨区域合作治理应以打破辖区垄断为前提，使规模经济与竞争活力相融以提高服务绩效，通过资源、要素和市场的整合，使区际割据向规模集中的业态演进，从而激发市政公用事业生产力集约潜能，为区域一体化发展提供服务支撑。

第五节 市政公用事业合作治理的实现机制

市政公用事业的合作治理是建立在市政公用事业的基本特性和公共管理转型的基础之上的，其本质是通过规范市政公用事业各主体间的权责关系和协调多元主体间的利益关系，实现市政公用事业发展中多元诉求者的有效合作，增强市政公用事业治理的有效性和合作性。这一治理目标必须通过构建强有力的实现机制予以保障。

一、互利共赢的利益整合机制

利益整合是多元主体进行合作治理的前提和保障，合作治理的动力来自于利益的驱动，因此必须正确看待这些利益关系。首先，必须承认和尊重局部利益、部门利益和私人利益的合理性。只有承认这些利益的合理性，才能增强相关主体参与治理的热情。其次，对非公共利益进行规制，即划定非公共利益与公共利益的边界，正确区分公共利益、局部利益、部门利益和私人利益，界定各种利益的合理边界，防止各种不同利益的冲突和相互侵害。再次，实现多元利益合理和充分的表达，为多元利益的表达提供充足的渠道和手段。对于多元利益主体的利益诉求应当予以重视、肯定并进行积极的回应。最后，在利益廓清、明晰的基础上实现各方利益的整合，兼顾公共利益和私人利益、社会利益和政府利益、政府利益和企业利益等各种利益关系，在利益平衡的基础上促进市政公用事业目标的实现。

二、平等多样的参与机制

市政公用事业合作治理的核心是建立多元主体间的以"协商、合作和伙伴关系"为特征的多元参与机制。多元主体的参与不仅需要各方主体的积极参与，还需要实现有序参与，因此参与机制的构建显得尤为重要。市政公用事业多元参与机制的构建应重点关注：

1. 完善政府、市场主体和非营利组织在市政公用事业供给上的分工。

市政公用事业治理的多元主体都可以成为市政公用事业产品和服务的供给者。但是由于各个主体都拥有各自的特点和优势，但同时也都存在一定的劣势和缺陷。因此，由各主体各自为战，分别进行市政公用事业的供给是不合理也是不经济的，必须充分发挥多元主体的差别优势，使之紧密合作，相互配合，采取既分工又合作的方式，使供给结构趋于完善。

2. 探寻市政公用事业市场供给的有效模式。从现实来看，市场供给是目前较为有效的市政公用事业供给模式，可以有效减轻政府负担并弥补政府专业性不足的问题。但是，鉴于市场化过程中出现的诸多问题，市场供给必须以有效的政府监管为前提。以此为基础，政府在不违背公共利益原则，不失去有效控制的前提下，通过多种灵活有效的方式，如特许经营、招标采购、合同出租等方式，充分发挥市场力量促进市政公用事业的发展。

3. 健全政府与非营利组织的合作伙伴关系。对政府与非营利组织关系的把握应重点关注以下两个方面：一是政府与事业单位，特别是公益性事业单位的关系。二者建立合作伙伴关系的前提是身份关系的理顺，即二者之间必须摆脱基于经济和权力依附而产生的主从关系，使公益性事业单位能够真正从公众利益出发考虑问题，防止因权力干扰导致的公益异化。二是政府与社会性非营利组织的关系。二者建立合作伙伴关系的前提是非营利组织地位的提升，即二者之间应当建立平等对话的关系，而不是基于社会管理权力而产生的管辖关系。非营利组织应当成为社会利益的代表者，而不是被动的受管制者。

4. 拓宽公众参与的途径和渠道。公众作为市政公用事业产品和服务的最终消费者，拥有最终的评判和监督权利。但在目前情况下，公众缺乏足够的途径和渠道实现自身权利。因此，必须通过多种途径拓宽公众参与的途径和渠道：首先，加强舆论监督，特别是媒体监督和网络监督，及时发现问题，解决问题；其次，提供多元化的话语权渠道，这种渠道不仅仅是单方向的市民社会话语向政府部门的传达，也包括政府部门主动的信息公开，使公众有足够的渠道了解市政公用事业的生产和服务；最后，加强公众评议制度、投诉制度、市长热线等信息反馈制度的建设。

三、公平有序的竞争机制

竞争机制是市场运行的三大机制之一，没有竞争就没有市场。同理，缺乏竞争，必然导致市政公用事业供给效率的降低和供给成本的提高，这是被市政公用事业发展进程反复证明的结果。但是，正如竞争机制并非万能一样，竞争的力量必须限制在一定范围内，必须与合作形成某种程度的呼应，也就是说正常的竞争并不否定合作的作用，而排斥合作、不择手段的竞争即使在市场领域中也被称恶性竞争。在市政公用事业合作治理过程中，我们的着眼点在于合作，但合作是不排斥竞争的合作，同理，良性竞争也是不排斥合作的竞争。在市场领域中，企业的良性竞争是指企业遵守行业规则，进行合理定价并把自己的生产和经营限制于行业的某些部分或细分市场之中，接受为其市场份额和利润所规定的大致界限内的竞争对手，主要通过改善产品质量和促进差异化获取或扩大销售利润。同样，在市政公用事业的治理中也需要良性竞争，即各个主体相互尊重彼此的活动边界和利益构成，在合理的范围内用合理合法的途径竞争，而非通过不良手段进行相互倾轧。此外，良性竞争更加重视主体之间的合作，通过合作实现共赢和多赢，是竞争和合作这对博弈关系平衡的产物。所以构建多元主体良性竞争机制的核心在于寻求合作与竞争的最佳结合点或平衡点，在合作与竞争之间找到合理的度，在发挥市场竞争机制的作用的同时，促进合作的发展。

在良性竞争中，多元主体的产权机制、有效竞争的管理机制和激励贡献的分配机制是竞争机制功用发挥的重要保障。产权机制是竞争的基础和动力，只有进行科学合理的产权界定，才能使各个主体产生足够的利益驱动力；有效竞争的管理机制是防止竞争恶变的防范手段，无限制的竞争必将导致鱼死网破的毁灭性后果，同时破坏合作的基础和相互关系，所以必须建立规范竞争的管理机制，使竞争维持在合理的范围之内；分配机制则具有导向和反馈双向功能，一方面分配能够使多元主体产生强烈的工作热情和动力，同时通过结果的正反馈和负反馈对工作行为产生正强化和负强化，有利于促进工作的改进。

四、科学规范的监管机制

规范监管是市政公用事业合作治理的重要保障。在合作治理下，政府主导作用发挥的一个重要体现就是通过有效的监管防止治理主体的机会主义行为，减少人为造成的信息不对称现象的发生。政府监管的必要性毋庸置疑，但是监管会导致政府权力的垄断和多元主体权力的削弱，因此监管必须限制在一定范围和框架之内。

首先，监管必须有充足的依据，对于合作治理而言，监管应当建立在既有协议和承诺的基础之上，即监管主要依据事先约定的规则和流程进行，而不是跳出规则，另起炉灶，否则监管本身也属于违约行为；其次，监管活动必须以完善的法律法规作为前提，使监管活动有法可依，特别是有法定程序可依，同时明确监管的标准体系，防止监管权力的滥用；再次，监管方式必须科学合理，实现由被动监管向主动监管转变，从注重强制性监管向强制性监管与激励性监管并重转变；最后，在强化政府监管的同时，还要注重社会监督体系的构建，通过多元主体乃至全社会的广泛参与监督，使市政公用事业的治理在公开、透明、有序的环境下健康运行。

第四章　市政公用事业跨部门
　　合作治理

市政公用事业是一个包含诸多行业的公共服务领域，在其供给、管理的过程中，既涉及不同行业主管部门，也涉及同一行业的不同业务环节的不同管理运营主体，呈现出鲜明的多部门共治的特征。但传统上受部门体制分割和行政碎片化的影响，市政公用事业发展也存在着突出的合作不足或缺失的问题，导致市政公用事业的行业发展不均衡、空间布局不合理、资源浪费严重、服务质量不高等问题。因此，推进市政公用事业合作治理的一个重要内容，就是通过制度设计、组织设置和合作行动的推动，实现跨部门的合作治理。

第一节　市政公用事业跨部门合作治理的依据

一、跨部门合作治理是市政公用事业复杂性的内在要求

市政公用事业所含行业广泛，加之管理体制上的差异，各城市政府在市政公用事业主管部门的设置上采取的形式不尽相同。按部门和行业两个角度划分，市政公用事业的管理大致可以归纳为以下四种模式：

部门设置模式 I：市政公用事业的诸多行业分别设置主管部门，担负特定行业内的市政公用事业供给、监管等职能。另外设置一个市政公用事业主管部门，担负指导、协调等职能，但该主管部门并不负责具体行业的

合作治理：市政公用事业发展模式研究

管理（见图4.1）。

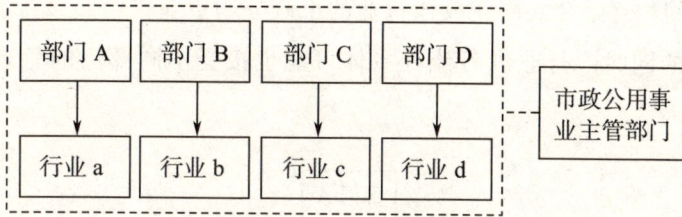

图 4.1 部门设置模式 I

部门设置模式 II：设置单独的市政公用事业主管部门，负责市政公用事业全行业管理，该部门下设相关机构（处室）负责各个行业的管理（见图4.2）。

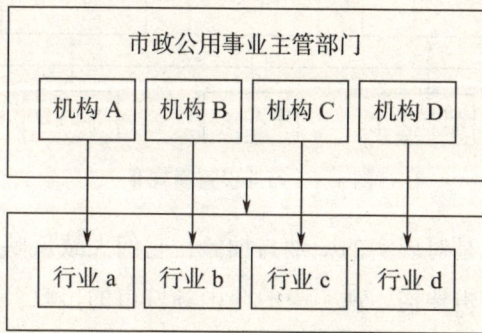

图 4.2 部门设置模式 II

行业模式 I：某行业内有多个参与主体共同担负该行业内市政公用事业供给，参与主体间为并列关系（竞争或合作）。该行业共同接受主管部门管理（见图4.3）。

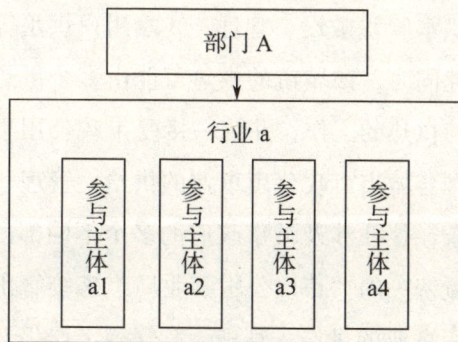

图 4.3 行业设置模式 I

行业模式Ⅱ：某行业按照生产流程，划分为相互衔接的多个流程主体，流程主体间相互配合共同完成该行业的市政公用事业供给。该行业接受某部门管理的同时，行业内各流程主体可能也接受不同部门的管理（见图4.4）。

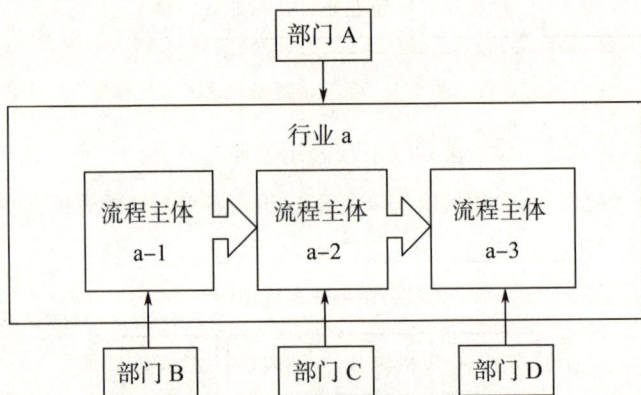

图4.4 行业设置模式Ⅱ

以上四种模式是对现实的归纳与抽象，它们大致反映了市政公用事业主管部门设置的逻辑架构。现实中的全国各城市的市政公用事业主管部门设置往往是对以上几种模式的混合使用。例如，一些城市可能设置市政公用事业主管部门（如市政公用事业局）来负责市政公用事业中的大部分行业的管理工作，但同时仍有个别市政公用事业行业属于其他部门管理；同时，在行业设置模式上，同一个城市不同行业往往也会采取两种模式的不同混合，某些城市会将供水行业的水源保护等事务交给水利局管理，自来水由水厂生产，将供水管线敷设、管理、终端用户供水等事务交给市政公用事业局管理，与此同时，该城市的供热可能由多个供热公司按照区域共同完成产热、输热、供热的工作，并统一接受市政公用事业局的管理。因此，在现实中，全国各城市市政公用事业的供给、管理、监管等工作的部门设置情况非常复杂，往往涉及城市政府的多个不同部门，即便是按照部门设置模式Ⅱ，设置统一的"市政公用事业局"来统管市政公用事业各行业的做法，市政公用事业的供给、管理、监管等工作仍然要牵涉许多其他部门；按照部门设置模式Ⅰ进行部门安排则会使得部门关系更加错综复杂。

这种市政公用事业中部门关系的"横向复杂性"在城市与城市之间只存在量的区别，不存在质的差异。

部门关系的"横向复杂性"在一些城市的"市政公用事业局"的职能设置中可以得到充分体现。例如，济南市市政公用事业局的职能为："……担负着济南市城市市政公用设施建设、管理和市政公用行业监管职能，承担着城市道路、桥梁、路灯、排水、防汛、污水处理、供水、节水、供气、供热共10个行业的建设管理与公共服务。"该局机关设13个职能处室和供热管理办公室、离退休干部处等15个内设机构，机关编制105人，有下属企事业单位26个，干部职工1.4万余人。① 涉及行业广、从业人员多、内设机构多成为了市政公用事业主管部门的一大特色。如果说这仅仅体现了市政公用事业主管部门的"内部复杂性"的话，那么其15条职能简介中，包含"会同""参与""协调"等表征了必须与其他部门发生业务联系的词汇的职能达到了10条（66.7%）② 则体现了其"外部复杂性"。也就是说，市政公用事业主管部门若要正常发挥其行业建设管理与提供公共服务的职能的话，一方面其内设机构之间必须产生良好的协调关系；另一方面，要与其他部门、机构产生良好的合作，而这两方面往往又是相互交织无法分离的。

市政公用事业不仅存在部门关系的"横向复杂性"，还存在从中央到市级政府间的"纵向复杂性"。"市政"虽然只是"市"政而不是"省"政、"国"政，但并不意味着中央政府和省级政府完全不涉足市政公用事业管理。我国各级政府对市政公用事业的管理体系可以用表格4.1展示：

---

① 参见《济南市市政公用事业局职能介绍》，载济南市市政公用事业局网站：http://www.jngy.gov.cn/zhengwugongkai/danweigaikuang/zhineng/2013 – 08 – 07/3.html.

② 参见《济南市市政公用事业局职能介绍》，载济南市市政公用事业局网站：http://www.jngy.gov.cn/zhengwugongkai/danweigaikuang/zhineng/2013 – 08 – 07/3.html.

表 4.1   我国各级政府市政公用事业管理体系

中央政府	国家发展改革委	安排国家拨款的建设项目和重大建设项目；起草商品价格和收费方面的法律、法规，拟定重要商品价格和收费政策并组织实施，拟定和调整中央政府管理的商品价格和收费标准
	住房和城乡建设部	研究拟订城市建设和市政公用事业的发展战略、中长期规划、改革措施、规章；指导市政公用事业各项工作
	工业和信息化部	负责电信产业管理
	水利部	水资源管理和监管工作
	环境保护部	环境保护、污水排放
	国家食品和药品监督管理局	自来水水质监管
	国家广电总局	负责有线电视的管理
	电监会	负责电力产业监管
	国资委	负责行使中央企业的国有股权
省级政府	发展改革委、建设厅、信息产业厅、水利厅、药监局等	在本行政区履行相应职能
市级政府	市政公用事业局或建委	负责区域性公共事业的监管，有的还通过所属企业参与公共事业运营
	物价局	制定、调整由政府管理的重要商品、公共产品价格和收费标准并组织实施
	环保局	环境影响、监管污水排放①

因此，全国各城市政府一方面根据自身情况设置市级政府的市政公用事业主管部门体系；另一方面，市政公用事业不仅仅是一个城市的"内务"，它还要与省级政府部门、中央政府部门发生相应的业务联系，受到上级部门立法、政策、规定的指导与规制，表现出复杂的部门间纵向关系。一些市政公用事业行业中所实行的中央到地方自上而下的"垂直管理"，更使得市政公用事业部门关系的"纵向复杂性"被进一步强化。

从行业上来看，市政公用事业管理也具有十分明显的复杂性。以地下

① 丁倩：《我国市政公用事业管理体制改革研究》，中国海洋大学 2009 年硕士毕业论文，第 26 页。

管网建设与管理为例，首先，地下管线是一个非常复杂的系统，按功能进行分类，它至少包含了给水、排水、中水、电力、弱电、热力、燃气、其他管道等 8 大类管线①，这些管线的运营往往涉及不同的政府部门及企业，对地下管线进行统一管理必须协调好这些部门及企业的关系。同时，由于这些管线往往埋藏在道路下，其埋放、维修、更换往往要对道路进行挖掘与填埋，并同时对施工期间的道路进行封闭或交通管制，这又会与道路主管部门、交通主管部门等发生不可避免的业务联系。其次，地下管线的铺设要按照城市规划进行，这就要和规划部门、城建部门、城市管理部门、国土资源部门、城建档案部门等发生业务联系。这些业务联系是否顺畅，是否真正地按照制度规定进行，往往会对地下管线的使用与管理产生很大影响。例如，频繁发生的建设施工挖断某些管线的事故，往往是因为规划部门虽然对管线有规划，但管线铺设施工时因缺乏监管，或因原规划的技术条件无法铺设管线而对规划进行了改变，实际施工完成后的管线铺设图纸又没有交至城建档案部门备案，导致后来的建设施工单位按照实际上是错误的规划图纸施工而引起的。究其根源，问题出在部门间信息不流畅，缺乏沟通，对管线铺设缺乏事后监管上。最后，我国许多城市因历史原因，尚有一些地下管线是由管线建设单位自行管理的，并未纳入统一的市政公用事业范围中，但这些管线不可避免的要与其他的地下管线网络相连并对其产生影响，这些自建自营单位（其中不乏政府部门）也需要被纳入到协调范围之内。因此，不论从市政公用事业供给、管理、监管等工作所蕴含的部门关系复杂性来看，还是从行业建设与管理上来看，如何有效地进行跨部门协调是市政公用事业不得不面临的一个问题。更进一步说，这也是我国城市管理不得不面临的一个问题。这里的"跨部门协调"，主要指各级政府及政府部门间的协调（不可否认，供水、供热、供气、供电等问题，以及地下管网的建设运营等，必然涉及许多公共企业，但与企业的合作经营问题并非本部分所关注，故在此不作论述），为了能比较清晰地展示跨部门协调的复杂性，有必要借用一下"条块"概念。

---

① 参见李天荣：《城市工程管线系统》，重庆大学出版社 2002 年版，第 1～274 页。

"条块"概念，是人们对我国政府结构的一种形象化表述：所谓"条条"，"是指从中央延续到基层的各层级政府中职能相似或业务内容相同的职能部门"①。所谓"块块"，"是指不同职能部门组成的各级地方政府"②。"条块结构的一个基本特点是'双重从属制'"③，即指地方政府的各个组成部门不仅从属于本级地方政府，同时也从属于上级政府的相应部门，也就是说，它既是"条条"的一个环节，又是"块块"的一部分。以此分析，城市政府实际上是"块块"，而作为城市政府职能部门的市政公用事业主管部门（如市政公用事业局）既是"块块"这个整体中的一个组成部分，又是"条条"自上而下诸多层级中的一层（当然，这个"条条"有其特殊之处，由于省、国家这两级行政区域并不存在"市政"，它并不在省级和中央政府中有职能完全一致的主管部门）。市政公用事业主管部门要与城市政府"块块"产生协调关系、要与下级（区、县）"块块"密切联系，同时也要与同级以及上下级的其他"条条"，如规划等部门产生业务关联，而且，它还要协调自身内部各内设机构之间的关系，以及内外机构之间的复杂关系（见图4.5）。

　　这一复杂的协调网络，虽然形式上以市政公用事业主管部门为中心，但它并不作为"权力中心"而行为。因为在政府体系中，市政公用事业主管部门除对其内设机构外，几乎不对网络中的其他部分产生"命令——被命令"的权力关系。市政公用事业主管部门的角色，更多的是作为市政公用事业的"功能中心"，为了正常行使其职能而与其他部门发生协调关系并尝试推动协调顺利进行。在这个意义上，市政公用事业的良好供给绝不仅仅是市政公用事业主管部门的"独家义务"，而且是政府各部门必须共同合作、相互配合的"共同义务"。

① 石国亮:《服务型政府》,国家行政学院出版社2013年版,第39~40页。
② 石国亮:《服务型政府》,国家行政学院出版社2013年版,第39~40页。
③ 石国亮:《服务型政府》,国家行政学院出版社2013年版,第39~40页。

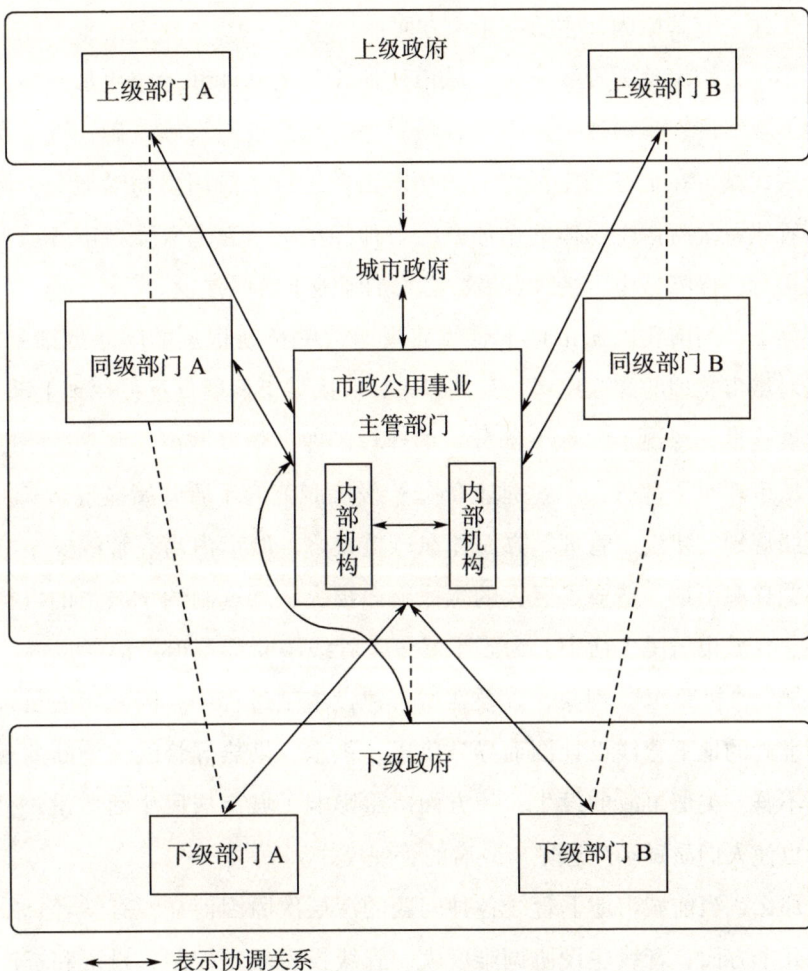

←————→ 表示协调关系

图4.5　市政公用事业管理机构协调关系图示

二、跨部门合作治理是市政公用事业实践中的现实需要

　　市政公用事业的内在复杂性决定了跨部门合作治理是其良性发展的机制保障。然而现实的管理方式仍然呈现出以职能分工为基础的权力分割和部门利益固化的特征，限制了跨部门合作的开展。因此，强化跨部门合作治理，推进系统性规划、建设和管理，是市政公用事业发展面临的一个重大现实问题。下面，我们以城市地下管线问题为例，揭示市政公用事业跨部门合作治理的紧迫性。

　　近年来，长期被忽视的城市地下管线问题逐渐受到政府和社会公众的高度关注，究其原因，主要在于两方面：

第一，城市地下管线作为"城市生命线"的功能和地位更加凸显。城市地下管线网络是市政公用事业各项服务功能实现的设施基础，进而支撑整个现代城市在生产和生活方面的功能正常运行。借用生物学概念，城市地下管线系统就像生物体的循环系统与神经系统。为了保障城市各项功能正常运行，保障城市可持续发展，必须加强地下管线建设。

第二，当前我国城市地下管线建设运营中长期积累的问题逐渐暴露，引发对城市管理的深入思考。长期以来，我国城市发展仅重视"地上部分"的发展建设，忽视了"地下部分"的建设问题，随着城市化水平的不断提高，城市"地下部分"与"地上部分"发展脱节的矛盾开始显现出来，地下管线规划、建设、管理等方面存在严重缺陷，城市内涝、管线安全事故等问题普遍出现，造成了巨大的生命财产损失，严重制约了城市的可持续发展。在城市居民生活中，为了维修各类管线不断翻挖道路而形成的"马路拉链""扒路军"现象，以及在城市建设施工过程中，因施工人员未能掌握准确的地下管线设计图而导致供电、供水、供热等管线被挖断的现象屡见不鲜。类似事故的发生，一方面严重影响了城市居民生活质量，另一方面也使人们质疑和反思城市政府的管理模式。

那么，当前城市地下管线各种问题的深层次原因何在？有学者总结了以下几个方面：管线建设协调难度大，管线投资较难控制，投资和资产不对等，有关管理办法对管线单位的制约作用不大，用户单位层面上投资谈判不对等，只能被动接受许多不合理收费，管线单位与土建单位在施工中各自为政，各类管线权属多门、各司其政，城市建设工程中损坏管线的损失较大，重复挖路现象严重，城市地下管线的管理手段落后等。[①] 归结起来，原因主要集中在两个层面，即技术层面和管理层面。

就当前来看，真正制约城市地下管线发展的问题，主要集中在管理层面。这是因为：其一，实际上"技术问题"并不是问题，因为有许多国家

---

① 白胜喜：《城市公用管线投资体制及建设管理模式研究》，同济大学 2006 年博士学位论文，第 2～4 页。

合作治理：市政公用事业发展模式研究

在城市地下管线建设方面已经有了许多成熟的经验，"共同沟"方案在法国、日本、德国、英国、美国等国家已经被普遍采用，而且在我国的北京、上海、杭州、深圳、济南等城市，也已经有为了某些大型项目（如2008年北京奥运会）以及为了起到示范作用而修建"共同沟"的成功案例。因此，虽然我国存在因建国以后不重视城市地下资源的合理开发而导致的管线杂乱缺乏准确的档案记录、陈旧管线多等特殊历史遗留问题，在技术方面，这些因素或许会增加施工难度或投资规模，但并非不可解决。其二，技术更多的是作为工具而存在的，在技术较为成熟的情况下，能否合理的运用技术比技术本身更加重要。为什么在国外较为成熟的"共同沟""综合管廊"技术在我国城市地下管线建设中缺乏普遍性应用，甚至出现"共同沟"建成后难以运行的现象？这与我国各自为政的地下管线管理不无关系。

正是基于对城市地下管线的重视以及对传统碎片化管理模式的反思，国务院在《国家新型城镇化规划（2014~2020年）》中针对地下管线建设明确提出：至2020年，我国"城市地下管网覆盖率明显提高"，要求城市建设"统筹规划地上地下空间开发""建立健全城市地下空间开发利用协调机制""统筹电力、通信、给排水、供热、燃气等地下管网建设，推行城市综合管廊，新建城市主干道路、城市新区、各类园区应实行城市地下管网综合管廊模式"[①]。2014年6月3日，国务院又公开发布了《国务院办公厅关于加强城市地下管线建设管理的指导意见》（国办发〔2014〕27号），对加强城市地下管线建设进一步提出了具体要求及实施意见，并提出了明确的城市地下管线发展建设时间表，按照"一年普查、五年改造、十年建成"的计划大力推进城市地下管线体系的建设。[②]

不仅如此，我们也可以从这些政策文件中的"统筹规划""协调机制""地下管网综合管廊模式""城市地下管线体系"等提法中看到呼之欲出的

① 《国家新型城镇化规划（2014~2020年）》，载中华人民共和国中央人民政府门户网站：http:// www. gov. cn/zhengce/2014－03/16/content_2640075. htm.

② 参见《国务院办公厅关于加强城市地下管线建设管理的指导意见》，载中华人民共和国中央人民政府门户网站：http://www. gov. cn/zhengce/content/2014－06/14/content_8883. htm.

跨部门合作治理理念。由此可见，政治层面的政策要求和解决问题的现实需要都让市政公用事业的跨部门合作治理变得更加重要、更加紧迫。

三、跨部门合作治理是市政公用事业发展的必由之路

合作不同于协调，尤其不同于建立在我国政府条块结构基础之上的以权威为依托的等级制纵向协同模式。基于对传统协调模式的反思，我们认为开展跨部门合作治理是市政公用事业发展的必由之路。

我国政府的"条块"结构，反映了一种科层制与职能制相结合的组织结构安排①：科层制强调分工与专业化，强调制度与规范的作用，强调权力集中基础上的高度统一。职能制则"按照不同性质的权限把一个组织划分为不同的职能部门，并使各个职能部门相对独立。"② 这两种规则结合起来，则形成了前文所谓的"条块结构"：按科层制从中央到地方分为若干层级，再按职能制将这些层级分成不同的职能部门。

正如周志忍教授等学者在《中国政府跨部门协同机制探析——一个叙事与诊断框架》中所指出，在这种政府结构下，目前占主导地位的协调模式是"以权威为依托的等级制纵向协同模式"③，但这种协调模式在政策制定、政策执行与项目管理、公共服务供给中均出现了失灵的情况④（当然，在市政公用事业中，更值得关注的是公共服务供给中出现的协调失灵问题）。对于其原因，周志忍教授等学者从技术理性及制度理性两个方面进行了深入分析，在技术理性方面，指出了等级制纵向协同本身的逻辑悖反、协同的制度化问题、粗放式管理等问题；在制度理性方面，指出了组织结构问题、体制问题、权力部门化与利益化、协同的文化障碍等一系列问

---

① 参见马伊里：《合作困境的组织社会学分析》，上海人民出版社 2008 年版，第 83 页。

② 马伊里：《合作困境的组织社会学分析》，上海人民出版社 2008 年版，第 83 页。

③ 周志忍、蒋敏娟：《中国政府跨部门协同机制探析——一个叙事与诊断框架》，载《公共行政评论》2013 年第 1 期，第 94 页。

④ 参见周志忍、蒋敏娟：《中国政府跨部门协同机制探析——一个叙事与诊断框架》，载《公共行政评论》2013 年第 1 期，第 98～102 页。

题。① 正如周志忍教授所指出的，"以权威为依托的等级制纵向协同模式"，本身就具有非常浓厚的科层制色彩，这种办法是无法从根本上解决科层制本身的协调问题的。

随着城镇化水平提高，城市规模不断扩大、城镇人口不断增加，城市居民对公共服务的需求日益提高，几乎在市政公用事业的各个方面，需要部门间协调的事务均日趋增多，而"以权威为依托的等级制纵向协同模式"并不能满足人们的需要。由此，也就催生出了部门间合作的另外一种途径——跨部门合作治理。

之所以将跨部门合作治理作为市政公用事业合作发展的必由之路，并非因为将"合作""治理"等概念糅合到一起产生的这样一个名词比较符合"流行趋势"。而是因为，与传统命令式的、自上而下的、固定的、单主体包揽式的行政方式与社会管理方式不同，"治理"是一种全新的社会管理模式，它所展示的是一种由多元主体通过不断的相互配合、协商、互动来实现共同目标的公共管理过程②，当前新的社会条件对市政公用事业的供给与管理提出的新要求，恰好符合"治理"的特点。

随着经济社会的发展、城镇化水平不断提高，市政公用事业的规模、复杂性都已不可同日而语。同时，市民权利意识不断觉醒以及所谓"公共空间"的不断开放，其对于公共服务的需求也日趋高质量与多元化。这一方面催生出了市政公用事业的特许经营、外包经营等多元化的供给模式，另一方面也使得在政府内部，市政公用事业管理部门自身的结构及所要协调的关系日益复杂。因此，在市政公用事业的供给与管理中，已经出现了政府——市场——社会三者互动合作的局面，这样的互动结构一旦形成，便不可能再退回到原有的政府一家独大的状态之中。而由于市政公用事业本身的公共性，这种互动合作结构也不可避免的要以保障公共利益为导向，而不能仅顾市场效率的提高。如果深入分析，我们会发现，在政府——市

---

① 参见周志忍、蒋敏娟：《中国政府跨部门协同机制探析——一个叙事与诊断框架》，载《公共行政评论》2013 年第 1 期，第 103～114 页。

② 参见俞可平：《治理与善治》，社会科学文献出版社 2009 年版，第 6 页。

场——社会这三者形成的互动合作结构中，政府、市场、社会都并不是铁板一块，在政府内部，同样包含了"条块"协调以及多主体的合作问题；在市场内部，显然也是充满了竞争与合作的；社会方面，亦充满了对公共利益的多元化要求。也就是说，实际上当前市政公用事业的供给与管理，已经具有了远比政府——市场——社会这三者表面上所能展示的更为复杂的结构。而这种复杂结构与"治理"所强调的多元主体共同参与、非命令式的协商与合作是相符的。

需要特别指出的是，市政公用事业的供给与管理中的治理结构并非已经完全形成，而是正在不断构建的过程之中。它的存在主要具有两方面的意义：其一，虽然我国政府的主导地位仍非常突出，市场经济依然存在较强的国家干预，社会力量尚未充分发展，但在现实层面，这种治理结构已经开启并正在不断自我展开，这为参与者打开了一个新的且在不断变化的社会"结构场域"；其二，这种新的"结构场域"使得政府以往"发号施令"式的"统治"模式在许多领域逐渐失灵，迫使政府重新进行角色定位，调整其内部结构及其与外部诸多主体之间的关系，以"治理"强调的多元主体共同参与、非命令式的协商与合作为价值导向，重构其行为模式。

第二节　跨部门合作治理的相关理论及当前研究现状

政府部门间的协调与合作是行政学中一个历久弥新的话题，也是政府改革实践中不断试图解决的一个问题。对当前国内外跨部门合作的相关研究进行梳理，可以为我们的进一步研究提供有益的帮助。

一、发达国家关于跨部门合作治理的研究成果

发达国家关于跨部门合作治理的研究成果可从两个层面进行总结：第一个层面是关于政府改革的"宏观理论"，包括新公共服务理论、无缝隙政府理论、网络化治理理论、协同治理理论、整体政府理论等。这些理论以

"整体政府"最具有代表性，它们从政府改革、提升政府公共服务质量、提高治理水平的高度提出了跨部门合作的一系列理念、理论及实践方法，在这个层面上，跨部门合作是这些"宏观理论"的理念组成部分；第二个层面是对部门间协调及跨部门合作具体实践、具体问题的研究，主要以实证研究方法进行研究，分析在具体改革实践中，合作困境产生的原因并提出合作的实现路径。

"整体政府"（Holistic Government）是当代政府管理的一个新理念，在许多西方发达国家的政府改革中得到了大量的实践，并引起了广泛的学术研究。正如一英国学者所言："整体政府的探索是 21 世纪公共服务改革最鲜明的特征，就像 20 世纪末'新公共管理'或'政府再造'所带来的变革一样。"[1]

"整体政府"并非单一概念，而是由一系列公共管理领域内的改革理念与改革措施所构成的"概念群"，它的"整体"并非要否认政府内部的专业分工，而是要寻找合适的途径以消除由于传统的部门分工而造成的各部门虽同属于一个政府，但在行政手段等方面缺乏沟通与共识，互相之间争夺利益，无法实现统一的公共目的的"政府碎片化"现象。[2] 它要求不同的公共部门在目标和手段之间不仅不存在冲突，更要相互增强。

在与新公共服务理论、无缝隙政府、网络化治理、协同治理等相关理论的比较中，可以更深入地了解"整体政府"的特点。

根据黄涛的研究，整体政府理论与新公共服务理论一样，都奠基于对传统公共行政及新公共管理理论的批评之上；都强调效率之外的公民权、民主治理、公民参与等公共价值的构建；都强调政府责任的复杂性与重要性；都重视"整体""服务"理念。而两者的区别在于：新公共服务理论更多的作为一种价值判断而存在，缺乏具体的操作方式，整体政府则提出了清晰的组织结构和运行方式；新公共服务理论没有注意对信息化技术、

---

[1]　周志忍:《整体政府与跨部门协同——〈公共管理经典与前沿译丛〉首发系列序》,载《中国行政管理》2008 年第 9 期,第 127 页。

[2]　参见周志忍:《整体政府与跨部门协同——〈公共管理经典与前沿译丛〉首发系列序》,载《中国行政管理》2008 年第 9 期,第 128 页。

社会组织学等最新技术和理论的吸收来加以创新，整体政府做到了这一点；新公共服务理论强调效率价值应置于公民价值之下，而整体政府理论更关注部门分工形成的碎片化治理造成了整体的低效率问题，在这一点上，整体政府理论更为深入。①

无缝隙政府理论是 20 世纪 90 年代美国学者拉塞尔·M. 林登在《无缝隙政府：公共部门再造指南》一书中提出的公共部门再造理论，虽然与整体政府经常相提并论，但它们并非完全相同。两者的相同点有：都偏重于政府组织再造，在组织设计上提出了具体策略；两者目标基本一致：为公民提供"一站式""无缝隙"的公共服务；都强调社会力量参与的重要性；都注重信息化技术的应用；都是"结果导向"的。两者之间的区别在于：无缝隙政府的批评对象是传统行政理论，而整体政府的批评对象是新公共管理运动；无缝隙政府注重企业管理精神，强调顾客导向与竞争导向，与整体政府注重整体导向、预防导向、文化改变导向有极大区别；无缝隙政府所引入的是企业管理中的组织再造理论，而整体政府所引入的是组织社会学理论；无缝隙政府强调扁平化的组织结构，但整体政府强调纵向及横向的层级整合，组织是否扁平化并非其主要考量。②

网络化治理强调的是"一种通过公私部门合作非营利性组织营利公司等广泛参与提供公共服务的治理模式"③，其与整体政府的相同点在于：都强调"跨界合作"，即政府——市场——社会之间的合作；都强调采用纵横交叉的合作，在纵横交叉中形成"网络"；都强调公私合作的重要性；都注重信息化技术的应用；都强调保障公民参与、公民选择的权利。其不同点在于：网络化治理更强调公私合作，而整体政府不仅强调公私合作，亦强调政府内部的整合，从这个意义上来讲，整体政府比网络治理更为系统；

① 参见黄湉：《整体性治理理论与相关理论的比较研究》，载《福建论坛》（人文社会科学版）2014 年第 1 期，第 177 页。

② 参见黄湉：《整体性治理理论与相关理论的比较研究》，载《福建论坛》（人文社会科学版）2014 年第 1 期，第 178 页。

③ 黄湉：《整体性治理理论与相关理论的比较研究》，载《福建论坛》（人文社会科学版）2014 年第 1 期，第 178 页。

合作治理：市政公用事业发展模式研究

网络化治理本质上仍属于新公共管理的理论范式，而整体政府的提出正是建立在对新公共管理运动的批评之上，已经不属于同一理论范式。①

协同治理则是指通过应用现代信息技术，实现政府、市场、社会及公民等多元主体之间的协作，共同参与公共事务的治理，以追求"治理效能"与"公共利益"的最大化。② 它与整体政府理论的共同点在于：不论在理论上还是实践上，两者都是一脉相承的，整体政府是由协同治理深化发展而产生的；两者都强调政府间的合作。其不同点在于：协同治理的政府部门间的治理目标与手段一致但互不增强，而整体政府的政府部门间治理目标手段不仅一致还要相互增强；两者在对"协调""整合"工具的使用方法上有所区别，协同治理更强调如何防止负外部性，而整体政府则更强调整合与相互介入。③

总而言之，整体政府理论至少具有以下几种特性：（1）认识到政府内部职能分工的复杂性，并试图在政府内部建立起一种跨部门的纵横合作关系，这种合作关系，并不一定要改变政府本身的层级结构；（2）在价值取向上，整体政府理论既重视公共价值，又试图通过合作来破解部门功能碎片化而产生的低效率问题；（3）在技术及操作层面，注重信息化技术的应用，注重部门间的整合及相互介入。

而在跨部门合作治理所面临的困境及实现路径方面，也有一些比较具有代表性的研究。如美国学者尤金·巴达赫在《跨部门合作——管理"巧匠"的理论与实践》一书中，对公共教育服务、社区组织、反烟草教育、防火、自然资源与生态管理、军事基地的关闭与再利用等大量具体案例进行了实证研究，提出了以"潜在的跨部门合作能力"（ICC）为基础的"巧匠理论"，并对跨部门合作中如何获取资源及所面临的障碍、跨部门合作的

---

① 参见黄滔：《整体性治理理论与相关理论的比较研究》，载《福建论坛》（人文社会科学版）2014 年第 1 期，第 178 页。

② 参见何水：《协同治理及其在中国的实现——基于社会资本理论的分析》，载《西南大学学报》（社会科学版）2008 年第 3 期，第 103 页。

③ 参见黄滔：《整体性治理理论与相关理论的比较研究》，载《福建论坛》（人文社会科学版）2014 年第 1 期，第 179 页。

价值取向、文化构建、动态过程等一系列问题进行了阐释。① 如美国学者罗伯特·阿格拉诺夫及迈克尔·麦圭尔合著的《协作性公共管理：地方政府新战略》，通过对美国 6 个案例城市——辛辛那提、伯洛伊特、加菲尔德海茨、伍德斯托克、赛伦、伊萨卡的定量及定性研究，对影响政府间协作的诸多变量进行了研究，在实证层面上确认了"在协作环境中成功运作的能力不同于成功管理单个组织的能力"② 这一论断，并针对协作公共管理的技术、协作中的群体发展、协作的凝聚力、权力及其影响、协作性管理的责任、协作的有效性等方面，提出了许多有益的见解③，以及如美国学者理查德·C. 菲沃克主编的《大都市治理：冲突、竞争与合作》，在诸多实证研究的基础上，提出"制度性集体行动"（institutional collective action）是在碎片化的地方政府结构中实现合作的合理途径。

总体来讲，发达国家对跨部门合作治理的研究，首先呈现出重视实证研究的特点，大部分研究成果都建立在扎实的实证研究基础之上，具有非常强的现实意义，这不仅与西方学术界对实证研究方法的重视有关，更与西方发达国家在政府改革方面已经积累了大量的经验材料有关；其次，呈现出明显的跨学科特征，研究者往往借助经济学、博弈论、社会学、政治学、行政学、管理学等诸多学科的理论体系对跨部门合作治理进行探讨，取得了丰富的学术成果。这些成果经过国内学者的译介之后，往往对国内学术界产生非常大的影响。

二、国内学者对跨部门合作治理的研究

国内学者的相关研究，则呈现出与发达国家不同的特点。一方面由于研究起步较晚，相当一部分成果立足于介绍外来理论，在已公开发表的文

---

① 参见［美］尤金·巴达赫：《跨部门合作——管理"巧匠"的理论与实践》，周志忍、张弦译，北京大学出版社 2011 年版，第 1～245 页。

② ［美］罗伯特·阿格拉诺夫、迈克尔·麦圭尔：《协作性公共管理——地方政府新战略》，李玲玲、鄞益奋译，北京大学出版社 2007 年版，第 160 页。

③ 参见［美］罗伯特·阿格拉诺夫、迈克尔·麦圭尔：《协作性公共管理——地方政府新战略》，李玲玲、鄞益奋译，北京大学出版社 2007 年版，第 1～178 页。

献中，对治理理论、"整体政府"等外来理论进行介绍、梳理的研究成果可谓数不胜数。当然，对外来理论的介绍并不仅止步于照搬，许多学者或借外来理论所倡导的诸多合理价值取向，来指引中国政府改革的走向，或以比较的视野，来论证外来理论与中国改革现实的适应性，并在此基础上寻找可能的契合点。但总体来讲，这些成果以规范性研究为主，实证性研究较少。另一方面，也有一些学者在充分掌握了外来理论要点的基础之上，试图立足我国政府改革实际，从本土语境出发，在实证研究的基础之上，对我国政府治理实际存在的问题、部门间合作所面临的困境等一系列问题进行深入研究。这部分研究对于推进我国政府改革、推进社会治理体系建设而言，有重要的理论及现实意义，但综观近年来的成果，这方面的研究仍较为薄弱，亟待加强。

市政公用事业合作治理方面，现有的研究往往集中在公共部门与私营部门的合作或者市政公用事业在区域间的协同提供方面。对市政公用事业在政府内部的跨部门合作治理研究仍非常少。这或许与当前政府实践有密切关系。目前的市政公用事业的公私合作已经非常普遍，而且随着各类跨区域经济圈的建设，区域间市政公用事业供给的相关实践也已经在各地展开。与之相比，政府内部的跨部门合作治理虽然是一个亟待解决的现实问题，却因种种原因尚未真正进入理论界及实践界的"注意力"范围之内。

但一般意义上的跨部门合作治理研究，已受到实务界及理论界的关注。这一方面与政府的宏观改革实践密切相关，党中央在历届党代会上不止一次提出要探寻政府内部协调问题的改革出路，"大部制"正是改革措施之一。另一方面，随着经济社会的发展，面对"治理"态势，政府内部的跨部门合作治理已经成为各职能部门所共同面临的难题。为此我国政府已经进行了诸多改革尝试，例如各类部际联席会议、协调小组等。现实层面的问题产生了学术研究的需要，国内学者在探寻跨部门合作困境产生的原因、解决出路、实现路径上，得出了一系列颇有意义的研究成果。

当前国内学者在跨部门合作治理方面取得的成果，归纳起来有以下几类：

第一类研究主要围绕"制度"进行，这里的"制度"主要指在科层制的政府结构体系的基础上建立的政府部门的权责关系规定等。此类研究普遍认为，政府部门间合作产生障碍的原因在于制度安排不合理，主要体现为部门职能、权力、责任、利益安排出现偏差、绩效机制缺失等。这种不合理的安排导致制度性职能空隙及制度性职能交叠两种情况的存在，制度性职能空隙导致社会事务没有部门愿意管理，制度性职能交叠导致某一社会事务被不止一个部门管理并出现部门职能冲突、利益冲突或推诿扯皮等问题。归结起来，阻碍部门间合作的原因就是政府科层制结构的部门分工尚不够科学合理。于是，只要调整制度安排，理顺部门权责关系，消除职能空隙及职能交叠状况，部门间就能顺畅无碍的运行。对于部门间合作，需要设置临时或永久的协调机构并赋予其一定的协调权力，通过制度来达成。

第二类研究仍主要围绕"制度"进行，但比第一类研究更为深入。这类研究能注意到我国政府结构的特殊性，认识到"官僚制不足"与"官僚制过盛"[①] 的双重倾向，并能在此基础上以更为本土化的概念语词及理论视角来审视政府跨部门合作问题。这类研究不仅看到我国"制度"本身存在的问题及其对跨部门合作产生的障碍，更能从历史、政治、经济、文化等多个视角对这些问题、障碍产生的原因进行深入挖掘，并结合当前我国政府改革实践（如服务型政府建设、大部制改革、地方网格化治理、地方行政审批中心建设等）提出一些具有针对性的、可操作的建议与措施。当然，这些建议与措施仍主要试图通过以制度的调整与优化来实现政府跨部门合作。

第三类研究则尝试另辟蹊径，其对于"制度"的态度，一方面承认"制度"的重要性，另一方面并不把"制度"看成政府跨部门合作的决定性因素。这类研究以组织社会学的分析视角，把"制度"看成是条件性的要素——"制度"为组织中的行动者搭建了行动环境、规范以及一定的组织结构，但实际上决定行动者行动的并不完全是"制度"：由于"制度"

---

① 李若鹏：《官僚制与中国行政改革》，载李若鹏著《且行且思》，新华出版社 2007 年版，第 156 ~ 164 页。

不可能完全精确，也不可能完全涵盖复杂变化的现实情况，行动者行动时或对其进行主观解释，或对其置之不顾，甚至直接违背制度而行动。因此，跨部门合作障碍产生的根源，并不能仅仅从"制度"层面解释，而要看"制度"是在何种意义上影响了组织中行动者的行动策略，以及行动者的行为还受到哪些"制度"之外因素的影响与制约。而要实现政府跨部门合作，也不能仅靠制度供给与部门职责调整、设立综合协调部门等传统路径，而要对行动者的行动空间进行重构，使行动者更倾向于选择合作而不是排斥合作。这类研究为人们理解跨部门合作困境的出现及解决途径提供了许多新的视角与理念，具有较大的理论意义与实践指导意义，但这方面的研究仍较少。[①]

三、评论与进一步探讨

市政公用事业跨部门合作治理有两个方向的逻辑延伸：其一是"向下"的，这涉及在具体的市政公用事业供给实践（如地下管线系统建设）中所遇到的跨部门合作治理需求、跨部门合作治理困境及跨部门合作治理的实现；其二是"向上"的，由于市政公用事业主管部门是政府部门之一，其职能是政府职能的一部分，存在于市政公用事业供给与管理中的跨部门合作治理问题也普遍存在于诸如食品安全监管、环境保护等一系列政府部门及政府职能中。因此，对于市政公用事业跨部门合作治理的研究，也必然向这两个方向延伸。一方面，类似于"整体政府"等宏观上指导政府改革的理论，以及其他部门的跨部门合作治理理论必然可以应用到市政公用事业合作治理之中；另一方面，在微观层面针对具体的市政公用事业供给实践中的跨部门合作治理问题的研究成果也可以应用到市政公用事业跨部门合作治理中来。但是目前从成果数量上来看，以市政公用事业跨部门合作

[①] 马伊里博士在上海社区网格管理实践基础上进行的合作困境的组织社会学分析研究是这类研究中比较突出的成果，参见马伊里：《合作困境的组织社会学分析》，上海人民出版社 2008 年版，第 55～195 页。

治理为中心，"向上"的研究成果较多，而"向下"的研究成果偏少。① 那么，前述的国内外现有研究成果对市政公用事业跨部门合作治理这一话题的适用性如何，以及如何进行进一步的研究以取得更有意义的成果，则需要进一步讨论。

（一）对国内外当前研究的评论

在讨论外来理论时，需要注意其产生的理论背景与实践需要。从理论范式转换的角度来看，西方行政管理理论大致经历了 20 世纪 30～40 年代"科学管理"时期——20 世纪 70～80 年代"新公共管理"时期——20 世纪 90 年代至今"整体政府"时期这样一个发展过程。② "整体政府"理论吸收了诸如新公共服务理论、无缝隙政府理论、网络化治理理论、协同治理理论等治理理论的长处③，是 21 世纪关于政府治理的重要理论。从实践层面来看，"整体政府"是为了应对随着社会发展而出现的食品安全、犯罪、突发危机处置等一系列单一部门难以控制的问题，指导发达国家政府改革实践并在实践中不断发展的一套理论。因此"整体政府"是建立在西方发达国家的政治、经济、社会及学术语境之上的。

不可否认，"整体政府"理论作为一套较为典型、成熟的理论范式，以及发达国家在跨部门合作具体问题上的理论研究，都值得我国政府改革学习借鉴。但外来理论"落地"时，仍然要注意其适用性。既要注意在国家权力配置、党政关系、政府部门结构等政治行政体制上的差异，也要关注市场经济环境、社会发展环境与发达国家亦存在区别。"整体政府"等理论有其产生的现实与理论土壤，产生与流变有内在的逻辑理路与必然性。但我国行政管理学科起步较晚且受外来理论影响较大，"本土化"的理论思想体系仍在构建之中。因此，这些理论能否以及在多大程度、何种层面上可

---

① 这里"向下"的研究成果是指除如施工技术、规划技术等"技术层面"之外的，关注于"管理层面"问题的研究成果。在具体事务，例如地下管线建设中如何实现跨部门合作治理的研究是非常少的，而"技术层面"的研究成果还是非常多的。

② 参见张翔:《中国政府部门间协调机制研究》，南开大学 2013 年博士论文，第 17～20 页。

③ 参见黄滔:《整体性治理理论与相关理论的比较研究》，载《福建论坛》(人文社会科学版) 2014 年第 1 期，第 179 页。

以和本土的实践与理论需要相对接，尚需进行充分讨论。

对于国内学者当前的研究成果，正如前文所提到的那样，已有研究大部分带有强烈的"制度"取向，将制度作为跨部门合作困境产生的决定性因素，并试图通过改革制度，理顺部门间的职能分配、权责关系、通过制度强化绩效考核等一系列途径来"促成"合作的产生。这种研究进路"充分注意到了外部结构性因素对合作能否顺利进行的影响，并将解决的路径主要锁定在制度之上"[1]。应该说，这种研究进路确实为人们实现跨部门合作困境提供了一种可选方案，也在理论与实践层面加深了人们对政府结构合理性的关注与探讨，并取得了一定的成果。但问题在于：其一，是否可能设计出一套完美的制度，使得政府结构中的所有部门都能妥当地找到自身的位置，在面对纷繁复杂的社会事务时可以并行不悖，以至于根本不存在"合作困境"产生的可能性？其二，如果制度是跨部门合作的决定性变量的话，那么，在实践层面中这种假设能否成立？抑或说，仅依靠制度安排就可以解决跨部门合作问题，同时，若无相关的制度安排，跨部门合作便无从产生？

对于第一个问题，答案很简单，制度由人来制定，人的"有限理性"决定了制度的"有限理性"，也就是说制度不可能是完美的。同时，制度一旦生成，作为一种外部的结构性要素，虽有能力自我调整与完善，但制度不可能随时变动，而社会事务又是瞬息万变的，这也就决定了制度的相对稳定与复杂多变的社会现实之间总会产生一定的距离与矛盾，"制度空隙"与"制度交叠"总会不可避免的出现。

对于第二个问题，我们认为在实践层面通过制度供给虽然推动某些跨部门合作问题的解决，实现部门间的合作。但问题在于，仍有很多即便是有了制度供给，甚至是设置了相当高权威的协调部门，但仍然不能实现有效的跨部门合作的情况，如在食品安全监管领域及环境保护领域就出现了很多这样的问题。不仅如此，在某些制度缺失、甚至制度不允许的情况下，

① 马伊里:《合作困境的组织社会学分析》，上海人民出版社 2008 年版，第 70 页。

仍然能发生突破既有制度的跨部门合作现象。① 所以，并不能把制度视为跨部门合作的决定性变量。

这其中的深层原因在于，一方面如前文所述，跨部门合作最终要落脚到部门中行动者的合作，而行动者的行动又不必然受制度约束，制度只是为行动者提供了一个行动空间，行动者综合考虑多方面因素进行策略选择来最终决定如何行动；另一方面，跨部门合作的需要来源于政府面对日益纷繁复杂的社会事务时亟需提高的整合能力与治理能力，而仅仅通过"以制度修补制度"来解决这个问题，实际上仍然在制度的框架内打圈子，并没有突破制度本身的局限性。

所以，跨部门合作治理研究中，在肯定制度作为影响跨部门合作治理的重要因素的同时，需要重新审视"制度导向"研究路径的合理性与局限性。

在传统研究中，还有一类值得注意，如前文所述，这类研究基本上也是"制度导向"的，但其关注点转移到了"科层制"上来，通过对"科层制"的分析与批判，来寻找政府跨部门合作困境产生的原因并寻找解决的突破点。当然，这类研究并不仅仅研究规范意义上的"科层制"，更直面我国政府结构的特殊性，从"条块关系"的角度来深入分析我国的现实问题。但这类研究仍然存在一定的局限性，首先，我国的"科层制"远比西方经典理论意义上的"科层制"要特殊的多，"官僚制不足"与"官僚制过盛"现象的同时出现，让我们不得不思考这样的问题：我国的政府组织现实是否能用"科层制"来概括？对"科层制"理论体系的批判，与对现实实践的批判，究竟存在多大的距离？其次，如果将我国的政府结构概括为"条块"结构，将政府中部门间及政府间关系用"条块关系"来概括，这是否仍是一种理论抽象而并不能统摄一切现实？举个简单的例子，在典型的"条块"结构中，每一级政府都按职能横向划分为若干部门，这些部门与上级政府的相关部门又存在业务隶属关系。例如国家层面的教育部，与省层面的教育厅，与市、县的教育局，就能形成典型的"条块"结构。但类似于市政公用事业局这种仅存在于市政府层面中的政府部门，上级政府中虽

---

① 具体案例参见马伊里：《合作困境的组织社会学分析》，上海人民出版社 2008 年版，第 171 页。

然也有与市政公用事业相关联的部门，但却没有"市政公用事业厅""市政公用事业部"，下级政府也没有存在直接隶属关系的部门：它确实是"块"的一部分，但却没有形成典型意义的"条"，该如何置入"条块关系"这一分析框架中去解释？这种情况在城市发展中将会越来越多，因为"城市"是一个相对独立的治理单元，它与上级的"省"、下级的"区县"等，面临着很多不同的问题，城市政府部门的设置也存在其特殊性。因此，至少在市政公用事业的跨部门合作治理中，"条块关系"的研究取向会遇到很大的局限性。

另外，在跨部门合作中对"理性人"概念的运用也值得一提。这类研究认为在跨部门合作中，行动者是"理性人"，按照利益最大化的原则行为。这种行为模式往往与中国特殊的"单位文化"相结合，极容易产生跨部门合作难题。所谓"单位文化"是指由于政治、历史、文化等一系列原因导致的，政府部门工作人员不仅在职务上与所在单位发生了密切关系，其收入、福利、待遇、社会地位乃至子女入学条件、家属工作条件等都与所在部门产生了非常强的人身依附关系，个人利益与部门利益被紧紧地绑在了一起。在这种情况下，政府部门的工作人员最大的行为倾向就是维护部门利益并通过寻求部门利益最大化来实现自身利益最大化，同时避免部门利益受损。跨部门合作由于要求与其他单位分享资源，并带来不可控制的后果（收益是不可控的），所以被视为潜在风险而遭到政府部门工作人员的抵制或产生消极合作现象。这种研究以组织中的个体为出发点，为研究跨部门合作困境的产生与解决提供了新的视角。但其局限性在于，首先，如果"理性人"假设成立的话，那么他在政府部门中所要处理的利益关系远比单纯经济活动中的"利益"要复杂，经济利益、政治利益、个人利益、部门利益等一系列相互交织的复杂利益都会影响其行为，而这些利益往往又缺乏一个统一的衡量换算标准，这就导致在此假设下的研究很难得到有意义的成果；其次，"理性人"是否适用于政府部门，仍是一个值得商榷的问题。一方面，"理性人"不可能具有所谓的"完全理性"，而只能有"有限理性"，有限理性对诸如长期利益、短期利益等利益冲突的判断与取舍，则受到"有限理性"的"有限"程度制约；另一方面，超越"个人利益"的考量而推动"公共利益"发展的情况并非不存在，这就使得此类研究成果的普遍适用性受到了制约。因此，"理性人"的研究视角仍有很大局限性。

（二）何去何从？——构建"制度—行动者"的研究视角

那么，究竟该以何种态度对待"外来理论"，究竟该以何种视角来审视当年我国存在的跨部门合作治理困境并尝试寻找可能的解决途径，并使之能良好满足市政公用事业跨部门合作治理这一迫切的现实需要呢？

首先，我们应在理念价值层面积极借鉴"外来理论"研究成果。在对"外来理论"的态度上，即便是诸如"整体政府"等"外来理论"在理论发展脉络上并不属于我国"本土化"的理论体系，我们仍然看到这些"外来理论"在发达国家治理实践中产生的巨大成效以及在理论创造上的诸多建树。即便是我国的政府体系、政府结构以及市场经济环境、社会发展环境与发达国家存在诸多差异，我们仍要承认不管是在发达国家还是在我国，部门间协调问题、民众对政府提高公共服务水平、提高治理能力的迫切需求等，都是一致的。因此，不可否认，"整体政府"等外来理论的一些理念、原则、方法的普适性成分，特别是在理念层面，它们对于提升政府治理能力、强调公共价值、强调政府部门整合等方面为我们提供了非常好的经验。在价值意义上，这些应当是所有现代社会中的政府所应当共同追求的；在现实意义上，"治理"问题不仅是发达国家政府所面对的，也是我国政府所面对的现实问题。这些"外来理论"的实践经验也为我们提供了反思当前我国政府改革的良好素材。特别是在市政公用事业跨部门合作治理之中，这些外来理论对公共价值的强调恰好符合了市政公用事业的本质属性——公共性，即为了实现公共价值而进行的部门间整合与合作，也为解决我国市政公用事业跨部门合作治理提供了良好的实践与理论借鉴。因此，至少在价值取向方面，外来理论是非常值得我们学习的。

在基本明确了价值取向之后，我们该以何种思路来审视跨部门合作问题？

如前文所述，"治理"态势的到来，已经是一个必然的趋势，它要求政府—市场—社会三者之间，以及三者内部，生发出多主体参与的、共同协商的治理模式。但必须明确的是，这并没有否定政府内部部门分工的必要性，也就是说，即便是"整体政府"，也并不会把政府部门间的界限抹杀掉，让整个政府形成"铁板一块"，再无分工存在。"治理"态势对政府的要求，并不是取消分工，而是要在合理分工的基础上，产生一种能跨越由分工而产生的部门间障碍的机制，尽量避免合作困境的发生，使部门间合作变得容易发生、经常发生、主动发生。因此，就这一点来看，对"分工合理化"的研究仍属必要，如何科学合理的安排政府部门的职能、权责，仍然是我国政府改革实践与理论研究所必须面对的问题，在这个意义上，传统研究对"制度"的强调，仍然有非常重要的意义。

在此基础上，对合理分工以及合作机制的研究，应突破单一的"制度"取向。如前文所述，以制度为中心的研究进路在解释并解决政府跨部门合作的问题上存在一定的局限性，而同样，如果我们舍弃制度，仅仅从个体间理性行为的相互作用入手，去研究合作困境产生的原因并寻找出路，也是不足的。从研究思路上来看，传统研究对制度的看重，从制度的角度去研究合作机制的问题，实际上是一种"自上而下"或"自外而内"的路向，即从结构的角度来解释合作机制的问题；而"治理"所强调的多中心参与、平等协商等理念，并以此视角来研究合作问题，则是一种"自下而上"或"自内而外"的路向，即从参与者本身的理性行为的角度来解释合作机制的问题。从组织社会学研究的一些新成果来看，这两个路向对合作机制的解释可能都不是完全的。正如法国组织社会学决策分析学派学者米歇尔·克罗齐埃和埃哈尔·费埃德博格指出："行动者的行为永远不可能被简化为科层结构的约束，事实上，他们的行为是一种个人'加工'（tinkering）的产物，他们既从统一性的科层结构中获取要素，也从局部交互作用和交换中出现的策略性机遇中获取要素，然后将其融入到原有的格局（original arrangement）之中，这些'加工'，或者布局安排，通过各种物质的和非物质的机制（device），经由不断重复，被整合为日常惯例，并被制度化。但是，他们仍然具有不稳定性或潜在的不稳定性。"[①] 也就是说，实际上行动不仅受制度体系影响，也受行动

———————
① ［法］埃哈尔·费埃德博格：《权力与规则——组织行动的动力》，上海人民出版社 2005 年版，第 8 页。转引自马伊里：《合作困境的组织社会学分析》，上海人民出版社 2008 年版，第 78 页。

者策略选择影响，更进一步，这两方面并不仅仅是相互叠加、相互影响的，更是相互构造、相互形成的（见图4.6）。

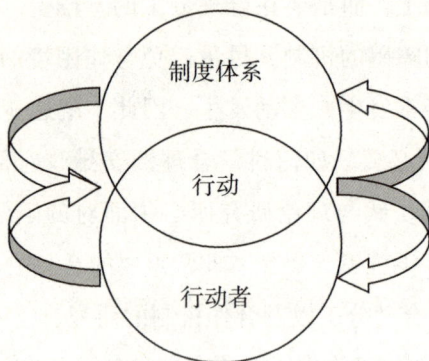

图4.6 制度体系—行动—行动者之间的相互作用

因此，应当整合传统研究的"制度"取向与对行动者本身的关注，从"制度—行动者"的角度出发，将合作视为多个行动者在某种制度体系与组织结构安排下，围绕某项事务共同展开行动的过程。于是，就要从两个方面去理解合作行动：首先，合作中的行动者总是或多或少处于一定的制度体系之中，这些制度体系是预先设定、相对稳定的，行动者的行为都受到制度体系的约束，并处于一定的由制度体系所形成的组织结构之中，这呈现出一种井然有序的结构；其次，合作行动中的行动者又处于一种"行为交互"之中，异质性的行动者相互协商、相互对峙，通过个体的策略选择形成不同的行动，行动的相互碰撞、交织使得合作顺利发生或产生合作困境。由于博弈过程的复杂性、个体行为动机的多样性，这一交互过程又呈现出非常复杂的"无序"状态。合作行动的发生，乃至任何在组织行动的发生，都是"有序"与"无序"两种状态的交错整合，要想深入理解合作困境的产生以及如何实现有效的合作，必须从"制度—行动者"的角度入手。

第三节 市政公用事业跨部门合作治理的困境分析

以上内容论证了我国在市政公用事业中实现跨部门合作治理的必要性，

合作治理：市政公用事业发展模式研究

整理、评价了国内外学者在政府跨部门合作治理领域取得的一些研究成果，并提出了理解分析合作困境的"制度—行动者"研究视角。为了能更好地理解我国市政公用事业跨部门合作治理所面临的现实困境，我们选取了济南市地下管线的建设与管理工作作为典型案例进行了深入调研。之所以选取济南市为例，固然有方便的原因，但更多的是因为济南市近几年藉由全运会、东部新城建设、西部城区开发等契机，城市化速度较快，新城建设与旧城改造规模较大，市政公用事业快速发展过程中浮现的问题也越来越多，尤其是地下管线的建设与管理是一个颇为头疼而又不得不面对的问题，这就使得济南市具有比较典型的代表意义。我们将以济南市地下管线建设与管理为切入点，分析济南市市政公用事业局面临了哪些难题，遭遇了哪些困难，并尝试分析这些问题与困难背后的深层原因，以期获得对市政公用事业跨部门合作治理较有普遍意义的理解。

一、市政公用事业跨部门合作治理所面临的问题——以济南市地下管线建设与管理为例

为了能够对问题有一个较为全面的把握，有必要对济南市市政公用事业局目前地下管线建设与管理的情况进行简要介绍。

据统计，截至 2010 年，济南市各类地下管线总长已超过 7000 公里，其中供水管道 3294 公里，热力管道 1173 公里，燃气管道 3300 公里。[①] 随着城市发展及城镇化进程逐步推进，济南市地下管线总长还在不断攀升，管辖复杂程度也在逐年提高。

近年来为了引入国内外先进城市的经验，济南市在地下管网建设中也引入了"共同沟""综合管廊"方法，并进行了一系列试点工程建设。例如：2001 年泉城路建设项目进行了地下综合管廊建设，工程全长 140 米；2009 年为承办第十一届全运会建设奥体中心项目时，在奥体中心附近及旅游路附近也实施了共同沟建设；而目前济南市最大的地下综合管廊项目为 2011 年始建

---

① 参见柴颖颖：《济南堵"漏"》，载《舜网——济南时报》，2013 年 11 月 25 日，http://jnsb. e23. cn/shtml/jnsb/20131125/1217521. shtml.

的二环西路综合管廊工程，该工程全长约4740米，2013年6月完成管廊主体建设，2013年8月完成廊内电力管线施工并于当年9月通电运行，廊内其他管线仍在逐步建设启用中，该综合管廊的设计预计可以满足未来周边城市发展30～50年的需要。[①]

按照政府部门的职能分工，济南市地下管线建设、管理主要由市政公用事业局内设的市政设施建设处（下文简称建设处）、市政设施管理处（下文简称设施处）、发展规划处，以及局属济南市政公用资产管理运营有限公司（下文简称资产运营公司）负责（见表4.2）。这几个处室及公司的具体职能为：

表4.2   济南市地下管线建设管理相关部门职能

机构	职能（仅列举与地下管线建设管理有关的职能）
建设处	……会同有关部门拟定城市道路红线内地上和地下空间资源利用规划并组织实施；监督管理市政设施建设与改造；组织协调城市道路地下市政管线的建设和管理；……
设施处	……负责临时占用、挖掘城市道路的审批及挖掘现场的恢复管理；负责依附于城市道路建设各种管线、线杆等设施的审批；参与新建、改建、扩建市政工程设施的设计审查、竣工验收和移交的组织协调工作；……
发展规划处	……拟定市政公用行业发展规划和年度计划并组织实施；参与编制市政公用行业专项规划；负责市政公用行业信息化建设；……
资产运营公司	公司以市政公用资产（包括城市道路地上、地下和城区河道空间资源：道路、桥梁、地下管线、综合管沟、河道湖泊、加气站、加油站、充电站、污水处理及其相关资产与设施、广告等）的管理、经营、租赁和建设为主……

另外，地下管线的建设与管理还涉及济南市规划局、济南市城建档案馆（隶属于济南市建委）、济南市发展改革委、济南市财政局等部门。同时，依据《山东省人民政府关于贯彻落实国发〔2013〕36号文件进一步加强城市基础设施建设的实施意见》（鲁政发〔2014〕13号）及其对重点任务的分工及安排，山东省内城市地下管线的建设与管理又由省住房和城乡

---

① 参见齐鲁晚报：《二环西路综合管廊全国第一》，载《齐鲁晚报·数字报刊》，2013年10月9日，http://epaper.qlwb.com.cn/qlwb/content/20131009/ArticelC07002FM.htm.

建设厅等六个省属部门负责。① 当然，由于地下管线要交予管线使用单位使用，与地下管线建设、管理相关的部门还包括济南市市政公用事业局局属的数家水务、燃气、热力、热电、排水等公司以及广电、网通、电信、国家电网等大型国有企业以及公安、军队等诸多地下管线的使用者。

于是，从组织机构上看，围绕地下管线建设与管理，形成了一个以市政公用事业局内设的三个处室、一个局属企业为核心的，旁涉济南市政府相关部门、诸多市政公用事业局局属企业、数个大型国有企业、相关省级政府机构乃至军队的综合网络。这个网络既包含政府部门，又包含各类企业，同时，地下管线能否正常、安全运行，对城市居民生活有着深远影响。因此，地下管线的建设与管理实际上已经形成了"政府—市场—社会"互动的"治理"态势。

在这张合作治理网络中，虽然有诸多企业的参与，它们应当按照市场规则运行，以"政府—市场"的关系角色参与到治理中来，但由于这些企业往往都是国有企业，有着浓郁的"政府背景"，因此并非纯粹的"政府—市场"的关系，其中掺杂了政府部门间关系的因素，这是市政公用事业合作治理的特点之一。

地下管线建设、管理工作涉及如此多的部门、机构，在对济南市市政公用事业局建设处、设施处、发展规划处及资产运营公司工作人员的访谈过程中，我们发现济南市地下管线的建设与管理仍然较为混乱，存在着比较大的问题，依照受访对象提供的材料，这些问题归纳起来大致有如下几个方面：

（一）法规缺失，部门行动依据不足

地下管线建设与管理以及地下空间管理的相关法规缺失是受访人员反映最集中的问题。法规缺失集中体现在：虽然各级政府都在"重视"地下管线建设与管理工作，从国务院、建设部到省级政府部门，都出台了一系列"意见"，如建设部 1998 年建规〔1998〕69 号《关于加强城市地下管线

① 参见《山东省人民政府关于贯彻落实国发〔2013〕36 号文件进一步加强城市基础设施建设的实施意见》，载中国山东网站：http://www. shandong. gov. cn/art/2014/6/27/art_3883_4723. html.

规划管理的通知》、2010 年建质〔2010〕126 号《关于进一步加强城市地下管线保护工作的通知》、2013 年国务院国发〔2013〕36 号《国务院关于加强城市基础设施建设的意见》、2014 年国务院《国家新型城镇化规划(2014~2020 年)》、2014 年国办发〔2014〕27 号《国务院办公厅关于加强城市地下管线建设管理的指导意见》、2013 年鲁政发〔2013〕74 号《山东省人民政府关于加快城市市政公用事业改革的意见》、2014 年鲁政发〔2014〕13 号《山东省人民政府关于贯彻落实国发〔2013〕36 号文件进一步加强城市基础设施建设的实施意见》等,但济南市政府一直没有制定、颁布正式的地下管线管理办法,这种情况不仅发生在济南,亦发生在许多其他城市;同时,国家在地下管线管理、地下空间管理等方面亦缺乏相应的法律法规。地方法规的缺失、顶层设计的空白,导致了在提倡"依法行政"的背景下,地下管线迫切要"管",但却无法可依、无从管起的尴尬局面。

法规缺失还导致了部门职能虚设的问题。据受访人员反映,济南市地下管线建设与管理虽然名义上属于市政公用事业局设施处的职能,但在实际运行中,这个职能是"悬置"的。一方面由于缺乏行使职能所必须依据的法规;另一方面上级的各类"指导意见"又指定了许多其他部门来负责这件事情,这就导致了设施处在履行地下管线建设与管理职能时"名不正言不顺"。而类似于国内某些城市(如上海)设置专门的地下管线管理机构负责城市地下管线的整体设计、施工、管理的做法①,在济南也没有实现。因此,由谁负责城市地下管线的建设、管理,仍然是个很大的问题。

(二) 协调不畅,部门间缺乏有效合作

部门间协调问题发生在多个层面上。例如,与规划部门缺乏有效的协调,许多地下管线工程施工在缺乏相应的规划手续下就完成了,导致了地下管线施工混乱的局面;与国土资源部门缺乏有效的协调,济南全市只有

---

① 上海市路政局在整合归并上海市市政工程管理处、上海市公路管理处和上海市道路管线监察办公室的基础上于 2012 年 4 月 27 日成立,统一组织实施本市城市道路和公路管理、路政执法和道路管线监察。参见沈文林:《上海市路政局成立道路管理路政执法管线监察三合一》,载新华网,2012 年 4 月 27 日,http://news.xinhuanet.com/legal/2012-04/27/c_123049099.htm.

一条道路有明确的土地产权，其他的大小道路均无"土地证"，产权无法明晰导致了市政公用事业局无法以产权人的身份实施道路下敷设的地下管线管理；与发展改革委、财政部门也存在协调难题，合理的地下管线敷设需要大量的资金，但这部分资金由谁来承担，仍不明确，转嫁给使用地下管线的企业，又会给相关企业造成相当大的财务压力……

同时，对城市化过程中，新开发片区的地下管线建设、管理工作，市政公用事业局并无有效的约束手段，仅能以"业务指导"的身份参与，建设、管理的最终决定主体仍然是这些新开发片区的政府机构，这也造成了全市地下管线网络无法实现统一规划、统一建设、统一管理的难题。

另外，与一些"垂直管理"部门间的协调也有相当大的困难。在市政公用事业的供给企业中，一部分隶属于市政公用事业局，但还有一些是实行中央到地方垂直管理的，地方政府部门对其无管辖权（如国家电网），这类企业依其垄断地位，为了减少企业运营成本、实现收益最大化，当需要使用地下管线时，往往拒绝出资参与建设而将资金压力转嫁给地方政府或用户。

（三）规划落后，前瞻性不足

由于地下管线是市政工程的一部分，其建设施工都要依规划进行，于是规划是否合理、是否能适应城市未来发展需要就成为了地下管线能否良好运营的前置条件。但目前的情况是，作为地下管线的"专门规划"与城市发展的"城市规划"存在着冲突。以济南东部新城建设为例，为了配合2009年第十一届全运会举办，济南在东部新城进行了大规模的道路建设，但由于当时缺乏统一的热网规划，未能考虑未来城市发展的需要，东部新城建设时没有进行供热管网敷设。待全运会闭幕后，道路建设已经完成、其他地下管线已经敷设完毕的情况下，为了满足日益提高的城市居民供暖需要、实现供热"汽改水"，才开始进行供热管网的规划建设。而这一举动对东部新城道路带来了巨大的影响，用受访人员的话说，"全运会时东部新城建了多少路就要挖开多少路"，既造成了大量的重复施工、资源浪费，又给城市居民生活带来了诸多不便。这个案例集中反映了我国城市建设"重地上、轻地下"的弊病。城市规划中缺乏"专门"地下管线综合规划，以及仅考虑眼前，未能立足于城市发展的长远需求来规划设计地下管线，目前已经成为了我国城市发展面临的一大障碍。

（四）资金匮乏，经营负担重

目前，"共同沟"或"综合管廊"作为发达国家已经采用并取得良好效果的一种地下管线敷设管理方案，经常被媒体、学者以及政府提及。《山东省人民政府关于贯彻落实国发〔2013〕36号文件进一步加强城市基础设施建设的实施意见》（鲁政发〔2014〕13号）明确提出："城市新建道路、新区建设和集中连片的旧城改造，要采取综合管廊模式建设地下管网。到2015年年底，全省城市综合管廊长度达到300公里以上，到2020年年底达到800公里以上。"[①] 但问题是，"共同沟"或"综合管廊"是否适应我国城市发展的需要？这种解决方案的诸多益处不必列举，但其弊端之一——极高的投资费用已经使其应用受到很大局限。据受访人员估算，济南二环西路次干道修建时，地下管线采取了"共同沟"方案，其建设成本约为每公里5000万元，几乎与地上道路铺设成本持平，从资金投入方面，相当于多修了同样距离的道路，这种建设成本在旧城改造中因原本的地下管线、建筑的地下部分错综复杂，会变得更高；而"共同沟"的管理费用，也是非常高的。目前济南市已经建成的"共同沟"仍然是免费进入、免费使用，使用者不承担维护成本与建设成本，但未来一旦正常运营，势必要考虑成本—收益问题，即便是不考虑盈利，将地下管廊租赁给使用者，所回收的费用也很难弥补"共同沟"的建设、维护成本。

即便是不使用"共同沟"，仅按照当前的埋管模式进行地下管线敷设，地下管线的经营也存在矛盾。这种矛盾体现在，一方面目前济南市要求地下管线的规划建设要考虑未来20年的城市发展需要，管线的容量等参数的设计必须能满足未来20年的使用需求，这就要产生巨大的建设成本；另一方面，对于管线使用者来说，巨大的建设成本、使用成本并不能在短时间内收回，势必会造成使用者巨大的财务压力，因此使用者更倾向于按照目

---

① 《山东省人民政府关于贯彻落实国发〔2013〕36号文件进一步加强城市基础设施建设的实施意见》，载中国山东网站：http://www.shandong.gov.cn/art/2014/6/27/art_3883_4723.html.

前的需要，或者仅考虑未来 3～5 年的需求来敷设管线。也就是说，一方面是地下管线建设内在的超前性所带来的巨额一次性投资要求，另一方面是地下管线使用者必然的成本考虑，这两者之间发生了矛盾。这种矛盾如何解决？现在仍然没有好的方案。

因此，不论采取"共同沟"还是传统方式，地下管线建设资金由谁来投入？建设完成后如何经营？成本由谁分担？都是目前城市地下管线建设、管理面临的巨大问题。

（五）观念陈旧，忽视长远利益

据受访人员反映，在 2010 年 7 月 28 日南京市栖霞区地下燃气管线爆炸事故发生后，全国掀起一波重视地下管线建设的浪潮，许多城市以此为契机制定了地下管线管理办法、建设了数字化信息化地下管线管理平台等，但这种"热情"并没有持续多久，在许多城市也没有取得实质性成果，多是文件出台后未能有效"落地"。以后的每一次地下管线事故，都能引发相关部门的此类"热情"，但我国城市地下管线建设管理工作并未见实质性改善。这种"运动式"行政方式并不能适应当前地下管线建设、管理的需要，究其根源，仍然是因为对城市发展的"地下"工作不够重视，未能充分意识到地下管线建设、管理在市政公用事业中的重要地位及其对现代城市的支撑和引导的重要作用。政府在推动城市发展、投资城市建设时，仍然只注重地上"看得见"的部分，注重短期利益的得失，而对地下"看不见"、需要长期投入大量精力、财力来进行建设，却又难以在短时间内看到收益的管网系统，倾向于忽视或"做做样子"。

二、市政公用事业跨部门合作治理的困境分析

地下管线建设与管理是市政公用事业比较有代表性的一项事务，它牵涉到了政府部门内部处室间的合作、同级政府不同部门间的合作、上下级政府间不同部门的合作等一系列跨部门合作问题，同时也牵涉到了政府部门与带有浓郁"政府背景"的市政公用企业的合作问题，下面将从价值文化、制度、组织、技术等视角对跨部门合作中所遭遇的困境进行分析，以期寻找市政公用事业乃至政府跨部门合作治理困境中具有普遍意义的因素。

（一）价值与文化困境

正如美国学者尤金·巴达赫所指出："似乎官僚主义文化的所有特点都与跨部门合作格格不入。合作精神注重平等，适应性，自由裁量和最终结果；官僚主义敬奉等级，稳定，服从和程序。要想从处理机构事务的现有方式转向更具合作性的方式，行动者们必须至少是暂时地放下一些官僚作风。"① 这个论断一针见血地表明了文化在实现跨部门合作治理中的重要性。

文化这一词具有丰富的含义，在本文中，文化主要指与明文制度相区别的、在一定的经济、政治、社会、制度环境中形成的、能够潜移默化地影响个人及组织行为的一系列不成文的、心照不宣的价值判断及行为规范。在现实中，它可以体现在两个方面：在某个情境下进行价值判断与行为选择；形成一种个人乃至组织的"行事方式""动作路径"等。

文化依据起作用的范围可以有不同的分类，大到影响整个国家民族的"国家文化""民族文化"，小到一个部门内部形成的"部门文化"。必须要注意的是，人们通过"文化"形成的价值判断，往往与明文制度所声称的人们应当遵守的价值判断或组织应当具有的价值取向是不同的，而且，前者的作用往往比后者要大。也就是说，人们可以通过明文声称自己按照某种价值取向行事，但实际上根本不是这样，而是按照某种"心照不宣"的价值取向行事的。

从一个宽泛的意义上来看，文化有时又被学者称为"软制度"，虽然表面上看来，文化的作用处于相对次要的地位，但我们并不把文化作为影响跨部门合作的次要因素。文化的培养、形成、改变要比制度的改变困难得多，人们可以通过一定的法定程序改变制度，制度的改变可以很快发生作用，但"文化"却并没有一个明确的"程序"可以随时改变，文化的改变往往需要长时间的引导与培育，文化一旦形成，它的持续时间、作用范围、稳定性都比制度要强。在发达国家跨部门合作相关研究中，文化因素普遍

---

① ［美］尤金·巴达赫：《跨部门合作——管理"巧匠"的理论与实践》，周志忍、张弦译，北京大学出版社 2011 年版，第 178 页。

受到重视。

根据周志忍、蒋敏娟等学者的观点①，我国目前所提倡的社会文化是"集体主义"文化，表面上看，"集体主义"有利于跨部门合作，但实际上这种看法并不一定成立，因为在集体主义文化下，"集体"往往并非"公众"，而往往是机构、部门内部的"小集体"，在这种"小集体主义"文化下，机构、部门的行动方式更倾向于维护小集体内部的利益而非实现合作。同时，我国的社会文化还有"温情主义的关系文化"特征，在这种关系文化下，"熟人之间的疏通有时比按组织规矩办事能更快解决问题"②，这种文化或许能促进某些情境下的跨部门合作，但"关系文化基础上的协同会带来制度规则的软化甚至虚化，造成非制度化和人治的恶性循环"③。

文化的作用很大程度体现在它塑造了个体及组织的价值取向。按照市政公用事业的定义，市政公用事业有一个重要的属性：它是基于公共利益的，因此，对公共利益的追求应成为市政公用事业理所当然的价值取向。这一价值取向，并不仅仅由市政公用事业主管部门坚持，更应当成为政府各部门的共同追求，在当前"服务型政府"的行政体制改革导向下，这一点显得尤为重要。在"服务型政府"的改革理念中，"供给公共物品和服务是服务型政府有限职能中义不容辞的责任。服务型政府的指导理念和市政公用事业的内涵和特性及其地位和作用决定了政府是保证市政公用事业物品或服务充分、优质、有效供给的最终责任人"④。

而缺乏对"公共利益"的共同追求，往往是导致市政公用事业跨部门合作出现困境的重要因素之一。在"部门利益"大于公共利益，或者未能

① 参见周志忍、蒋敏娟：《中国政府跨部门协同机制探析——一个叙事与诊断框架》，载《公共行政评论》2013 年第 1 期，第 114 页。

② 周志忍、蒋敏娟：《中国政府跨部门协同机制探析——一个叙事与诊断框架》，载《公共行政评论》2013 年第 1 期，第 114 页。

③ 周志忍、蒋敏娟：《中国政府跨部门协同机制探析——一个叙事与诊断框架》，载《公共行政评论》2013 年第 1 期，第 114 页。

④ 曹现强、贾玉良、王佃利：《市政公用事业改革与监管研究》，中国财政经济出版社 2009 年版，第 44 页。

将公共利益作为"部门利益"来追求的情况下，往往会出现合作困境。这种困境尤其容易发生在市政公用事业主管部门与一些实行中央垂直管理的部门的合作过程之中。

因此，如何确立对"公共利益"的共同追求，以及建立包含信任、共同目标、合作意愿等因素的"合作文化"，对于能否实现市政公用事业跨部门合作治理至关重要。

（二）制度困境

不同视域下的"制度"概念有较大差异。从对济南市市政公用事业局工作人员的访谈中可以看出，作为"依法行政"语境下的公务员，对"法规""文件"的关注程度非常高，我们将这些所谓的"法规""文件"等，视为"制度"。这些制度往往是由政府颁布的正式文件，它们可以表现为行业法规、管理条例、指导意见等等，从功能上可以将制度分为两类：第一类制度以部门为中心，规定了部门的职能、权责等，可称之为"面向部门职能的制度"；第二类制度以具体事务为中心，规定了在某项事务中，哪些事情应该做，哪些事情不应该做，以及这个事务都由哪些部门负责等，可称之为"面向事务的制度"。根据制度对职能、权责或事务的许可态度，可以做如下分类（表4.3）：

表4.3 制度分类

	许可态度					
职能	必做	应做	可做	无要求	不必做	不应做	禁止做
事务	要求	鼓励	支持	无要求	不反对	不鼓励	禁止做

按照这种分类方式，面向部门职能的制度和面向事务的制度都可以形成制度的"促成—约束谱"，针对部门职能的制度形成的"促成—约束谱"可以称之为"职能谱"，其两端分别是"必做"——表示此项职能是该部门必须完成的——与"禁止做"——表示此职能是该部门严禁做的。针对事务的制度形成的"促成——约束谱"可以称之为"事务谱"，其两端分别是"要求"——表示为了实现此事务，相关部门必须做某事——与"禁止做"——表示为了实现此事务，相关部门不得做某事。应该指出的是，

"职能谱"与"事务谱"都是连续的，为了方便描述，将其分别分为七种态度，但相邻态度之间是连续而并非离散的。例如依照具体制度的表述不同，可以存在"必做"与"应做"之间的态度，也可以存在"不鼓励"与"禁止做"之间的态度。

如果为不同的态度赋正负值，并将制度职能谱和事务谱分别作为横轴与纵轴进行交叉排列，我们可以发现制度困境有可能出现的情况（表4.4）。

表4.4　　　　　　　　　制度职能谱与制度事务谱交叉表

事务谱 ＼ 职能谱		必做 ＋	应做 ＋	可做 ＋	无要求 0（Y）	不必做 －	不应做 －	禁止做 －
要求	＋	＋＋	＋＋	＋＋	0＋	－＋	－＋	－＋
鼓励	＋	＋＋	＋＋	＋＋	0＋	－＋	－＋	－＋
支持	＋	＋＋	＋＋	＋＋	0＋	－＋	－＋	－＋
无态度	0（X）	＋0	＋0	＋0	00	－0	－0	－0
不反对	－	＋－	＋－	＋－	0－	－－	－－	－－
不鼓励	－	＋－	＋－	＋－	0－	－－	－－	－－
禁止做	－	＋－	＋－	＋－	0－	－－	－－	－－

如果以制度事务谱"无态度"为 X 轴，以制度职能谱"无要求"为 Y 轴，可以将此表格分为四个象限，在这四个象限中，每个格表示：针对某一项具体事务，面向事务的制度与面向部门职能的制度对其做出了何种态度的要求，以及这两个方向态度的"合力"是什么。

这四个象限分别代表了这样四种情况：在第一象限中，面向部门职能的制度规定了该部门不必、不应或禁止做某事（负态度），但面向事务的制度却持相反的态度，支持、鼓励或要求该部门做这些事情（正态度）；第二象限中，面向部门职能的制度与面向事务的制度态度一致，都是负态度；第三象限中，两类制度的态度冲突，面向部门职能的制度持正态度而面向事务的制度持负态度；第四象限中，两类制度的态度一致，都持正态度。因此，只有在第二、第四象限中，两类制度针对某件事情的态度是一致的，可将其成为"制度正常"情况；而第一、第三象限中，两类制度针对某件事情的态度产生了冲突，可称为"制度冲突"情况。

　　除了这四个象限之外，还有另外三种情况：X 轴和 Y 轴分别处于两类制度规定的空白状态，在 X 轴上，不论面向部门职能的制度如何规定，面向事务的制度都没有具体说明在某事务中，某部门应当如何行为。这种情况与济南市地下管网建设与管理面临的障碍非常相似。就部门来说，市政公用事业局下辖设施处、建设处、发展规划处以及局属资产运营公司，确实应当负责地下管网建设与管理工作，但由于行业法规缺失，导致这些部门虽有职能，但职能的行使却"无法可依"，这种情况可称为"空有职能"；在 Y 轴上，不论面向事务的制度如何规定，但具体部门职能设置并未提到此项业务是否归属于该单位，由于部门运行最终以部门职能设置为准，这就导致了这些面向事务的制度在某个环节上"无法落地"，虽然指定了某个部门负责，但该部门却无法肩负此责任，这种情况可以成为"空有事务"；在 X 轴、Y 轴交点上，则出现了制度的"绝对真空"，两类制度都未针对某项事务做出任何规定。这三种情况可以归类为一种，即由于两类制度中的一类或全部都未对某事务进行规定，则产生该事务或指定部门无法负责，或有部门负责但"无法可依"，或既无部门负责又"无法可依"的情况，可以统称为"制度空白"。

　　以上三种情况：制度正常、制度冲突、制度空白，是针对单一部门或单一事务而言。政府跨部门合作需要至少两个部门参与，以两个部门为例，各部门可能面临的三种制度情境以及其相互关系（见表4.5）。

表4.5　　　　　　　　部门间合作时面临的制度情境及相互关系

部门 A 制度情境＼部门 B 制度情境		部门 A		
		制度正常	制度冲突	制度空白
部门 B	制度正常	制度正常	制度冲突	制度空白
	制度冲突	制度冲突	制度冲突	制度冲突
	制度空白	制度空白	制度冲突	制度空白

据此，参与合作的部门所面临的制度情境之间的相互关系结果大致可以有如下三种：

当两个部门都处于"制度正常"的情境中时，它们之间的合作也处于"制度正常"的情况。例如，制度对部门 A、部门 B 的职能都有清晰的规定，同时，面向某事务的制度规定，部门 A 与部门 B 当在其职能范围内就此事务进行合作。

当两个部门其中有一个处于"制度冲突"的情境中时，它们之间的合作往往也面临着"制度冲突"。这时，不论另一个部门是处于何种制度情境下，由于该部门在某事务的合作上面临制度冲突，都会引起合作的"制度冲突"困境。

当两个部门其中一个处于"制度空白"情境中时，若另一部门处于"制度正常"或"制度空白"，那么这两个部门在某事务的合作上就会面临"制度空白"的困境。

更多部门的合作与此类似，这里不再罗列。以济南市地下管线建设与管理为例，在受访者反映的诸多问题中，最大的问题基本是因"制度空白"引起的合作困境，住房和城乡建设部、省级政府对地下管线建设与治理工作都有相关的"指导意见"，市政公用事业局的内设处室名义上也有地下管线建设与管理的职能，但由于缺乏行业法规，导致这项职能无法正常落到实处，市政公用事业局也无法与其他相关部门进行有效合作来规范地下管线的建设、管理工作。

表面上看，当"制度空白"及"制度冲突"存在时，有效的合作便无法发生，但问题在于：其一，是否在合作各方均处于"制度正常"的情境中，合作困境就能得以避免，合作事务就能顺利完成？其二，在存在"制度空白"甚至"制度冲突"时，是否合作困境就一定存在，合作就一定不能发生？

对于第一个问题，由于各部门的"制度正常"只能保证面向部门职能的制度与面向事务的制度是一致的，但逻辑上，合作中还存在这样一些问题，例如各部门的职能并不能完全覆盖合作事务的所有环节与要素，或合作需要的部门职能在该部门的所有职能中并不占主导地位，或部门间工作效率、工作进度安排不同等，都会影响合作的顺利进行。各"制度正常"的部门在合作中所呈现的"制度正常"并不一定能够符合合作的需要，因此，"制度正常"并不能保证"合作困境"的消除。

对于第二个问题，"制度空白"与"制度冲突"确实导致了大量的"制度性"合作困境，但即便是这种"制度性"合作困境存在，济南市市政公用事业局仍然在地下管线建设与管理工作中进行了很多合作尝试。在地下管线建设与维护上，济南市市政公用事业局采取了两个办法："圆桌法"与"系统规模化"。这两个办法是相互结合的，即当某条道路下，有一根管线需要刨掘时，就要召集该道路下所敷设的所有管线的使用单位进行"圆桌会议"，研究是否其他管线也有刨掘需要，并统一安排施工。该办法在一定程度上避免了以往各管线使用单位各自为政、缺乏配合而造成的道路反复刨掘的情况。这种措施是非常典型的在缺乏制度支撑的"制度空白"情况下实现的部门间合作。因此，即便是存在"制度性"的合作困境，跨部门合作仍然是有可能发生的。

综上所述，由制度造成的跨部门合作困境确实存在，主要体现在"制度冲突"与"制度空白"上，制度冲突导致部门在行动时，不论按照哪一类制度行动，总会违反另一类制度。在这种情况下，不行动成了部门最好的选择，而不行动所产生的责任完全可以归因为制度冲突。"制度空白"则容易产生部门行动"合法性"的问题，由于合作涉及多个部门共同行动，对于其中的某个部门来说，合作的最终效果是无法完全被自身掌握的，结果的不确定性与部门行动的"无法可依"导致：若行动结果良好，该部门可能不会得到激励；若行动结果不良，该部门很可能受到追责。于是，不行动或者消极行动也成了该部门最倾向采取的选择。

但必须注意的是，制度并不是导致合作困境产生的决定性要素，也不是保证合作顺利进行的"万能钥匙"。借用马伊里博士的研究成果：一方面"合作困境往往是以时隐时现的方式出现的"[①]，"针对同样的问题，某些时

[①] 马伊里：《合作困境的组织社会学分析》，上海人民出版社 2008 年版，第 105 页。

候机构间的合作会陷于困境，而另一些场合下困境却自动消失"①；另一方面，"在制度安排和产权结构不断作出调整的某些领域中，合作困境仍然顽强地存在，并且就其表现形式来说，几乎没有发生太大的变化"②。因此，"制度安排也许仅仅是导致合作发生危机的一种因素，在较为显性的制度安排之下，也许还隐含着一些更为深层的因素在对合作困境的生成产生重要影响"③，要解决合作困境，实现部门间的良好合作，仅靠诸如消除"制度冲突"与"制度空白"之类的制度调整，也是远远不够的。

（三）组织困境

跨部门合作的组织困境是指，发生在部门与部门之间的行动中的合作困境。这种困境与制度困境不同，制度困境往往在具体的合作事务中是静态的、作为"背景设定"而存在的，而组织困境则是处在动态变化之中的，在部门与部门之间的合作行动中出现的。

之所以将这类困境成为"组织困境"而不是"部门困境"，因为实际上这类困境的发生并不仅仅涉及部门，同时还涉及部门内部的参与合作的个体，仅用"部门"无法涵盖。

因此，这里的"组织"至少包含了两个层面：组织中的个人，以及由这些个人在一定的制度规定下形成的具有一定结构的组织整体。

从组织整体的角度讲，跨部门合作困境的产生机制主要是：制度赋予了组织一系列职能，组织依照其职能行为，当部门间需要合作时，实际上意味着组织要通过某些职能与其他组织发生合作。假设不存在前文所述"制度空白"的情况，那么这也就意味着，组织要将其有限的资源与其他组织共享，来完成某项合作任务。这时，由于参与合作的组织往往不存在"命令—服从"式的权威关系，能够拿出多少资源来进行合作往往与组织的此项职能与其他职能之间的关系有关，若合作所需职能在组织的众多职能之间并非重要职能，那么该组织必然要预留出更多资源以实现其其他重要

---

① 马伊里：《合作困境的组织社会学分析》，上海人民出版社 2008 年版，第 105 页。
② 马伊里：《合作困境的组织社会学分析》，上海人民出版社 2008 年版，第 106 页。
③ 马伊里：《合作困境的组织社会学分析》，上海人民出版社 2008 年版，第 109 页。

第四章　市政公用事业跨部门合作治理

职能，而由于参与合作的组织职能并不一致，合作对其具体职能的需要也不一致，这些组织能拿出多少资源来供给合作也不一致，这里的资源包括人、财、物等有形资源，也包括信息、权力、注意力等无形资源，不同组织间资源供给的不均衡就会导致组织间围绕着资源供给的紧张态势，这种紧张态势若无法妥善解决，参与合作的组织对资源供给无法达成一致意见，就会产生合作困境。而与此类似，合作收益与风险在组织间分配的不确定性，也会产生合作困境。

在组织整体层面的合作困境中，另有一类值得注意，这就是"协调机构"的设置问题。我国各级政府往往将设置各类"协调机构"作为解决跨部门合作问题的捷径，这类"协调机构"设置的逻辑往往是，既然各个部门在某项事务上无法实现有效的合作，那么就由某位行政等级较高的领导亲自"挂帅"，带头成立针对某事务的"协调小组"，"协调小组"成员往往由需要合作的各部门领导组成，这样，本来的跨部门合作问题，摇身一变成为了一个"协调机构"部门内部的问题。据新闻报道，2014 年群众路线教育实践活动中，全国共砍掉 13 万个"协调机构"①，由此可见各级政府对这种"捷径"的热衷。这种"协调机构"表面上看，似乎消解了跨部门合作问题，在某些事务上也取得了一定成果，但实际上"协调机构"的设立并未真正解决组织间合作困境产生的机制，甚至还引入了新的参与者使得合作困境更为复杂。在现实中，这类"协调机构"往往也沦为"开开会、点点名、出文件"，做出"协调"的样子，但并不能解决实际问题的冗余机构。

从组织中的个人角度讲，跨部门合作困境的产生机制主要是：跨部门合作最重要是靠组织中的个人之间的互动来实现。在合作中，个人至少以三个不同的身份行动：第一，他要为合作而行动，在与他人的互动中围绕合作事务而行动；第二，他作为他所在的组织的一员而行动，这就牵涉到他在组织中的位置、他在组织中的权力、他对组织利益的考量等；第三，他作为个人而行动，这就牵涉到他的个人价值取向、行为方式以及对自身

合作治理：市政公用事业发展模式研究

---

① 《全国砍掉 13 万个馒头办生猪办等"协调机构"》，载新华网，2014 年 10 月 22 日，http://news. xinhuanet. com/local/2014－10/22/c_1112934246. htm.

利益的考量等。那么，这三个（至少）身份究竟如何对他的行动产生影响，如何影响他在合作过程中的表现与具体行动，他是积极促成合作，积极与他人分享资源、信息，抑或是消极对待合作，甚至拒绝合作？就成为了一个涉及组织中个体行为的非常复杂的问题。但可以肯定的是，在跨部门合作中，组织里的个人是依照某种策略行动的，这种策略不一定是完全合乎"理性人"的，即不一定仅以自身利益最大化为价值追求，它受到文化、制度、组织结构等一系列复杂因素影响，最终形成于个人的社会实践过程中，而且，它会发生变化，某个行动策略可能延续到下一次的类似行动中，也可能在下一次类似行动中被改变。一旦合作情境中个人的行动与合作的目标产生了冲突，或个人的行为使得合作的其他参与者产生了负面的态度或行动，就会导致合作困境。

（四）技术困境

这里的"技术"主要指现代信息技术，通过对"整体政府"及相关理论的梳理，我们可以看出，现代信息技术的应用已经成为当代政府改革的必由之路。"电子政府""电子政务"等理念的提出与应用，以及政府网站、部门网站的设置、各类数据中心、数据平台的建设，都是在试图将政府管理与现代信息技术相结合，以期提高政府的治理能力。济南市市政公用事业局目前有一套"数字市政系统"，这套系统结合 GIS 与物联网等技术，对济南市各类地上市政设施及地下管线进行综合检测。

从表面上看，现代信息技术的应用推动了地下管线建设、管理水平的提高，但如果深入分析技术与政府过程的关系，事情也许没有那么简单。

对现代信息技术的应用，最显而易见的原因是技术所带来的高效率以及对政府运营成本的节省。然而实际上现代信息技术给政府改革带来的冲击是多层次的，并非仅发生在对效率和成本产生影响这样一个较为浅显的层面上。这种冲击一方面体现在现代信息技术特别是计算机网络技术所体现出的扁平"网络"结构、对信息共享的要求、对开放部门边界的要求等一系列理念，甚至可以说，国外许多政府改革的理念，如"网络治理"等，都是受到计算机网络结构的启发而提出的，这些技术理念往往与传统的科层制政府体系的层级化、专业分工、部门间严格的职能区分相冲突。在这个意义上，在传统的政府结构体系中应用现代信息技术，实际上是在试图使两种完全不同的结构相互融合、相互适应，这种相互融合、相互适应就会使传统政府结构发生改变；另一方面，行政效率的提高也会引发一系列连锁反应，如行政理念的变革、行政方式的变革、决策过程的变革等。

现代信息技术对传统政府结构体系的冲击最终会迫使政府各部门在某种程度上打开边界，实现信息、数据、资源的跨界流动与共享，并推动政府跨部门治理格局的形成，但这个过程并非一帆风顺，现代信息技术的应用也存在"异化"的可能——即由推动信息共享的力量异化为加强"信息壁垒"，造成更深的"信息隔阂"的力量。

这是因为，目前现代信息技术的应用，仍然是在传统的政府结构体系下进行的，由于技术平台软硬件建设需要大量投资，而各部门在资金来源、资金分配上的不同，各部门"智力结构"的差异，对技术的看法不一，以及缺乏统一的数据格式协议等，导致各部门的信息化水平参差不齐，采用的软硬件技术、信息数据格式等无法统一。从部门内部看，信息技术的应用确实提高了行政效率，降低了行政成本，但这也强化了组织的现存结构和决策过程，这种情况进一步发展，当信息、数据资源以越来越快的速度在部门内部累积之后，由于缺乏部门间统一的信息共享协议、接口，会导致部门间的信息隔阂进一步加大，部门的"信息壁垒"进一步强化，使得部门间合作变得更加困难。表面上看这是技术问题，但实际上这根源于现代信息技术的内在结构需求与政府传统结构体系的冲突。在现实中，全国各城市都在建立市政公用事业主管部门的"数字市政系统"，但这些"数字市政系统"之间是否具有统一的信息共享协议、结构？这些越来越庞大的数据库中的信息资源能否与诸如规划、档案等部门实现流畅沟通？能否实现数据的开放、共享？"事实证明，如果政府组织结构不发生本质性变革，现代信息技术与传统治理方式的简单嫁接，结果之一也很可能是固化了现有组织结构和工作流程，进而构成对管理创新的更大障碍。"① 如何避免现代信息技术的应用发生"异化"，避免合作的"技术困境"的形成，

① 马伊里：《合作困境的组织社会学分析》，上海人民出版社 2008 年版，第 35 页。

合作治理：市政公用事业发展模式研究

使其能够真正成为推动政府跨部门合作治理局面形成的积极力量，是摆在人们面前的一道难题。

（五）合作困境的常态性及其意义

在以上的分析中，我们看到，跨部门合作困境至少会发生或可能发生在文化、制度、组织、技术四个层面上。合作困境产生的诸多原因中，一些是市政公用事业跨部门合作特有的，一些是普遍存在于政府跨部门合作之内的，甚至有一些是普遍存在于"合作"之中的。为了更深入的理解合作困境，我们必须追问这样一个问题：合作困境是可以避免的么？

要回答这个问题，必须寻找合作困境产生的根源。从"制度—行动者"的视角来看，在上述四类合作困境中，技术困境是否在很大程度上依赖于制度是否合理，文化因素亦可以被视为是制度体系的一部分，作为"软制度"的文化、价值体系与"明文制度"、被制度规定的组织结构一起生成了先在于行动者的、相对稳定的结构因素，并作为行动者的行动空间影响、制约着行动者的行动，这些因素构成了"制度—行动者"视角中"制度"的一极；而作为行动者的个人，以及作为行动者的由个人按照一定结构形成的组织，则构成了"制度—行动者"视角中"行动者"的一极。合作困境的出现也就出现在"制度—行动者"所构成的行动结构之中，产生于制度体系所表现出的"有序"与行动者所表现出的"无序"之间复杂而又深刻的矛盾之中。

那么，能否在"制度—行动者"这一行动结构中彻底根除合作困境？答案恐怕是否定的。一方面，虽然制度体系并非一成不变，它可以在行动中被不断"重构"，但它毕竟是相对稳定的，不可能随时变化。而行动者总是在行动中面临不断发展变化的现实世界，先在于行动的制度体系即便已经成功地实现了以往的合作，也并不一定能适应新的合作需求，"计划不如变化快"。从根源上来讲，制度体系是在行动中被建构出来的，由于行动者的理性并非完全理性，他对信息的获取、把握、控制以及在此基础上对事物规律的把握、对发展势态的预测都是不完全的、相对的，因此也就不可能制定出一劳永逸的"合作解决方案"，也就是说，合作行动所处的制度体系总是与现实的合作需要存在一定的距离与矛盾；另一方面，合作所涉及的行动者必定不只是一个，合作实际上是不同的行动者围绕着同一事务进行行动的过程，在这个过程中，充满了行动策略的博弈和调整，在这个意义上，合作与其说是一个静态的结构，不如说是一个不断生成的实践过程，行动者在这个不断生成的实践过程中获取资源、信息并赋予合作意义及合法性，而由于不同行动者在价值取向、行为方式、拥有的资源、信息等诸多方面不可能完全一致，不可能完全相互透明，彼此之间也并不一定能满足对方的需要，因此即便是在良好的制度体系下，行动者之间的交互也并不一定绝对能实现合作。也就是说，在"制度—行动者"的行动结构中，不论从哪一极看，合作困境总会潜藏在合作过程之中，并以不同的方式在不同的情境中呈现出来，它不会因为某次成功的合作而消弭，而是作为一种"常态化"的现象，或显或隐的在合作结构中始终存在着。

如果合作困境是不可避免的，是伴随着行动者的行动而时刻存在的，那么我们应当重新思考合作困境对于合作的意义。以往人们往往注重"困境"的消极方面，认为它阻碍了合作的实现，在某种意义上确实如此。但合作困境的产生，让人们更加迫切地去寻找困境产生的具体原因，并试图在不断生成的合作实践中，通过调整制度、重塑文化、改变行动策略来实现合作。或者说，合作困境的出现，更迫切地凸显了人们对合作的需求，也促使人们调整理念、改进手段以实现合作。这一点体现在政府改革中，便是人们对行政理念、制度设计、组织结构、行政方式等要素的一次次反思与改变。

因此，更有意义的做法，不是试图通过某种制度的调整或倡导某种合作文化、合作理念来一劳永逸地解决政府跨部门合作问题——这是不可能的，而是直面"制度—行动者"结构下合作困境的常态性，重新审视合作困境的意义，发现其中的合作需要，寻找制度体系变革的切入点，以及能够促使不同行动者通过信任、沟通、对话、理解等行动过程共同实现合作的途径。这种在行动中的合作，与"治理"所强调的多主体的对话、协商、共同行动、共同管理也是不谋而合的。

第四节　市政公用事业跨部门合作治理的实现

我们将合作视为多个行动者在某种制度体系与组织结构安排下，围绕某项事务共同展开行动的过程，并以"制度—行动者"为视角分析了合作困境的产生及其常态性。在这种观点下，如何实现合作这一议题也就从"如何使多个参与者形成合作的'结构'或'姿态'"转变为"如何促使行动者在行动中选择合作的策略而非拒绝合作的策略，并切实地进行合作"。将合作定义为行动，也就意味着如果合作没有在人们的社会实践中实实在在的发生，那么不管是否具有合作的"结构"（类似于诸多"协调机构"）、是否具有合作的"姿态"（制度、意见、办法、文件、会议……），都不能称为有意义的"合作"。济南市在地下管线建设与管理中的"圆桌法"就是非常典型的有意义的合作行动，多个行动者围绕着地下管线铺设、维护为了解决道路反复开挖的问题，在"制度空白"的情况下，自发地形成了一种合作机制，在实践中运用并取得了不错的效果。由此我们也看出了合作并非呆板的、一成不变的，而是总能随着不同的具体情境生发出丰富多样的行动策略。而如果将合作行动中的行动者（不论是组织还是个人）视为资源的掌握者，那么在合作中，"每个行动者在每一种资源上都有某种利益水平，同时对每一种资源也都可以实施某种控制。利益是无所不在的，而控制关系却经常通过交换从最初的状态转移到最后的状态。因此，每项选择和行动过程，都是行动者如何放弃对某种资源的某种控制，而赢得对他有利益的其他资源的更多的控制"[1]。从这个意义上说，合作行动并不仅仅是合作关系中的各方围绕某一事物付出资源，而是要实现合作中行动者的"共赢"。

从"制度—行动者"的视角来看，如何促使合作行动的发生？特别是在

---

① 李汉林、梁敬东、夏传玲、陈华珊：《组织变迁的社会过程——以社会团结为视角》，东方出版中心 2006 年版，第 21 页。

"治理"的态势下，如何实现市政公用事业跨部门合作？这不仅仅是一个理论问题，更是一个实践问题。如果从"制度—行动者"的角度来看，市政公用事业中的跨部门合作的实现，要从"制度"极、"行动者"极以及两者的相互作用——行动的产生中寻找答案。本文将从市政公用事业跨部门合作治理的目标、制度设计、组织设置以及围绕"制度—行动者"导向实现市政公用事业跨部门合作治理的若干途径入手来分析这一问题。

一、市政公用事业跨部门合作治理的目标

市政公用事业跨部门合作治理，是市政公用事业合作治理的一个组成部分。它既包含了市政公用事业主管部门内部的合作，也包含了市政公用事业主管部门与其他同级政府部门、与上下级政府之间的合作，也涉及与一些具有很浓郁"政府背景"国有企业的主管部门的合作问题。

市政公用事业跨部门合作治理的目标主要体现在两个层面上：市政公用事业跨部门合作治理所坚持的价值取向，市政公用事业跨部门合作治理所要实现的现实目标。

（一）市政公用事业跨部门合作治理的价值取向

正如上文中所讨论过的那样，不论是作为政府部门的组织，还是组织中的个人，在选择行动策略时都受到文化的影响与制约，而文化的作用主要体现在它塑造了行动者（组织或个人）的价值取向，并通过一些"非明文"的方式影响行动者的行为方式。如果说共同行动需要建立在共识的基础上，那么作为共识的基石——共同的价值取向对共同行动就有着重要的意义。

在行动中，价值取向起到的是规范性的作用，它提示人们"应当"或"不应"做什么。而这里所谓的市政公用事业跨部门合作治理的价值取向，并非是对当前合作文化的描述，而是在意识到跨部门合作面临着文化与价值困境后，对"价值取向"这一规范的"再规范"，或者说，它意味着我们在跨部门合作中，需要建立、培养的文化与价值目标。

在市政公用事业跨部门合作治理中需要建立、培养的价值取向至少有两个：公共性价值取向与治理价值取向。

公共性价值取向是由市政公用事业的本质属性——公共性引发出来的，根据王乐夫、陈干全等学者的理解，在公共管理事务中，公共性的内涵体现在主体、价值观、手段、对象与目标等四个维度上①。主体与手段这两个维度毋须冗言，本文更加重视公共性的价值观及对象与目标这两个维度。就价值观而言，市政公用事业是城市功能正常运行、城市居民安居乐业的基本保障，它所追求的是"公共利益"而非"私人利益"，在以公共利益为基本价值取向的同时，它还要坚持公平、正义、民主参与、行政伦理与社会责任等诸多原则。就对象与目标而言，市政公用事业的服务对象是城市居民，它的运行目标是保障城市居民的正常生产生活、满足城市居民的多样化需求。

因此，市政公用事业跨部门合作治理必须坚持公共性价值取向，将公共利益作为最基本的价值追求，将城市居民作为服务对象，将保障城市居民的正常生产生活、满足城市居民的多样化需求作为目标。这里需要重点强调的是，由于市政公用事业的提供，虽然在职能划分上归属于城市政府市政公用事业主管部门，但实际上它已经不是任何一个部门能够独立完成的一项"重任"，市政公用事业需要实现"合作治理"，在政府内部就体现为部门间的合作。因此，在市政公用事业跨部门合作治理中坚持公共性价值取向，不仅是对市政公用事业主管部门的要求，而且是对跨部门合作所涉及的所有部门乃至整个政府、整个治理结构中所有参与者的要求。

治理价值取向是"治理"结构所要求的，它主要体现在，跨部门合作治理与传统科层制政府结构的"命令—服从"式的运作方式存在根本区别，跨部门合作治理强调的是多主体的平等协商。在协商过程中，不存在上下级的"命令—服从"关系，跨部门合作中虽然不排斥权威的存在，但此权威并非掌握了使其他部门服从的权力，而是基于某部门对信息的充分掌握而形成的"专业权威"或"知识权威"，这种权威的作用并非"命令""指示"，而是在合作中基于其专业领域提供专业意见，并与其他部门积极分享

---

① 参见王乐夫、陈干全:《公共性:公共管理研究的基础与核心》,载《社会科学》2003 年第 4 期,第 72 页。

信息。而实现多主体的协商，则需要强调主体间地位的平等、主体间边界的开放，这些与传统行政过程中部门间协调依照权力地位差异进行、部门间相对封闭的倾向是完全不同的。而在合作治理中，除了平等、开放等，还有一个非常重要的价值取向：部门间的相互信任。按照尤金·巴达赫的定义，信任"是指即使在脆弱的情况下，仍然相信一个组织能够证明它具有可靠性"①。由于合作困境在具体的合作行动中总是不可避免的，因此如何在合作困境发生时，部门间仍然能保持相互信任，维持合作关系，并相信可以通过"治理"框架——平等协商、信息交换等解决困境，选择合适的行动策略，重新实现良好合作就显得非常重要。

（二）市政公用事业跨部门合作治理的现实目标

市政公用事业跨部门合作治理不仅要有如上价值追求，更有其在治理实践上要实现的目标。总体来说，市政公用事业合作治理最终要达成的目的是要促进多主体共同参与，形成良好的治理局面，为城市居民提供良好的公共服务，维持城市各项功能正常运转，并为城市可持续发展奠定良好的基础。就跨部门合作治理方面来说，则要尝试打破政府部门间的藩篱，促进信息、资源在部门间的流通，建立良好的部门间合作关系。同时，围绕市政公用事业中不同的事务，展开广泛的合作。合作事务可以包含但不限于信息共享平台的建设、市政工程项目建设、施工以及市政公用事业各类项目的管理，合作可以是临时的，也可以是长久的。

必须强调的是，跨部门合作治理的实现并不意味着对传统政府结构的彻底否定，并不要求彻底改变政府的科层结构或"条块结构"。正如尤金·巴达赫指出："重大的行政改革必须认真思考改变部门间的工作关系，同时又不对各自的组织认同产生实质性影响。"② 合作最终要达成的目的并不是实现组织结构的"重组"，因为一方面"治理"态势的出现并没有否定政府部门需要专业分工，专业分工仍然是实现高效率管理的重要途径；另一

---

① ［美］尤金·巴达赫：《跨部门合作——管理"巧匠"的理论与实践》，周志忍、张弦译，北京大学出版社2011年版，第194页。

② ［美］尤金·巴达赫：《跨部门合作——管理"巧匠"的理论与实践》，周志忍、张弦译，北京大学出版社2011年版，第12页。

方面，依靠组织结构重组来纠正组织权责设定与现实需要的差距，只能暂时解决问题，随着现实需要的发展变化，组织的权责设定总会变得陈旧过时，这是组织专业分工逻辑内在的弊病，无法通过"重组"本身来避免。因此，跨部门合作治理要实现的是，在相对合理的部门权责设置下，如何通过促进部门间的横向合作，解决传统政府结构所遇到的部门合作障碍的问题，以面对不断发展变化的现实情境，解决公共管理中遇到的需要合作才能解决的问题，并为城市居民提供更好的公共服务，增进公共价值的问题（见图4.7）。

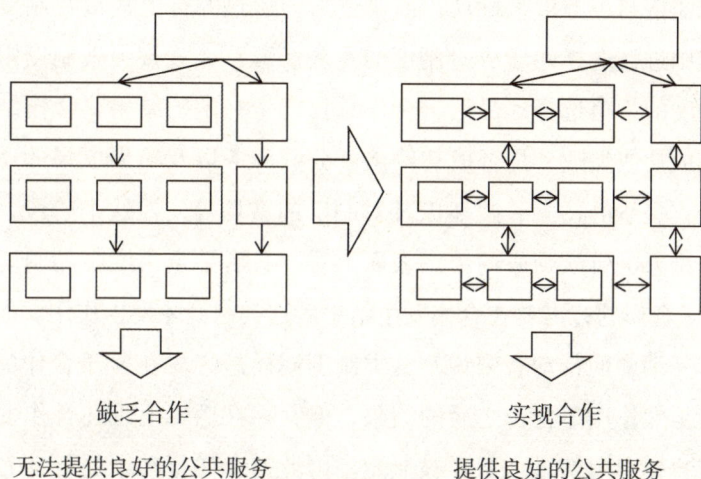

缺乏合作　　　　　　　　　　　实现合作

无法提供良好的公共服务　　　　提供良好的公共服务

图 4.7　跨部门合作治理的现实目标

二、市政公用事业跨部门合作治理的制度设计

如前文所述，制度虽然不是实现政府部门间合作的决定性变量，但从合作的"制度—行动者"结构来看，制度仍然在跨部门合作中是一个非常重要的影响因素。同时我们也了解到，制度设置中的"制度空白""制度冲突"等问题也确实会产生阻碍合作的制度困境。因此，进行合理的制度设计，改变"制度空白""制度冲突"的现状是必要的。进行制度改革的主要作用体现在："制度体系的变化，部分地影响了个体的选择。制度体系的调整，决定了什么行为是允许的，什么行为是受到约束的，它改变了机构对利益本身的判断。同时制度体系的调整也改变了个体与其他部门之间

的关系——从这个意义上说影响着它在政府科层结构中的地位。这些影响都有可能会改变人们的行为策略和惯常的思维方式……有效的制度变更确实能在某些方面为消除合作困境提供良好的基础。"①

促进合作的制度设计应当从三个角度进行。如果我们将合作视为一项行动，那么跨部门合作行动首先必然建立在某种制度对部门职能的安排之上，也就是说，制度在这种意义上是先于合作行动的；同时，合作行动总是要经历一定的过程，在这个过程中，合作各方作为行动者并不是随意制定行动策略的，行动策略的选择与实施总是与制度发生某种联系，或按照制度的职能谱与事务谱来行动，或通过某种形式的自由裁量在制度提供的策略空间中进行选择并形成对制度的重新解释，或直接突破制度限制，进行违反制度的策略选择；最后，合作总要产生一定的结果，合作结果体现为合作的成功或失败、是否成功输出了公共服务以及输出成果的质量，也体现为合作关系的建立、破坏以及对制度的重构等，在这个阶段，制度可以对合作结果进行激励或约束。表面上看，最后一个角度中的制度似乎是"后在"于合作的，需要在合作发生结果后这类制度才发生作用，但实际上对于合作行动中的行动者来说，这类制度同样是"先在"于合作的，因为这类制度虽然作用于合作之后的结果，但其存在逻辑上是在合作发生之前而不是待合作产生结果之后才被制定。因此，合作行动中的行动者在进行行动策略选择时，也会将其纳入到考虑范围之内，并对合作结果进行预测，以期得知合作行动最后的结果对自身会产生何种影响。唯一不同的是，合作结果对合作中的每个参与者都是不完全确定的，针对合作结果的制度对合作的作用远远不如针对部门职能的制度要明晰。

跨部门合作治理的制度设计要重点关注以下方面：针对部门职能安排的制度，必须考虑部门职能划分的科学性及权责安排的合理性等问题，虽然在"制度空白"的情况下，我们看到济南市仍然在某种程度上实现了部门间合作，但其难度、稳定性、合法性都无法得到制度层面上的保障。因此在部门的职能划分及权责安排上，应尽量避免职能的"制度空白"及部

① 马伊里：《合作困境的组织社会学分析》，上海人民出版社 2008 年版，第 196 页。

合作治理：市政公用事业发展模式研究

门间职能的"制度冲突"的发生。有一点必须注意的是，由于合作行动总是围绕着具体事务进行的，而合作中的部门原则上却要依照部门职能来行事，事务是多变的，而职能往往是固定的，于是，在合作中行动者就会面临职能设置与事务要求之间的潜在紧张关系。在部门职能设置中如何妥善地处置这种职能和事务要求之间的冲突，在职能中为潜在的合作需要"预留"可能性，就显得十分必要。

而针对合作过程的制度，必须考虑这样一个问题：合作要求的是合作者之间的共同参与、平等协商，同时合作行动中的参与者往往是多样化的：既包括部门领导，又包括从事具体业务的公务员，也包括一部分专业人员，而这些人员在传统的政府结构中往往是处于纵向的层级关系中，或分别掌控了不同的权力、资源。那么，如何调和合作关系对平等的要求与合作参与者之间固有的层级关系之间的矛盾，就成为制度设计所必须考虑的问题。针对合作过程的制度应当能实现这样的效果：一方面维持合作参与者在原政府层级结构中的权威（权力、职务、专业身份等），这些权威对于合作来说是必要的；另一方面又要将这种层级体系中的权威转化为"平等的权威"，也就是说，合作的参与者们的权威并不表现为他能对别人产生"命令—服从"的关系，而表现为他的权威对于合作能够产生积极的作用，或可以通过权力的运用来获取合作必须的资源，或可以通过自己丰富的实务经验来实现合作的具体操作过程，或可以以自己在专业领域的知识储备为合作提供必要的专业意见。针对合作过程的制度，通过完成这种转化，促进信息、资源等在合作参与者们之间流动，促进合作共识的形成并最终促进合作行动的发生。

针对合作结果的制度，必须考虑如何运用适当的激励与约束的机制来影响合作参与者行动策略的制定，以促进合作行动的发生的问题。这里的问题不仅仅是对合作行动的鼓励、奖励以及对拒绝合作的否定、惩罚那么简单。不论制度设计在当时看起来是多么科学合理，由于合作行动总是面临着复杂多变的社会现实，"制度困境"在合作中总是不可避免会出现，而当"制度困境"出现时，虽然合作行动并不一定必然不出现，但此时合作行动就要面临"合法性危机"，为了增进公共利益而实现的突破既有制度框架的合作行动，不论结果如何，究竟应受到制度的激励还是约束？就成为一个非常复杂的制度设计问题。同时，由于在制定行动策略时，合作参与者对合作结果的把握总是模糊不清的，于是，针对合作结果的激励/约束制度在作为为行动者提供策略选择空间的"先在"于合作的制度，与作为对合作参与者的合作行动所产生的结果进行评价的"后在"于合作的制度，虽然在文本上并无区别，但所产生的作用是截然不同的，这也从另一个侧面反映了针对合作结果的制度设计的复杂性。

最后，在制度设计的问题上，本研究无意于也无法提供一个现成的可以实现市政公用事业跨部门合作治理的制度框架或制度文本。一方面因为每一类制度的设计都仍然需要大量的实践与理论研究；另一方面，制度并不是一成不变的东西，"制度本身也是在行动过程中被因变、即时地构造出来的"①。因此，从规范意义上提出制度设计所应遵循的原则，并指出制度设计面对的问题及其复杂性，远比提出一个现成的制度框架更有意义。

三、市政公用事业跨部门合作治理的组织设置

在我国各级政府以往的跨部门合作实践中，往往倾向于设置各类冠以不同名称、具有不同行政级别的"协调机构"，前文已经指出了这类"协调机构"的局限性。那么，为了实现市政公用事业跨部门合作治理，例如在城市地下管线的建设与管理中，是否需要设置类似于"地下管线管理委员会""地下管线建设领导小组"之类的"协调机构"？换句话说，是否必须通过设置某种形式的合作组织来实现跨部门合作？

这个问题并无固定答案。一方面，此类"协调机构"的局限性是明显的；另一方面，我们又看到许多发达国家在地下管网的建设与管理中确实设立了"协调机构"来实现部门间合作，并取得了良好的效果。实际上，这种提问方式是值得怀疑的，不论是否"设置"某种形式的合作组织，在跨部门合作中，一定已经形成了某种形式的组织，这种组织被一些学者称为"群件"："我们推测，成功的协作环境必须要形成一种'群件'。'群

---

① 马伊里：《合作困境的组织社会学分析》，上海人民出版社 2008 年版，第 198 页。

件'指的是政府间、组织间及机构间为了共同达成解决方案而形成特别工作组。"① 如果以合作行动为中心，那么"群件"的形成往往是在合作行动发生之前、合作行动的酝酿过程之中，同时，"群件"既可能在合作行动完成之后存续下来，也可能在合作行动完成之后即时解散。真正的问题在于：是否需要将这种作为"群件"的组织以制度固化下来，并对其赋予像其他政府部门一样的职能、权责？

回答这个问题仍然需要重提合作的基本特点。"治理"中的合作，是多个部门围绕着某项具体事务通过共同参与、平等协商等过程而形成的。因此，"事务指向"是"治理"语境下合作的基本特点。"事务指向"意味着合作总是面对公共管理中的某些具体问题，总是为了实施某些公共项目或提供某项公共服务而进行，这与部门设置以"职能"为依据是不同的。因此，在跨部门合作中，协调机构的设置是否是必须的，也必须以事务是否需要为最终答案，并非以协调机构本身的"协调"职能为最终答案。

因此，跨部门合作治理中的协调机构即使存在，也与传统意义上的"协调机构"并不相同。传统意义上的"协调机构"往往要求该机构具有一定的政治权威或拥有调动资源的权力，并以此政治权威或权力为保障，通过对各部门发出"合作指令"，以"命令—服从"的行政过程为依托，实现部门间合作。这种合作仍然是在传统政府结构中进行的，仍然是"以旧办法解决旧问题"，并不能满足"治理"态势的需要。"治理"语境下合作的实现，如前文所述，不是依靠"命令—服从"式的等级结构，而是依靠多主体的共同参与以及在平等协商基础上建立起来的互惠互信。

跨部门合作治理中的组织设置必须遵循这样的原则：首先它是严格围绕具体事务而设置的，它的存在、延续、消解都随着具体事务的发展变化而进行。它可以是常设的，也可以是临时的，甚至可以像传统政府结构中的部门一样具有一定的职能与权责，但在"治理"语境下的合作关系中，它仍然是作为合作的参与者而存在的，并非对合作"发号施令"的政治权

① ［美］罗伯特·阿格拉诺夫、迈克尔·麦圭尔：《协作性公共管理——地方政府新战略》，李玲玲、鄞益奋译，北京大学出版社 2007 年版，第 164 页。

第四章 市政公用事业跨部门合作治理

威。也就是说，它一方面是合作中的行动者为了满足合作需要而组成的一个组织实体，另一方面它也作为行动者之一参与到行动中来。在这个意义上，它的扁平形态与传统政府结构的"金字塔"形态存在一定的张力。

其次，跨部门合作治理组织中的成员并不必然需要所谓的"一把手挂帅"并由相关部门的主要负责人或分管领导参与，合作组织的成员由谁构成，仍然要围绕具体事务讨论。一般意义上，由于合作所针对的具体事务往往比较复杂，因此合作的参与人员往往也是多样化的：既有部门领导，也有相关领域的专业人员，同时也有基层的负责具体业务操作的工作人员……也就是说，决定合作组织成员的，不是某个人在科层制的政府结构中具有何种行政级别，而是他是否是该合作所针对的具体事务的"牵涉者"。在个人的意义上，或者说从"制度—行动者"的"行动者"一极来看，合作的每个个体参与者都具有了双重身份：一方面他在科层制的政府结构中，在制度体系所构建起来的传统组织结构中具有一定的归属；另一方面他又是一个多主体的合作结构中的行动者之一。因此，如何处理这双重身份之间的张力，也成为合作中个体行动者必须面对的一个问题。

四、以"制度—行动者"为导向，实现市政公用事业跨部门合作治理

我们已经在文化与价值、制度设计、组织设置层面提出了市政公用事业跨部门合作治理的实现途径，然而，在"制度—行动者"的合作结构中，仅靠这些"制度"极的保障是远远不够的，为了促使行动者在制度体系所构造的行动空间里制定行动策略时更倾向于合作而不是相反，还需要培养"合作的行动者"。这至少需要从以下三个方面进行。

（一）培养行动者对合作行动必要性的认识

合作中的潜在参与者必须意识到合作是必要的，这是他们由合作的潜在参与者转变为积极促成合作的行动者的前提条件。对合作行动的必要性可以从正反两个方向去阐明。

对合作必要性的正向阐明建立在共同价值导向和合作参与者对利益的追求两个层面。就价值导向而言，在确立了包含市政公用事业的直接管理

部门在内的政府各部门共同的价值取向之后，必须使合作参与者理解，在当前形势下只有合作才能更好地实现公共价值，促进公共利益。同时，部门间合作也是促进"治理"体系形成、提高政府治理能力的必由之路。但仅仅凭借对共同价值的倡导还并不足以对合作的潜在参与者从正向阐明合作的必要性，对价值追求的强调必须与对利益的追求相整合才能更好地发挥作用。在这个意义上，合作的潜在参与者必须理解，不论是部门利益还是部门中个人利益的实现，都与政府部门乃至政府本身能否推动良好的社会治理，能否提供良好的公共服务息息相关。也就是说，政府利益、部门利益以及部门中的个人利益，与公共利益并不是必然对立的，它们可以有相当大程度的重叠。随着经济社会的发展，政府逐渐从"统治"的角色经由"管理"向"治理"的角色转变，在这个转变的过程中，部门利益、个人利益可以建立在对公共利益的追求与实现之上——它们是一体的。因此，在合作中追求公共利益、实现公共价值以实现部门利益、个人利益，是完全可行的。

对合作必要性的反向阐明建立在对"痛苦"的认知之上。正如拉塞尔·M. 林登在《无缝隙政府：公共部门再造指南》中所指出的那样："据说绝大多数组织变革都是受到痛苦的驱动。很少有组织会仅仅因为一点细枝末节的烦恼或不适而进行大刀阔斧的革新。相反，通常只有在组织面临极大的威胁或者遭受重大损失的情况下，组织内部的成员才会在刺激和推动下放弃他们所熟悉的一切，进入未知领域。正如某些人忽视医生有关他们日常不健康的生活习惯的告诫，直到他们的生命受到心脏病或者是其他严重的疾病的威胁时才如梦初醒、追悔莫及一样，组织为了克服惯有的惰性也需要强烈的威胁和刺激。"[1] 为了实现政府部门在市政公用事业中由传统管理模式向跨部门合作治理的变革，"经历真正的痛苦和压力是非常重要的"[2]。不仅如此，由于合作的潜在参与者所处的不同部门不一定都能意识到或经历相同的"痛苦"，"痛苦"必须被阐明，而且，对"痛苦"置之不

① ［美］拉塞尔·M. 林登：《无缝隙政府：公共部门再造指南》，中国人民大学出版社 2002 年版，第 105 页。

② ［美］拉塞尔·M. 林登：《无缝隙政府：公共部门再造指南》，中国人民大学出版社 2002 年版，第 106 页。

第四章 市政公用事业跨部门合作治理

理的代价也必须被阐明。在市政公用事业中，城市发展对高质量市政公用事业供给的需要（理想状态），与传统的市政公用事业管理体系（现存状态）存在相当大的差距，供给压力、管理压力、合作的迫切性等痛苦，往往更多被市政公用事业的直接管理部门所经历、体验，而并不被其他部门所直接经历、体验。但是，市政公用事业的供给与管理并不仅是单独某个部门的义务，而是城市政府及政府各部门共同负担的义务。因此，市政公用事业管理的缺失并不仅仅在质疑市政公用事业主管部门的管理水平，更是在拷问政府的执政能力和水平。而忽视这一点，忽视市政公用事业跨部门合作治理的迫切需要，将会极大地制约城市发展，制约城镇化建设的推进。以地下管线建设与管理为例，目前各城市地下管线建设与管理普遍落后的现状已经造成了很大的经济损失，严重影响了城市居民的生活质量乃至生命财产安全。若不改变现状，这种"痛苦"只会越来越严重。其对于市政公用事业主管部门是显而易见的，但这种"痛苦"以及对其置之不理可能造成的代价必须在合作的潜在参与者中被普遍地阐明。"惟其如此，组织成员才有可能相信危机的存在并采取切实行动。"[①]

（二）明确合作对行动者的特殊要求

跨部门合作治理所要解决的不仅仅是传统政府结构中部门间协调的问题，更是对新的"治理"态势的适应，其"事务导向"的特点、对公共价值、治理价值的追求、制度及组织结构不同的设置原则，必然派生出对合作行动中作为个人的行动者的特殊要求。正如尤金·巴达赫所指出，"跨部门合作的前沿是个人间的合作"[②]，合作行动中的行动者不是整齐划一的、同质性的抽象的个体，而是一个个活生生的、具有不同素质和个性的个人。因此明确合作对行动者的特殊要求，挑选、培养合适的行动者，对促进合作也是十分必要的。

首先，行动者必须协调好自己的双重身份、双重权威。

---

① ［美］拉塞尔·M. 林登：《无缝隙政府：公共部门再造指南》，中国人民大学出版社 2002 年版，第 106 页。

② ［美］尤金·巴达赫：《跨部门合作——管理"巧匠"的理论与实践》，周志忍、张弦译，北京大学出版社 2011 年版，第 206 页。

作为个人的行动者具有两种身份：在传统科层制政府体系中有自己的职位，在"制度—行动者"的合作结构中有作为合作行动者的角色。这两个身份之间的冲突集中体现在两种权威的冲突上，在前一种身份中，行动者的权威属于科层制"命令—服从"权威体系的一部分，是建立在纵向等级的基础上的，他从别处接受命令，对命令进行处理后，按照命令行事，并将命令下达给下级，在纵向等级关系中，权威从上级到下级依次递减。在后一种身份中，行动者的权威以及权威的大小，来自于在"事务导向"的合作行动中他所能起的作用。或者说，他所拥有的资源（信息、权力、财物、人力等），能在多大程度上满足合作的需要，这种权威并不以"命令—服从"式的纵向等级关系表现出来，而是表现为行动者在合作的特定领域内的专业性以及影响力，随着合作事务的变化，以及行动者对合作态度的变化，这种权威可以随时产生或消失，亦可以发生量的变化。

合作中的行动者势必同时要在这两种权威体系中行动，按照纵向权威体系中的权威身份进行行动的方法与策略是无法满足合作行动的需要的，但合作行动又要求行动者使用其传统权威身份，调动合作所必需的资源。对于个人行动者来说，这不仅意味着身份在不同层面上的转换，更意味着态度、思考方式、行为方式的转变。为了促进合作的实现，个人行动者必须协调好这双重身份、双重权威之间的关系。

第二，行动者必须适应合作中新的信息流动方式。

在合作所形成的"制度—行动者"合作结构中，信息的流动方式与在传统科层制政府结构中有非常大的不同。在传统科层制政府结构中，信息的流动一方面依赖于科层制分工所产生的部门职能划分，另一方面依赖于等级式的个人权威体系。信息的流动一般是严格按照权威等级与制度所规定的流

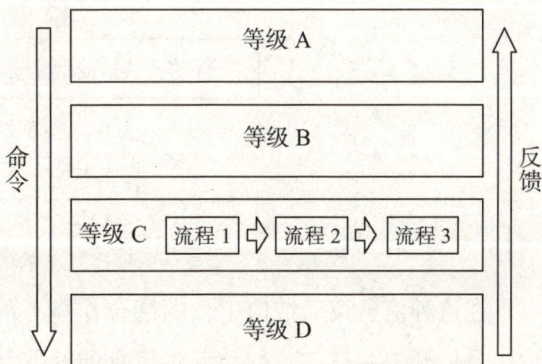

图4.8 "被规定的秩序"下的信息流动方式

程在部门间流动的，"命令"信息自上而下逐级传达，"反馈"信息自下而上逐级汇报，部门依照业务流程从上一个流程的主管部门接受信息，将信息处理后再依照业务流程传递给下一个流程的主管部门（见图4.8），传统科层制政府结构中的信息流动大致是这样的：

在这种信息流动结构中，部门内部的信息倾向于专业化及封闭，部门围绕职能分工处理信息，而并不是围绕信息流动的最终目的来处理信息，在正常情况下，信息也很难跨越层级流动。信息的流动整体呈现出一种"被规定的秩序"的状态。

而在合作结构中，由于合作是"事务导向"的，因此信息的流动亦围绕着事务而展开。同时，由于合作结构中虽存在行动者的专业领域不同，但并不存在严格的职能分工，也不存在传统科层制结构中的"命令—服从"关系，因此信息流动的方式并不会呈现出"被规定的秩序"的状态，而是呈现为一种"灵活的秩序"。在合作中的信息流动由于是围绕着事务而展开的，它有其中心指向，有其特定的目的，因此并不是无序的。同时，由于合作中行动者之间地位的平等状态，以及合作所要求的行动者之间的协商，信息是在一个扁平的结构中流动的，由于无等级关系以及部门严格分工的约束，信息的流动呈现出更为灵活的态势。这种信息流动的"灵活的秩序"可用下图表示（见图4.9）。

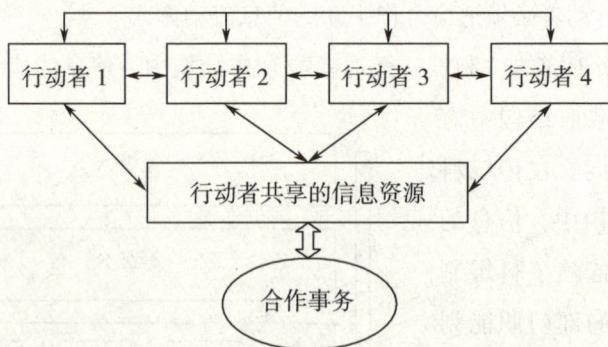

图4.9 "灵活的秩序"下的信息流动方式

在这种信息流动结构中，围绕合作事务的信息对于合作中的行动者来说，是公开、共享的，行动者对信息的获取与处理不再囿于部门的职能安排。同时，由于合作的顺利进行有赖于各个领域行动者的相互配合，信息的流动也不再囿于行动者的专业分工。同时，合作事务虽然同样具有一定的业务流程，但为了保证合作的顺利进行，合作中所有的行动者应当实现对合作的全流程参与，并根据即时的信息反馈调整合作策略。而这种信息流动方式的改变同样需要行动者调整自己的思维方式与行为方式，以更好地适应合作的要求。

第三，行动者必须具有新的"合作理念"。

"合作理念"与合作所追求的价值目标与现实目标有所区别。合作理念更多地体现在行动者的思维方式、行为方式中，而目标则更多地体现在合作所追求的最终目的中。或者说，"合作理念"对于合作行动来说，更注重工具层面的意义。在传统科层制政府结构中，行政体系中的"人"被抽象化为消除了个性差异的、以执行行政命令为目的的个体。而在合作中，行动者被视为一个个活生生的行动着的个体，这种对"人"的预设的差异使得行动者必须具有一系列新的理念以指导其行动，而不是仅仅考虑如何高效地执行行政命令。这些理念包括但不限于责任的理念、变革的理念、学习的理念以及相互信任的理念。

在传统的行政体系中，行动者要考虑的责任是"是否高效的执行了上级命令"，而对命令本身是否合理，他并不需要负责，因为这是他上级的责任。而在"制度—行动者"的合作结构中，由于不存在纵向的等级体系，每个合作中的行动者必须重新肩负起新的责任——他们必须共同为促进合作而努力，必须共同为促进合作的最终目的——公共利益而努力。这时他们的责任也就不仅仅是提高效率，更是如何进行"良好的行动"。

同样，由于合作总是"事务导向"的，具体事务总是在不同的社会情境中变幻莫测，这就要求合作行动也随之变革。从"制度—行动者"的视角来看，这就要求合作结构的制度极与行动者极发生变革。如前文所述，制度的变革最终来自于行动者的推动，新的制度体系在行动者的行动中不断地被构造出来。因此，变革的责任最终也落到了行动者身上。因此，在合作行动中，作为行动者的个人必须具有变革的理念——这种变革不仅是对既有制度体系的超越，更是对自身思维方式、行为方式、行为策略的变革。而且，变革必须以合作所倡导的价值目标与现实目标为指向。

学习的理念也是合作中的行动者所必须的。在传统政府结构中，由于部门依职能分工而设置，它是倾向于保守、专业化的，部门及部门中的个人虽然有学习的动力，但这种动力往往来自于专业知识的自身更新。但在合作行动中，行动者所面临的学习要求要强烈得多。不仅合作所面对的社会事务的复杂多变要求行动者通过学习来充分把握信息，合作中不同于以往的信息流动方式更要求行动者要进行充分的、不断的学习。由于信息的流动不是在专业内部的，行动者之间的专业知识是被共享、共用的，因此行动者不仅要掌握自己原在领域的专业知识，更要对合作行动所涉及的各专业领域的知识都有所把握，这对合作中的个体行动者来说，势必是一个非常大的考验。

"信任"对于合作的重要性，在前文已经有所论述，信任是在发生合作困境时能推动人们继续寻找合作策略从而实现合作的重要因素之一。但"信任关系"的培养与维护，并不仅仅是"制度—行动者"合作结构中制度极的任务，行动者，特别是个人行动者，相互信任理念的塑造与培养也是非常重要的。前文所述的双重身份矛盾的协调、信息的开放共享乃至合作结构的形成，都要建立在合作中人与人之间的信任关系之上。这种信任不仅是传统意义上部门内部人与人的信任，更要突破部门间的藩篱，培养不同部门的行动者、不同行政等级的行动者在合作中的相互信任。

（三）为合作中的行动者构造良好的技术平台

如前文所述，现代信息技术在传统政府结构中的应用并不一定能促成合作，相反，在许多种情况下，现代信息技术的应用很可能加剧了传统政府结构中部门间的相互隔离。避免信息技术成为阻碍合作的"异化"力量，使其能真正成为为合作中的行动者提供便利、创建共享的信息平台，不仅需要从制度体系层面，打破部门间硬件系统的专用性，设置统一的数据资源格式、建立部门间的数据信息流动机制等，更需要从行动者极改变。

这是因为，造成现代信息技术力量"异化"的，不仅是一系列软硬件问题，如各部门之间纷纷设立专用网络而不考虑专用网络之间的连接、各部门纷纷设立各自的数据平台却不考虑数据平台之间的数据格式的通用性、通信协议的建立等，更与使用技术的"人"有关系。一切技术力量必须经由人的使用才能发生其功效，而由于人与人之间知识水平、技能水平的差异，"数字鸿沟"的产生，往往会是在"掌握了现代信息技术的人"与"未掌握现代信息技术的人"之间，以及在"掌握了不同水平的现代信息技术的人"之间——也就是说，技术的使用者的主体间差异，经由技术这一媒介，展现为技术本身的差异，而由于技术这一力量具有强烈的放大作用，如果说主体间知识或技能的差异在应用现代信息技术前还比较微弱的话，那么经由技术的方法，这一差异变得异常巨大，乃至导致了非技术本身引起的"数字鸿沟"的出现。

因此，为了使现代信息技术成为促进合作的重要力量，而非阻碍合作的"数字鸿沟"，不仅要建立行动者共享共用的软硬件平台，更要构造行动者意义上的"技术平台"，消除"未掌握技术的人"与"掌握了技术的人"以及"掌握了不同水平的技术的人"之间的信息流动差异、资源流动差异以及效率差异所产生的障碍。这一方面需要培养合作中行动者"学习的理念"，另一方面更要注重对行动者的再培训、再教育。

（四）展望跨部门合作治理——一个无止境的奋斗过程

我们以"制度—行动者"的视角，从"制度体系"及"行动者两极"提出了市政公用事业跨部门合作治理的实现路径，这其中既有在市政公用事业合作治理中面临的特殊问题，也有一般政府部门间合作所面临的普遍问题。但这些原则性的、规范性的理论建构，与实践中真正实现跨部门合作治理还有很远的距离。跨部门合作治理的实现，不仅需要政府，更需要所有的治理参与者在多个方向上的共同努力。最后需要着重强调的是，不论我们在"制度—行动者"视角下提出了多少有效的方法并加以实践，合作总是一个在不断发生的过程。而在这个过程中，合作困境总是不可避免的。因此，也就没有任何措施能够保证面对不同的现实情境，同一个行动者在相同的外部条件下，会做出相同的策略选择，会如前一次选择合作一样，再次选择合作；更不能保证许多个行动者每次需要合作时，都能顺利进行合作。因此，跨部门合作治理绝不可能存在一个"一劳永逸"的解决方案。合作只有在行动者们不懈的努力、调整、协商与妥协中才能不断的进行下去。在此意义上，"跨部门合作治理"既是公共管理者在现实中要实现的目标，更是一个需要其不断为之奋斗的价值理想。

第五章　市政公用事业的公私合作治理

早在18世纪，经济学鼻祖亚当·斯密就在《国富论》中提出，"国防、基础设施、行政与司法"是政府的主要职能，政府承担基础设施提供职能有深厚的经济理论基础。在基础设施提供和生产中，最重要的三方主体为政府、私人部门、公众。西方国家基础设施的供给经历了"市场提供到主要由政府承担再到20世纪70年代以来重新引入私人部门，形成公私合作制为主要内容的制度变迁"①。制度变迁围绕着基础设施供给中的主体展开，形成了政府和私人部门之间关系的不同排列组合，或由私人部门唱主角，或由政府部门一枝独秀，并最终过渡到公私合作治理的阶段。

市政公用事业在传统理论看来是一个市场失灵的领域，也被经济学家称为市场化改革的"边疆"，曾有过政府独家供应的阶段，与其他基础设施的生产和提供一样，也经历了供给模式的嬗变。我国市政公用事业在全球民营化浪潮和现实治理窘境的双重推动下，也开启了合作治理的历程。其中，市政公用事业公私合作治理是市政公用事业合作治理的重要组成部分。政府、企业、社会组织等在市政公用事业领域的合作开启了市政公用事业供给的全新时代。

我国市政公用事业公私合作始于20世纪90年代，公私合作引入了市场竞争机制，以图打破行政垄断。公私合作激活了市政公用事业领域的巨大存量资产，充实了市政公用事业发展所需资金，提高了市政公用事业领

---

① 肖林、马海倩:《特许经营管理——城市基础设施存量资产资本化》,上海人民出版社、格致出版社2013年版,第3页。

域的运营效率。借鉴发达国家和地区市政公用事业公私合作治理的经验，我国在市政公用事业方面也形成了多种公私合作模式，其中影响最大的是特许经营模式，该模式已被运用到市政公用事业的诸多领域。

市政公用事业公私合作治理取得了阶段性成果，证明了改革方向的正确性，但也出现了一些问题，比如政府监管乏力、私营部门追求垄断利润、自然垄断和行政垄断的交织等。这些问题又证明了改革过程的复杂性。以市政公用事业特许经营为例，在特许经营权授予的规范性、特许经营权竞争的充分程度、特许经营合同管理、产权变更、特许经营到期之后的资产转让、临时接管等方面都还有诸多的问题需要探讨。市政公用事业公私合作治理任重而道远。

第一节　市政公用事业公私合作治理及其必要性

一、市政公用事业公私合作治理的解析

（一）市政公用事业公私合作治理的内涵

市政公用事业因为其基础性、垄断性、网络性、外部性和公用性，政府理应承担起供给的责任。市政公用事业提供了人们生活的基础性条件，其发展水平直接影响着社会公众的生活质量。在市政公用事业提供过程中，政府部门、私人部门（包括社会组织）、社会公众分别扮演着不同的角色。在政府垄断市政公用设施生产时，政府部门兼备提供者和生产者的角色，社会公众是消费者，私人部门在此过程中作用被忽略。政府负责市政公用事业的投资、建设、运营、维护等，为城市的运转和发展提供了基本的保障。但是，由政府部门垄断市政公用事业提供也日益暴露出诸如供给成本高、产品和服务质量低等问题，与城市经济和社会发展对市政公用事业的需求形成反差。于是，西方国家在 20 世纪 70~80 年代新公共管理改革浪潮的推动下，开始了市政公用事业的民营化改革。改革最主要的是重新引入市场机制，营造竞争的环境，提高市政公用设施的供给效率，降低供给

成本。市政公用事业迈入公私合作治理的阶段。

　　尽管事实上私人部门参与基础设施建设已经有几百年的历史了，但公私合作尚没有明确的内涵和外延。作为一种描述性的概念，公私合作可以被看作是"公共部门为提供公共产品，与私人部门合作经由一定的结构设计实现共担风险并由公共部门承担最后担保责任的制度安排"①。那么，市政公用事业公私合作治理可以理解为，政府部门和私人部门按照一定的制度设计来进行合作，共同推进市政公用事业的发展。原来由政府开展的一些活动，如资金募集、设施建设、设施维护等，通过制度安排由私人部门来承担或参与。政府和私人部门共同承担风险，但最后的市政公用设施提供责任仍必须由政府来承担，政府起到兜底的作用。

　　在市政公用事业公私合作治理中，政府是公共服务的提供者，或者被称为安排者，拥有广泛的权威，旨在实现公共利益最大化。企业和社会组织是公共服务的生产者，企业在管理和技术方面有优势，通过公共设施的供给来实现企业利润的最大化。社会组织具有灵活、高效的优势，靠志愿机制运作，旨在实现社会利益最大化。市场可能出现失灵，政府和社会组织也可能出现失灵。市政公用事业公私合作治理就是将企业或者社会组织引入市政公用事业供应领域，并通过一定的制度设计，充分发挥市场机制、志愿机制的作用，并使三者避开各自运作的盲区，实现整体绩效的最大化。在公私合作治理中，政府负责合作制度供给，并监管合作的企业、社会组织的行为，企业和社会组织负责具体的行为实施，如设施建设、运营、维护等。

　　（二）市政公用事业公私合作治理相关概念辨析

　　市政公用事业公私合作治理是在改革过程中出现的公用事业新的供给方式，与之相关的概念有市政公用事业的民营化、市政公用事业的市场化、市政公用事业的私有化等。辨析市政公用事业公私合作治理与市政公用事业民营化、市场化、私有化之间的关系，有助于形成对市政公用事业公私

　　① 仇保兴、王俊豪等：《中国城市公用事业特许经营与政府监管研究》，中国建筑工业出版社2014年版，第39页。

合作治理更加清晰的认识。

关于民营化，彼得·德鲁克最早提出。民营化本身有狭义和广义之分，狭义的民营化指的是"公用事业所有权和经营权向民营机构的转移"①。广义上的民营化界定较为宽泛，只要私人进入了公用事业领域就属于民营化的范畴。美国学者萨瓦斯将民营化界定为更多依靠民间机构，更少依赖政府来满足公众的需求。② 我国学者王俊豪认为民营化是民营企业和国有企业经营范围和比重相对调整的过程，前者范围和比重逐步扩大，后者范围和比重相应缩小。③

关于市场化，皮埃芮认为市场化包括三个方面：相信市场的优越性、企业管理方法的借鉴、结果导向以及赋予个体用脚投票的权利。④ 国内主流观点强调市场机制作用的发挥和增强。国内较早提出市政公用事业市场化的官方文件为《关于加快市政公用行业市场化进程的意见》，该文件鼓励社会资金和外国资本以各种形式进入市政公用事业领域。

关于私有化，这一提法主要是源于对英、美等发达国家经验的借鉴。英、美发达国家在 20 世纪 80 年代开始的国有企业改革中，采取了出售国有资产、放松政府管制、特许投标和合同承包等方式，以激励私人部门提供公共产品和服务，特别是那些可以通过市场交易来收回成本并获益的产品和服务。英国主要采用第一种形式，即出售国有资产，这种方式可以被称为"私有化"，因为其产权从国家转移到社会公众、私人企业或者企业管理层、职工等手中。后两者则不涉及产权变革，变化的仅仅是经营形式。指代上述三种形式的"privatization"一词字面意思确实是"私有化"，故此，在我国才有市政公用事业私有化的说法。

市政公用事业民营化、市场化、私有化彼此之间以及与市政公用事业公私合作治理都有着密切的关系。民营化强调民营资本的进入，市场化强调市

① 杨松:《首都城市公用事业市场化研究》,中国经济出版社 2010 年版,第 22 页。

② 参见陈明:《中国城市公用事业民营化研究》,中国经济出版社 2009 年版,第 7 页。

③ 参见王俊豪等:《中国城市公用事业民营化绩效评价与管制政策研究》,中国社会科学出版社 2013 年版,第 25 页。

④ 参见周义程:《市场化、民营化、私有化的概念辨析》,载《天府新论》2008 年第 3 期,第 95 页。

场竞争机制的作用，私有化则涉及产权的变更。但民营资本的进入并不一定意味着竞争，仅仅把垄断从公共部门转向私人部门是不够的，如果不受规制，私人垄断比政府垄断对公众的危害更大。"私有化"的提法一般被回避，市政公用事业的特征决定了其不可能被完全私有化。"市场化"对竞争机制的强调符合市政公用事业改革的旨向，与市政公用事业公私合作治理更为契合。但市政公用事业公私合作治理中的"私"涵盖面更广一些，包含着一些社会组织，比如竞标园林维护、街道清扫等业务的社会团体。

二、市政公用事业公私合作治理的现实必要性

（一）城市化突飞猛进对市政公用事业的需求巨大

市政公用事业是一个城市健康发展的重要条件。芒福德认为，"不论任何特定文化背景上的城市，其实质在一定程度上都代表着当地的以及更大范围内的良好生活条件的性质"①。人们聚居到城市，是为了更有意义的、更美好的生活。除了文化上的指引之外，城市提供的健全基础设施也是重要条件。历史上，在经济和社会飞速发展的时期，也是城市化快速推进的时期，城市发展对市政公用基础设施的提供提出了迫切的要求。我国正处于经济和社会快速发展的时期，在过去的 30 多年，我国经历了大规模、高速度的城镇化。2000～2013 年间，我国城镇化率从 36.3% 提高到了53.7%，年均提高了 1.3 个百分点，城镇人口由 4.8 亿增长到 7.3 亿，期间城镇人口增长了 2.5 亿，平均每年约有 2000 万农村人口进城。② 即使是在经济增速放缓的背景下，可以预见我国城镇化率依然可维持年 1 个百分点的增长率，即每年会有约 1600 万人进入城市。

美国诺贝尔经济学奖得主斯蒂格利茨曾预言，中国的城镇化和美国的高科技是影响当今世界的两件大事。在国内，城镇化对城市发展最直接的影响表现为新增加人口对市政基础设施的庞大需求上，而庞大需求

---

① ［美］刘易斯·芒福德：《城市发展史——起源、演变和前景》，宋俊岭等译，中国建筑工业出版社 2005 年版，第 118 页。

② 金辉：《城镇化转型政府要勇于改革自己——访国家发展改革委城市与小城镇改革发展中心主任李铁》，载 2014 年 9 月 30 日《经济参考报》。

和现实的市政公用事业发展水平、供给能力之间有着巨大的差距。粗放式的城镇化持续了多年，2013年中央城镇化工作会议提出了以人为本的新型城镇化道路，人的城镇化成为关键，市政公用事业的发展既面临巨大的压力，也迎来新的机遇。传统的市政公用事业供给模式对我国地方政府是极大的挑战，我国政府曾在2008年投入4万亿元到基础设施建设，政府债务特别是地方政府债务问题非常严峻。按照国务院要求，审计署2013年组织对全国政府性债务情况进行了全面审计，审计结果显示，至2013年6月底，全国各级政府负有偿还责任的债务206988.65亿元[①]，另外还有近3万亿元的政府负有担保责任的债务和超过6万亿元的政府可能承担一定救助责任的债务。地方政府债务不容乐观，如何化解地方债务是本届政府的工作重点之一。私人部门受到青睐，客观上促成了市政公用事业的公私合作治理。

（二）我国市政公用事业发展资金缺口巨大

20世纪90年代以来，我国市政公用事业改革稳步推进，引入了特许经营制度，实施了价格改革，投资主体日益多元化，行业整体活力增强。但当前的改革仍很不彻底，在市政公用事业管理体制、投资体制、价格形成机制、法制建设、政府监管等方面都还存在问题。从管理体制来看，国有企业垄断经营、政企合一格局尚未被完全打破。"国有企业不是真正的决策者，也不以利润目标为主要目标，自然不承担市场风险，一切亏损都由政府财政补贴，不存在破产倒闭的压力。"[②] 投资渠道仍较为单一，市政公用事业投资不足，特别是在地方政府财力有限的背景下，市政公用事业政府投资和现实需求之间缺口巨大。正因为如此，住房和城乡建设部在2012年6月下发了《关于进一步鼓励和引导民间资本进入市政公用事业领域的实施意见》，鼓励民间资本以多种方式直接投资市政公用事业，或者通过政府购买服务模式进行市政公用事业领域的运营和维护，以及购买地方政府债

---

① 刘家义：《国务院关于2013年度中央预算执行和其他财政收支的审计工作报告》，载中华人民共和国审计署网站：http://www.audit.gov.cn/n1992130/n1992165/n2032598/n2376391/3602645.html.

② Asha Gupta：Beyond Privatization，London：Macmillan Press，2000，p. 6.

券等方式间接参与。

在价格机制方面，目前市政公用事业基本采取"成本加成定价法"，即"实际成本＋利润"，但这种定价方式不能有效激励企业降低成本。在投入资金缺口很大的情况下，形势则更为严峻。而在初步实施市场化改革后，政府法制建设和政府监管又跟不上。法制建设中，改革依据国务院规章，缺乏更高层次的法律依据。政府监管方面，健全的监管体系尚未形成。一方面我国市政公用事业投入资金缺口巨大；另一方面我国民营企业稳步发展起来，大量资金在寻找投资途径。"2014 中国民营经济大家谈"活动公布的数据显示，2013 年中国民营经济贡献的 GDP 总量超过 60%。2013 年全年，我国民营经济完成城镇固定资产投资共计 27 万亿元，同比增长 22.8%，占全部投资额比重达 62%，民营资本的活力不断得到释放。① 市政公用事业属于基础性行业，消费群体稳定，收益稳定，自然受到民营资本的青睐，市政公用事业领域公私合作水到渠成。

三、市政公用事业公私合作治理的理论可行性

（一）公共性差异与市政公用事业公私合作治理

市政公用事业具有"公共性"，一般认为应由政府来负责提供，但市政公用事业的公共性程度在各行业间、行业各环节间是有差异的。"公共性的差异决定着政府与市场在市政公用事业发展中的权力配置，影响着竞争与垄断的市场结构，制约着政府责任的实现方式与程度。"② 打破仅仅从经济学公共品纯度角度来理解"公共性"的传统，对市政公用事业"公共性"的理解要从价值层面和技术层面两方面入手。从价值层面看，市政公用事业无论采取何种经营形式都必须以公共利益的维护为依归，"公共性"是市政公用事业的根本属性。市政公用事业"公共性"差异体现在技术层面，从消费属性角度，根据非竞争性和非排他性两个维度，可以

① 孙铁翔：《2013 年我国民营经济贡献 GDP 总量超过 60%》，载新华网，2014 年 2 月 28 日，http://news. xinhuanet. com/2014 - 02/28/c_119558098. htm.

② 曹现强、刘梅梅：《公共性差异视角下的市政公用事业发展探析》，载《理论探讨》2012 年第 4 期，第 142 页。

将公用事业分为纯公共产品，如城市绿化；竞争性非排他性公共产品，如垃圾处理；排他性非竞争性公共产品，如供水、公共交通等类型。从生产属性角度，市政公用事业的"公共性"受规模经济性和网络性的影响，公共性与规模经济性呈正相关，网络性主要通过网络的负外部性产生影响。公共性越强的行业和环节，越容易发生公共性风险，越适宜由政府直接提供，公共性越弱的行业和环节，越适宜由市场机制来调节供给。因此，在市政公用事业改革中公私合作治理顺理成章。但必须明确一点，即无论市政公用事业怎样改革，政府都承担着市政公用事业提供的责任，只是这个责任在不同公共性特征的市政公用行业和环节实现的途径不同而已。

（二）可竞争市场理论与市政公用事业公私合作治理

可竞争市场理论由美国经济学家鲍莫尔 1981 年在就职美国经济学会主席的演说中首次提出，并在与人合著的《可竞争市场与产业结构理论》一书中系统化。可竞争市场理论的基本假设条件为：企业能够完全自由地进入和退出市场，潜在进入者可以预测进入以后的收益，如果进入以后形势不理想则可以随时撤出。可竞争市场理论的主要内容为在可竞争市场上不存在超额利润、在可竞争市场上不存在任何形式的生产低效率和管理上的X 低效率（X-Inefficiency）。可竞争市场理论是对传统的规模经济产生的自然垄断导致市场失灵观点的挑战，也是对管制失灵的反思。可竞争市场理论提出之后备受争议，很多学者认为几乎没有产业符合可竞争市场理论的假设条件。但可竞争市场理论确实为市政公用事业公私合作治理提供了重要的理论支撑。在可竞争市场理论看来，自然垄断造成的资源配置效率低下和可能的价格垄断可以通过保持潜在进入者的自由进入和退出来得以解决。公用事业具有自然垄断的市场结构，如果有潜在的竞争者（企业、社会组织）在外部形成竞争压力，就可以打造竞争的市场。潜在竞争者的进入即形成了公私之间的合作治理。

（三）梅卡斯定律与市政公用事业公私合作治理

梅卡斯定律是近年来经济学盛行的理论热点——网络经济效应的内容，该定律显示："任何一个网络，它的参与者、介入者或者说节点越多，它的效应就越好，网络的效能几乎与节点数的平方成正比。"[①] 这一定律为潜在竞争者的进入提供了理论上的准备。市政公用事业具有网络性和规模经济效应，传统意义上基于对规模经济效应的分析，倾向于选择由政府来垄断性地供给。根据梅卡斯定律，对于某项公用事业整体而言，梅卡斯定律的作用比规模经济效应更加显著。以城市水务行业为例，水务行业的主要业务流程如图 5.1 所示。

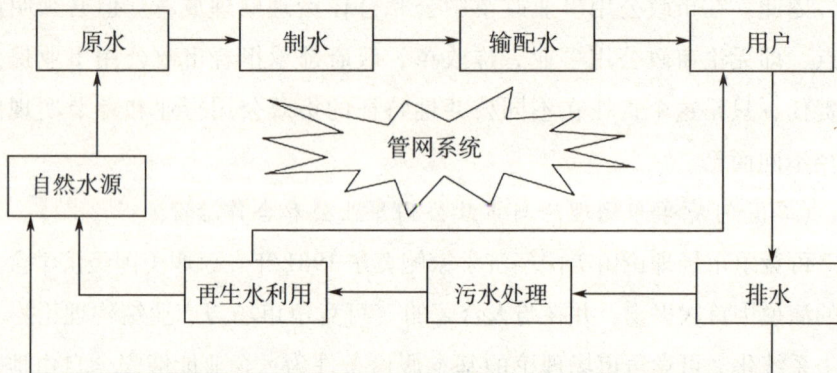

图 5.1　城市水务行业的主要业务环节和生产流程[②]

取原水、制水环节，网络经济和自然垄断性质弱，可以通过特许经营等方式进行市场竞争；在输配水环节，垄断性很强，可以采取政府规制下的自然垄断。这也为市政公用事业中实现公私之间的合作治理提供了依据。

第二节　我国市政公用事业公私合作及其治理现状

一、我国市政公用事业公私合作现状

我国市政公用事业公私合作是从 20 世纪 90 年代初市政公用事业市场化开始的，经历了民间资本初步进入、民间资本全面渗透、政府加强管制

---

① 仇保兴：《市政公用事业改革的理论和实践》，载《城市管理与科技》2009 年第 4 期，第 10 页。

② 王俊豪等：《中国城市公用事业民营化绩效评价与管制政策研究》，中国社会科学出版社 2013 年版，第 134 页。

以避免市场失灵几个阶段。在此期间，党中央和国务院颁布了一系列与市政公用事业市场化、公私合作相关的文件和政策（见第二章表2.8）。

20世纪90年代初，《中共中央关于建立社会主义市场经济体制若干问题的决定》发布后，一批城市公用企业按照《公司法》要求成立了有限责任公司，建立现代企业制度，并开始打破市政公用事业垂直一体化垄断经营格局，燃气、自来水行业开始分割重组。2002年，建设部发布的《关于加快市政公用行业市场化进程的意见》极大地推动了市政公用事业改革进程，民间资金和外资直接进入市政公用行业，特许经营制度得到广泛推行。这一时期，法国里昂水务集团进入中国市场，民营资本也较为活跃。2002年5月，德国柏林水务和北京城建第三建设发展有限公司组成的联合体中标南昌市青山湖污水处理厂一期项目。2002年6月，上海友联联合体中标上海竹园第一污水处理厂招商，是国内民营企业参与BOT融资项目的典型代表。2005年2月，《国务院关于鼓励支持和引导个体私营等非公有制经济发展的若干意见》颁布，也被称为"三十六条"，"允许非公有制资本进入垄断行业和领域"，刺激了市政公用事业市场化改革的深入推进。民营资本和外资大面积进入市政公用事业，建设部发布了《关于加强市政公用事业监管的意见》，加大政府对市政公用事业领域的监管力度，确保市政公用事业安全运营。

市政公用事业公私合作治理也包括政府与社会组织的合作。国务院在2013年发布了《关于政府向社会力量购买服务的指导意见》，政府向社会力量购买基本公共服务，这里的社会力量包括依法在民政部门登记成立或经国务院批准免予登记的社会组织，以及依法在工商管理或行业主管部门登记成立的企业、机构等，即社会组织和企业两大类。尽管这一指导性意见在2013年才颁布，但我国引入政府购买公共服务已经有20年左右的历史。最早是在1994年深圳罗湖区的环境卫生领域，也有将1996年上海市浦东新区社会发展局向罗山会馆购买服务作为政府购买公共服务开端的。之所以选择社会组织作为合作伙伴，在亨利·汉斯曼看来是因为营利组织对利润的追求可能使其出现欺诈等机会主义行为，以及合约失灵问题，而非政府组织具有非营利性，其非分配约束特征使消费者更倾向于通过非政府组织来获得相关物品。[①] 我国政府与社会组织的合作还与社会组织本身的成长和发展高度相关，社会组织近年来的成长如表5.1所示。社会组织可以参与市政道路养护、园林绿化等业务，这些一般属于无网络型市政公用事业，无需管网支持，是一个城市的"脸面"。尤其是园林绿化这样的纯公共物品，由社会组织参与提供更为恰当。但从总体上看，市政公用事业公私合作主要还是政府与外资、民营资本的合作。

表5.1   2009～2013年社会组织数量比较[②]

年份	社会组织		社会团体		民办非企业单位		基金会	
	数量（个）	比上年增长比例	数量（个）	比上年增长比例	数量（个）	比上年增长比例	数量（个）	比上年增长比例
2009	43.1万	4.1%	23.9万	3.9%	19.0万	4.4%	1843	15.4%
2010	44.6万	3.5%	24.5万	2.5%	19.8万	4.2%	2200	19.4%
2011	46.2万	3.7%	25.5万	4.0%	20.4万	3.1%	2614	18.8%
2012	49.9万	8.1%	27.1万	6.3%	22.5万	10.1%	3029	15.9%
2013	54.7万	9.6%	28.9万	6.6%	25.5万	13.1%	3549	17.2%

二、市政公用事业公私合作形式及特点

关于公私合作类型，世界银行、联合国培训研究院、欧盟委员会等都有自己的分类标准（见表5.2）。

表5.2   关于公私合作类型的分类[③]

机构	分类
世界银行	Service contract（服务外包），management contract（管理外包），lease（租赁），concession（特许经营），BOT/BOO，divestiture（剥离）

---

 ① HANSMANN H. Economic theories of nonprofit organizations, New Haven: Yale University Press, 1987. p. 29.

 ② 数据来源于中华人民共和国民政部网站：http://www.mca.gov.cn/.

 ③ 参见周林军、曹远征、张智主编：《中国公用事业改革：从理论到实践》，知识产权出版社2009年版，第26～27页。

合作治理：市政公用事业发展模式研究

机构	分类
联合国培训研究院	私人部门参与程度越来越弱、公共部门参与程度越来越强：divestiture（full scale privatization）-BOO-BOT-Concession-Lease-Management Contract-Service Contract
欧盟委员会	传统承包类（Service Contract，O&M，Leasing），一体化开发和经营类（BOT，Turnkey），合伙开发类（Concession，Divestiture）
加拿大 PPP 国家委员会	O&M（经营和维护），DB（设计—建设），DBMM（设计—建设—主要维护），DBO（设计—建设—经营，即超级交钥匙），LDO（租赁—开发—经营），BLOT（建设—租赁—经营—转让），BTO（建设—转让—经营），BOT（建设—拥有—转让），BOOT（建设—拥有—经营—转让），BOO（建设—拥有—经营），BBO（购买—建设—经营）

王灏参考以上分类方法，结合我国实际，形成了三级结构分类法，整体上分为外包类、特许经营类、私有化类三大类，每类下面又有若干细化的形式（见图 5.2）。

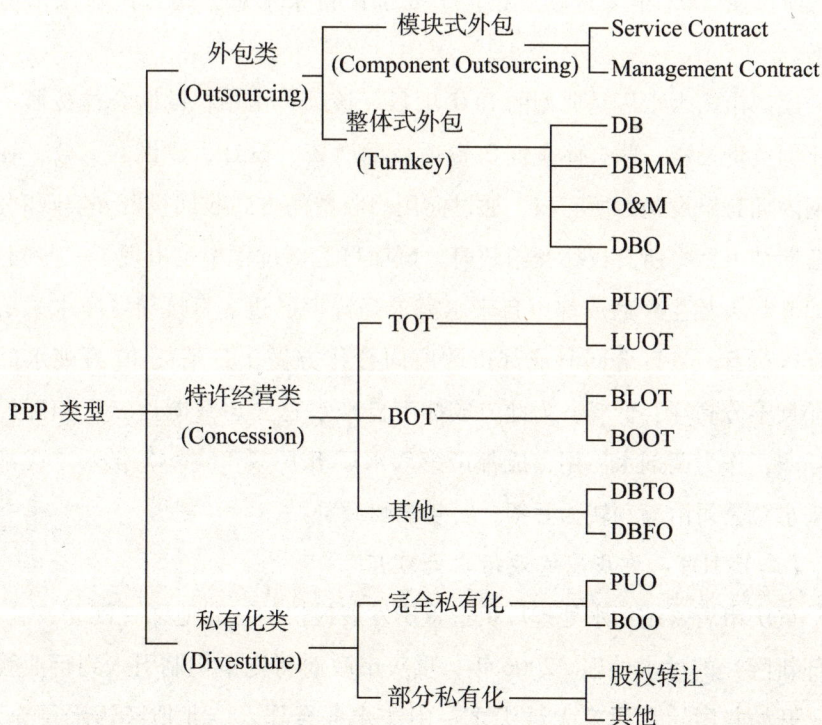

图 5.2 PPP 的三级结构分类法

这一分类模式既考虑了国际惯例，又结合了我国情况，具有较高的适用性。下面结合案例谈几种应用率比较高的方式，并阐明其特点和适用范围。

（一）BOT：威立雅成都市第六水厂项目

成都市是西南地区的重要城市，20世纪90年代初，国务院要求充分发挥成都在地区发展中的作用。市政基础设施的提供就要跟上，在供水领域，当时的成都市自来水总公司供应能力严重不足，为此，成都市自来水总公司在兴建A厂三期工程的基础上，又开始了四期工程，包括B厂和C厂。由于资金有限，成都市政府申请了国内银行贷款和日元贷款，在未果的情况下，成都市争取到了国家BOT试点机会，成为我国第一个经国家批准的城市供水基础设施试点项目。按照"价格最低"原则评标，最终中标单位为法国通用水务集团（现威立雅水务）—日本丸红株式会社投标联合体，由成都市政府和该联合体签订《特许权协议》和《购水协议》。联合体全面负责该项目的融资、设计、建设和运营，期限为18年。成都市第六水厂B厂项目在2002年2月竣工投产，成都市自来水总公司日产自来水能力大增。

成都市第六水厂是典型的BOT项目。该项目由中标的联合体按照一定的比例负责投资，联合体全面负责项目的融资、设计、建设和运营，在特许期内拥有该设施的所有权，通过向用户收费的方式收回投资和实现利润，经营期结束后将所有权移交给政府。该项目运作过程中也出现了一些问题，比如B厂开始生产后成都市自来水需求高峰期已过，直接导致净水采购合同难以执行。签订合同时成都市政府向合作方做出日消耗40万吨水的承诺，且不分高峰、低峰，为此，成都市自来水总公司只能让二厂和五厂基本停产，作为调剂水厂用，成都市第六水厂B厂只负责均匀供水。成都市自来水总公司由赢利转为亏损，每年靠财政补贴。

（二）TOT：重庆唐家沱污水处理厂

重庆市唐家沱污水处理厂负责重庆发展最快的三北地区（江北、渝北、北部新区）的污水处理。2006年，重庆市政府将竞争机制引入到行业管理中，开始与国际水业三大巨头之一中法水务合作。三北地区污水量充足，且在国家日益重视环保的情况下污水处理费提高的可能性也很大。重庆市政府与中法水务进行了谈判，达成协议。中法水务重庆唐家沱污水处理厂提高了污水处理效率。

重庆唐家沱污水处理厂项目谈判中，在资产转让价格、污水定价、激励机制、普遍服务监管等方面都是国内水务市场中外合作双赢的典范。① 首先在资产转让价格方面，重庆市政府放弃了中法水务期望采取的资产溢价模式，而是以污水处理厂实际资产价值为合作计价标准，此举可以避免后续中法水务提高收益率计算基础。其次从定价来看，污水定价适用8% ~ 12% 的固定收益率模式，此模式可以确保经营方能够获得稳定收益，但也可能刺激经营方做大成本。重庆市政府通过激励机制来遏制经营方的冲动，并不是从头到尾都采用固定收益率模式，如果经营方能够满足重庆市政府规定的经营成本降低、经营效率提高条件，则可以获得额外的利润，对经营方形成激励。

（三）股权转让（合资）：深圳水务集团股权转让

2002 年 7 月，深圳水务集团国际招标改革方案确定，深圳水务集团拟通过国际招标招募方式向一家至两家国际投资者转让国有股权并增资。2003 年 12 月，法国威立雅水务和首创威水投资公司（威立雅水务和北京首创股份有限公司合资成立）两家投资机构出资 4 亿美元，分别持有深圳水务集团 5% 和 40% 的股份。深圳市政府将特许经营权授予新组建的深圳水务。4 亿美元的并购案是当时中国企业排名第一、世界水务行业排名第二的并购合同。

并购完成后，深圳水务形成了多元的产权主体，由原来的国有独资大型企业集团转变为合资企业。合作的威立雅水务有 150 多年管理经验，是国际三大水务巨头之一，资本实力雄厚，管理效率和技术水平高，人才储备充足。而并购之前的深圳水务集团是一家国有独资大型企业，集团净资产 60 亿元，承担特区内的城市供水和污水处理业务，水务业务销售收入超过 10 亿元。深圳水务集团与两家投资机构的合资经营，合资方获得的是永

---

① 《国内水务市场中外合作双赢的成功典范——中法水务与重庆水务合作 10 周年记》，载《重庆日报》，2012 年 11 月 2 日，http://cqrbepaper. cqnews. net/cqrb/html/2012 – 11/contest_1584432. htm.

久性产权，中方获得的是资金、管理、技术和人才，并且中方要控股。双方按股权比例共担风险，共享收益。

（四）股权转让（合作）：沈阳市第八水厂项目

沈阳市第八水厂1995年建成，1996年沈阳市政府委托沈阳市建委与中法水务谈判进行股权转让。中法水务具有丰富的管理经验，仍聘请了国际一流的顾问，沈阳市建委则没有聘请投资顾问和律师。最后，中法水务出资1.25亿元人民币购买了沈阳市第八水厂50%的股权，中法水务和沈阳市自来水公司共同组建了中外合作性质的沈阳中法水务公司，合作期为30年。合作期间，投资回报，第2~3年按12%，第4~5年按15%，以后按18%进行结算。合作合同由法方起草，双方签字。在该项目运作两年后，沈阳市政府试图使沈阳发展股份公司在香港上市，希望回购沈阳市第八水厂并入沈阳发展。为此，沈阳市付出了1.5亿元的股权转让金，并聘用中法水务为沈阳市八个水厂长达10年的技术顾问。

同样是股权转让，沈阳市自来水公司50%的股权出售给中法水务，并有合同规定的年限，到期后资产再转移给原来的资产方。但中外合作的公司性质，确保了合作的中法水务获得稳定的固定回报。中法水务付出了购买股权的资金，靠合作期间的固定回报来收回成本并获得收益。沈阳市自来水公司出让了产权，获得了资金。本次合作问题出在沈阳市政府发展公用事业缺乏战略规划，为回购沈阳市第八水厂付出了沉重的代价，中法水务则获得了丰厚的收益。

（五）BOOT：北京市高安屯生活垃圾焚烧厂BOOT项目

北京是一个生活垃圾围城的城市，垃圾处理能力严重滞后于城市发展建设。为建设国际先进管理水平的生活垃圾焚烧厂，北京市政府决定对高安屯生活垃圾焚烧厂实行改革。首先，2003年5月成立了中外合资的北京高安屯垃圾焚烧有限责任公司，控股股东为美国的金州控股集团，北京的多家环保类、资产运营类企业参股。高安屯垃圾焚烧有限责任公司负责高安屯生活垃圾焚烧厂投资、建设、运营，金州控股集团代表北京高安屯垃圾焚烧有限责任公司，与北京市朝阳区市政管理委员会签署《垃圾供应协议》。同日，华北电力集团公司同意项目发电机组接入系统设计审查，北京市物价局承诺了项目投产后的上网电价。该项目融资 5 亿元，合资经营期限为 50 年，期满之后，按照协议将焚烧发电厂所有权和经营权无偿移交给政府。

高安屯生活垃圾焚烧厂属于 BOOT 模式，由成立的中外合资的项目公司建设（build）、拥有（own）、经营（operate）、移交（transfer）。项目公司凭借注册的资本金以及以项目融资形式获得的贷款来全面负责建设、经营活动，在经营期内，所有权归项目公司所有。项目公司按照签订的《垃圾补贴协议》和《购售电协议》获得利润，政府提供 95 元/吨垃圾补贴，垃圾发电为 0.74 元/度。期限届满后无偿移交政府。政府则负责监管。政府解决了生活垃圾焚烧厂投资资金不足、技术落后、管理不善的问题，投资的企业获得了合理的回报。

（六）BT：地铁奥运支线 BT 项目

地铁奥运支线项目由北京市基础设施投资公司制定框架方案，获得北京市发展改革委批复后，由北京地铁 10 号线投资有限责任公司公开招标。中标单位为中国铁路工程总公司等三家企业组成的联合体，该联合体组建了奥运支线项目公司来全权负责地铁奥运支线项目的相关事宜。待工程竣工且验收合格后，北京地铁 10 号线投资有限责任公司按照合同规定回购。在整个项目建设中，招标方负责提要求，并列入到合同中，中标单位全面负责设计、施工、监理等环节，建设效率得到有效提高。北京市基础设施投资公司为股权收购做担保。该项目合同于 2005 年 4 月签订，2006 年 9 月完工。

地铁奥运支线项目属于 BT 模式，其关键点在于找到优秀的合作伙伴，由其负责筹资和建设，项目建成之前的事项由项目公司全权负责。政府提出要求，中标的合作伙伴负责落实这些要求。建设完成且验收合格后，政府回购。由专业的项目公司负责，效率高，成本也可以得到控制，政府还可以省去筹资的麻烦。政府回购，且有第三方的回购担保，增强了项目公司的信心，确保合作顺利。

在我国市政公用事业公私合作过程中，应用比较多的是 BOT 模式，TOT 模式也有一定的应用。除此之外，还有 ROO（改造—经营—拥有）、MBO（管理层收购）、租赁经营、管理外包等方式。每种方式都具有不同的特点，并适用于不同的领域和范围。我国市政公用事业公私合作主要方式、特点及适用范围如表5.3所示。

表5.3 公私合作形式及特点和适用范围

模式	特点	适用范围
BOT	是建设—运营—移交的简称。私人部门在获得公共部门授权后，投资、建设、维护市政基础设施，在经营期内通过收费实现利润，并在特许经营期结束后将设施无偿移交公共部门	新建的可经营性市政公用事业设施
TOT	是移交—运营—移交的简称。公共部门将市政公用事业设施移交私人部门，私人部门负责运营，运营期结束后再将设施和设备移交政府部门。包括LOT和POT两种具体形式	已有的市政公用事业设施
股权转让（合资公司）	涉及股权结构变化，组成合资公司，股权受让方获得永久产权，双方按持股比例共担风险，共享收益。国有控股	规模庞大、潜在收益显著，需要大量投资和先进管理经验、技术的项目
股权转让（合作公司）	涉及股权结构变化，组成合作公司，合作到期后归还产权，并享受合同规定的固定收益	规模庞大、潜在收益显著，需要大量投资和先进管理经验、技术的项目
BOOT	是建设—拥有—运营—移交的简称。私人部门在获得公共部门授权之后，投资、建设市政基础设施，经营期内是基础设施的所有者，通过运营获得收益，经营期结束后将设施移交公共部门，是BOT模式的变化	新建的可经营性市政公用事业设施
BT	是建设—移交（回购）的简称。私人部门在获得公共部门授权之后，投资、建设市政基础设施，并在完工且验收合格后由公共部门回购	所需资金多、事项繁杂的市政基础设施，通常专业性强、工期紧
作业外包/委托运营	国有独资或国有控股的供水企业、燃气企业等将经营权租赁转让给民营机构，政府许可其在一定期限内经营该项业务，合同期一般5年之内，在位者和潜在竞争者之间形成竞争	一般是作业性、辅助性工作外包，责任边界清晰，不确定因素少，易于监管，授权者支付一定费用

三、市政公用事业公私合作的总体状况及成效

公私合作是发达国家市政公用事业发展的趋势，也是我国市政公用事业改革的重要表现和发展方向。公私合作包括政府部门与社会组织、企业等私人部门的合作，但目前主要是与企业的合作，特别是在业界有影响力

合作治理：市政公用事业发展模式研究

的大型企业集团之间的合作。合作的企业既有外资、港澳台企业，也有国企、民企，市政公用事业领域的开放为国内外游走的资金提供重要的投资领域；从转让的权利来看，既有涉及产权转让的，也有仅涉及经营权转让的，不同的转让方式形成不同的激励机制；从公私合作的领域来看，水、气、热供给，污水、垃圾处理等经营性市政公用事业领域都开始了公私合作，其中供水领域开展最早，欧洲三大水务巨头法国威立雅水务、法国苏伊士集团、英国泰晤士水务都已进军中国水务市场；从政府部门来看，中央政府积极推动，地方政府踊跃实践，中西部地区市政公用事业领域也开始了公私合作；从外资、社会资本来看，正寻求理想投资点的各类资本对我国市政公用事业领域表现出了高度的兴趣，通过各种形式寻求与公共部门的合作；从外资、社会资本进入市政公用事业领域的途径来看，既有竞争性投标，也有直接谈判和竞争性谈判，不同的情况适用不同的方式。

　　城市水务行业是实施公私合作治理最早的领域，也是发展最为迅猛的领域，下面以城市水务行业为例简要说明我国市政公用事业公私合作治理取得的成效。"中国城市公用事业政府监管体系创新研究"课题组的调研显示[①]，被调研企业中150个上报了改制方式，具体改制方式及所占比例如图5.3所示。市政公用事业改革不可避免地要涉及改制问题，在改革之前，水务行业几乎清一色由事业单位管理，由国家来提供资金，缺乏严格的成本—收益分析。法国电力公司（EDF）中国部的燃气及市政管理高级代表尤斯·克拉特曾谈到："中国的公用事业缺乏真正意义的财务资料，即只有投资，没有成本核算，估计连政府部门都不清楚成本到底是多少。"[②] 在建设部《市政公用企业建立现代企业制度试点指导意见》推动下，各地纷纷改制，建立现代企业制度。

---

　　①　该课题为国家社会科学基金重大项目，课题组对全国430个城市的929个水务企业进行了问卷调查，调查的截止时间为2011年8月。

　　②　郭彬彬：《以标准成本费用核算体系监管水务企业经营——如何规制水务企业价格成本的调研报告》，载周林军、曹远征、张智主编：《中国公用事业改革：从理论到实践》，知识产权出版社2009年版，第27页。

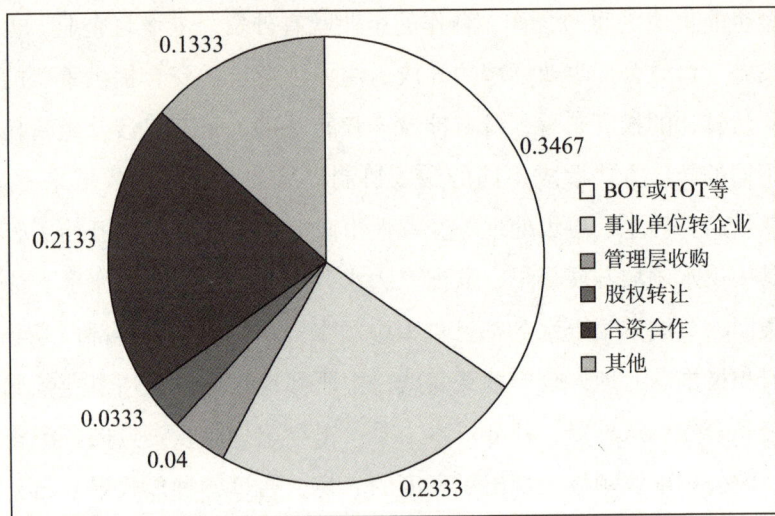

图 5.3　城市水务行业企业改制各方式比例

资料来源　仇保兴、王俊豪等：《中国城市公用事业特许经营与政府监管研究》，中国建筑工业出版社 2014 年版，第 62 页。有改动。

　　水务行业企业改制初步在城市水务行业中引入了市场竞争机制，形成了不同所有制企业相互竞争的局面。"中国城市公用事业政府监管体系创新研究"课题组的调研显示，城市水务行业以特许经营形式进行的公私合作治理取得了"显著"或"非常显著"的成效。[①] 水务行业公私合作治理缓解了资金不足问题，提升了行业运作效率、提升了服务质量。政府转变职能，从"生产者"转变为"提供者""安排者""监管者"。企业成为市场竞争主体，表现活跃，外资、港澳台资金、国有企业、民营企业互相竞争。

　　值得一提的是，在城市水务行业公私合作治理的过程中，不仅引入了外资，吸纳了民营资本，还培养了一批具有市场竞争力的大型水务企业，如表 5.4 所示。

---

　　① 参见仇保兴、王俊豪等：《中国城市公用事业特许经营与政府监管研究》，中国建筑工业出版社 2014 年版，第 67 页。

合作治理：市政公用事业发展模式研究

表 5.4 　　　　　　　　我国具有市场竞争力的大型水务企业

类型	数量	名称	典型代表	典型代表基本情况
国有及国有控股水务企业	80 余家	深圳、沈阳、乌鲁木齐、重庆、厦门、哈尔滨、西安、济南等地的国有水务集团	深圳水务集团	2001 年底，深圳水务集团在合并原深圳市排水管理处和自来水有限公司基础上成立；2004 年，引入国际战略合作伙伴，成为中外合资企业；截至 2012 年底，深圳水务集团已经在全国多个省份成功投资运作 19 个水务项目
民营水务企业	若干	上海友联联合体、山东邹平黄河供水有限责任公司，一般在二线、三线城市和县级城镇	上海友联联合体	上海友联联合体是由民营上海友联企业发展有限公司、上海建工和北京华金信息产业投资公司三家单位共同投资组成的，友联企业占 85% 的股份，在 2002 年 6 月，获得上海市最大污水处理项目——竹园污水处理厂 20 年特许经营权，总投资 8.7 亿元人民币
上市水务企业	18	首创股份、重庆水务、碧水源等	首创股份	首创股份为一家国有控股上市公司。目前，公司在北京、天津、湖南、山西、安徽等 17 个省、市、自治区的 42 个城市拥有参控股水务项目，服务人口总数超 3000 万。截至 2014 年 6 月 30 日，公司总股本 22 亿股，总资产 266.42 亿元，净资产 93.99 亿元

资料来源：多家水务集团网站整理。

第三节　市政公用事业公私合作治理的困境
——基于对特许经营的分析

一、特许经营及我国市政公用事业特许经营的现状

（一）特许经营的内涵

"特许经营"（Franchise）这一概念开始时出现在商业领域，是一种从事商业活动的方法，是"受许人被赋予在由特许人设计的营销模式下从事

提供、销售或分销产品或服务的权利，特许人允许受许人使用其商标、名称和广告"①。市政公用事业领域的特许经营（Concession）与商业特许经营是不同的。市政公用事业领域的特许经营最早是法国对佩里埃兄弟公司（Perier Brothers）关于巴黎城市供水的特许经营授权，之后，多个欧洲国家开始了公用事业的特许经营。

市政公用事业具有不同程度的自然垄断性，一定区域范围内只有一家企业最符合规模经济性的要求，但这家企业可能会因为独占的地位而获得超额利润，进而吸引其他企业的进入，新进入的企业和原来经营的企业之间形成恶性竞争。为规范经营秩序，政府需要对这一领域进行监管。实践推动了理论的发展。1968 年美国经济学家德姆泽采（Demsetz）提出了较为成熟的特许经营理论②，论述了通过拍卖形式在公用事业中引入市场竞争机制，授予符合政府提出的企业信誉好、服务质量高、报价低等条件的企业以特许经营权来解决公用事业领域成本效率和行业垄断之间的两难选择。之后，对特许经营的理论研究逐渐展开。20 世纪 90 年代，我国开始了市政公用事业改革，特许经营方式被引入到市政公用事业中，并成为公私合作的最为重要的方式。

徐宗威认为市政公用事业特许经营"就是政府的事情，通过合同约定，交给企业去办"③。徐宗威还用清朝末年慈禧太后对水务司发展自来水请示给予的"官督民办"批示来形象地说明特许经营的含义。在市政公用事业特许经营开展的背景之下，其内涵讨论成为一个焦点。这一界定对特许经营加上了时间和范围的限定。另外，建设部 2002 年发布的《关于加快市政公用行业市场化进程的意见》和 2004 年发布的《市政公用事业特许经营管理办法》都对特许经营进行了界定。与前者相比，后者基本明确了特许经营权的授予方式，即通过市场竞争机制来选择投资者或者经营者。各个规定、界定略有差异，但特许经营的内涵基本清晰、一致，是诸多特许经营

① 李虹、黄成明：《国外特许经营研究的理论综述》，载《经济纵横》2005 年第 2 期。

② Harold Demsetz. Why Regulate Utilities? Journal of Law and Economic, 1968(11):55~65.

③ 徐宗威：《公权市场》，机械工业出版社 2009 年版，第 10~11 页。

合作治理：市政公用事业发展模式研究

方式的总称，体现的是一种公私合作伙伴关系。理解市政公用事业特许经营，关键点之一是责任仍然是政府的，关键点之二是具体事情由选出的企业来完成，关键点之三是政府选择企业是通过市场竞争机制来完成，关键点之四是特许经营有一定期限和范围。

（二）我国市政公用事业特许经营的现状

市政公用事业特许经营是市政公用事业公私合作的最主要方式和途径。我国市政公用事业特许经营是在西方国家市政公用事业改革的示范效应和我国市政公用事业发展困境双重刺激下开始的。地方的实践始于 20 世纪 90 年代初的上海，上海市政府发布《上海市延安东路隧道专营管理办法》授予沪港双方设立的项目公司延安东路隧道 30 年的特许经营权。在该项目的示范效应下，陆续有其他地方开始探索，如海南省发布了类似的地方法规。当时并没有明确提出"特许经营"的概念，但方式和特许经营制度相吻合。与市政公用事业直接相关的文件在 2001 年和 2002 年由国家计委发布，鼓励民间投资以特许经营方式参与经营性基础设施和公益事业项目建设，放宽公用事业等行业准入制度。2002 年，国家发展改革委公布新的《外商投资产业指导》开放了之前禁止外商进入的燃气、热力、供排水等城市管网领域。建设部在 2002 年 12 月、2004 年 3 月、2005 年 11 月相继发布了三个对于促进市政公用事业特许经营发展最为关键的文件①，特许经营制度成为市政公用事业改革的核心制度，也是市政公用事业改革的方向和目标。随后各地陆续出台了相应的管理规范。

城市水务领域较早实行特许经营。20 世纪 90 年代初，《市政公用企业建立现代企业制度试点指导意见》颁布后，泰晤士、威立雅、中法水务等国际水务巨头试水中国水务市场，出现了沈阳市第八水厂、成都市第六水厂 B 厂等典型项目。之后几年，水务特许经营快速发展。至 21 世纪初，建设部先后出台了《关于加快市政公用行业市场化进程的意见》和《市政公用事业特许经营管理办法》，市政公用行业市场化进程加快，上海、北京、

---

① 三个文件分别为：《关于加快市政公用行业市场化进程的意见》《市政公用事业特许经营管理办法》和《关于加强市政公用事业监管的意见》。

深圳等经济较为发达城市通过 BOT、TOT 等方式引入外资、港澳台资和民营资本。以 2005 年《关于加强市政公用事业监管的意见》为标志，水务特许经营进入提升阶段，外资进入速度放缓，国内水务企业开始成长，并培育了本土的服务品牌和多家上市公司。

相对来讲，城市管道燃气行业的特许经营制度的推进比较缓慢，到了 21 世纪初期才开始放松准入，实施特许经营。2002 年《关于加快市政公用行业市场化进程的意见》颁布后，国家放松准入，鼓励民间资本、港澳台资、外资等以独资、合作、参股等方式参与燃气事业。一方面，国有管道燃气企业实施改制；另一方面，燃气企业投资主体日益多元化，大量民营和外资通过获得特许经营授权进入城市燃气行业，三大石油公司天然气产业链也在向下延伸，形成了国有资本、民营资本和外资三分天下的态势，国有的昆仑燃气、华润燃气，民营的中国燃气、新奥能源，港资的港华燃气、百江燃气等企业，在燃气市场表现优异。据一份调查资料显示，城市燃气行业特许经营项目股权资本来源中，国有资本比例占 35.6%，港澳台资、外资和民营资本共占 64.4%。①

城市垃圾处理行业的特许经营也走过了从无到有、从探索到逐步规范的过程。2002 年《关于推进城市污水、垃圾处理产业化发展的意见》出台后，城市垃圾处理行业企业改制步伐加快，出现了多种改制方式。② 改革引入了先进的工艺和设备，使垃圾处理行业效率提高、成本降低。但调查显示，城市垃圾处理行业特许经营的比例约为 1/4，远远低于同期燃气行业 69% 的比例。③

二、我国市政公用事业特许经营的困境

西方国家市政公用事业特许经营的成功对我国形成了极大的示范效应，

---

① 参见仇保兴、王俊豪等：《中国城市公用事业特许经营与政府监管研究》，中国建筑工业出版社 2014 年版，第 111 页。

② 如：事业单位转企、合资合作、股权转让、股份制上市改革、管理层收购等。

③ 参见仇保兴、王俊豪等：《中国城市公用事业特许经营与政府监管研究》，中国建筑工业出版社 2014 年版，第 130 页。

而我国市政公用事业本身的低效率、资金短缺又激发了改革的需要。在20世纪90年代市政公用事业市场化改革的浪潮之下，特许经营被顺理成章地引入到市政公用事业中来。特许经营并不是万能的，特许经营是一把双刃剑，用得好，政府、受许人、社会公众都能够获得益处；用不好，则不仅仅政府和受许人会两败俱伤，市政公用事业的特殊性决定了一旦出问题就可能造成范围广、性质恶劣的影响。湖南南漳自来水民营化引入以水泥生产为主的浙江浦峰集团造成"浊水事件"，沈阳市第八水厂引入中法水务后回购付出1.5亿元的股权转让金，成都市第六水厂B厂项目造成成都市自来水总公司严重亏损，齐齐哈尔自来水公司被强购出现严重霉味、水质浑浊等都教训深刻。据有关学者对40起典型市政公用事业特许经营的观察，基本成功的有16起，占总数的40%；明显失败的有22起，占总数的55%；目前成效尚待进一步观察的有2起，占总数的5%。①

我国市政公用事业实施特许经营的时间尚短，在受许人选择方式、授予特许经营权后公用事业产品或服务的价格确定、政府监管责任、约束特许人和受许人双方权利义务的合同协议的规范、期满后的产权移交和突发情况时的临时接管等方面都还存在着问题。如在准入方面，涉及通过什么方式授予特许权以及特许权获得竞争是否充分和公开的问题；在价格方面，尽管国务院和相关部门三令五申，实践中依然存在着固定投资回报或者变相的固定投资回报承诺，政府承诺不足和违规过度承诺并存；在特许经营合同协议方面，合同协议不规范，各方权利和义务界定模糊，造成后续监管工作的被动；在期满后的产权移交和突发情况时的临时接管方面，因为现实中到期的案例极少，有些就忽略了此款，临时接管方案也制定的缺乏可操作性。

（一）准入的困境——特许经营权取得方式规范性不足

目前我国还没有市政公用事业特许经营方面的专门法律，主要的依据是中央政府层面的《关于加快市政公用行业市场化进程的意见》《市政公

---

① 章志远、朱志杰：《我国公用事业特许经营制度运作之评估与展望——基于40起典型事例的考察》，载《行政法学研究》2011年第2期，第60页。

用事业特许经营管理办法》《关于加强市政公用事业监管的意见》《关于进一步鼓励和引导民间资本进入市政公用事业领域的实施意见》等，以及各级地方政府颁布的相关规定。其中，《市政公用事业特许经营管理办法》提出市政公用事业特许经营项目经相关部门批准后向社会公布招标条件，通过市场竞争机制选择市政公用事业投资者或者经营者。既然是招标，就要严格按照 2000 年 1 月 1 日起施行的《中华人民共和国招投标法》规定的程序来进行。但招投标程序主要是针对工程建设项目以及与工程建设项目相关的设备采购的，对市政公用事业经营者选择是否适用存在很大争议。这导致公共部门和私人部门的焦虑，公共部门担心通过招标找不到合适的经营者，私人部门担心未走招标程序而获得的特许经营权无效。

现实中还存在着两方面的问题，一是地方政府的特许经营授权规范不统一，二是实际操作中，没有严格按照程序公开、公平地评标，过程缺乏公平性和透明性。从地方政府的市政公用事业特许经营管理办法来看，各地规定的方式有差异。《武汉市市政公用事业特许经营管理办法》规定采用招投标的办法，由行业主管部门按照《中华人民共和国招投标法》等规定的程序组织实施。《天津市市政公用事业特许经营管理办法》规定采用公开招标的方式确定特许经营者，但是招标的程序另行规定。《杭州市市政公用事业特许经营条例》规定通过招标以及其他方式来选择特许经营者。《兰州市市政公用事业特许经营管理办法》规定招标等多种方式并行。另外，还有些地方采用"招募"程序，《杭州市市政公用事业特许经营条例》规定可以通过招募方式来确定那些特别复杂项目的特许经营者。这些项目如果通过通常的招标方式可能无法选出最恰当的经营者。深圳市规定可以采取招标、招募和法律、规章规定的其他方式；北京市规定可以通过招标或直接委托等等。而且特许经营还应遵循《政府采购法》的规定。规定的不一致，导致操作不一。

从地方政府特许经营权授予的实践来看，地方政府也是理性经济人，在缺乏严格授予程序以及考核机制的情况下，地方政府也可能"被俘获"，不能公开、公平、公正地选择特许经营者。有的地方政府一味迷信外资、港澳台资，在融资冲动下，将特许经营权授予并不具备资质的企业。比如，郴州燃气特许经营的问题就比较典型。① 郴州市政府委托市城管局实地考察并经过多轮协商后认为香港华焱燃气具备资质，并签订合作协议。香港华焱燃气在华全资子公司天津华焱与郴州军泰签订合作合同，并成立合作经营的郴州华焱。香港华焱燃气虚报业绩被香港证监会停牌，郴州华焱资金链断裂，天津华焱承诺的 4000 万元建设投资不能落实，未按照协议规定时间供气。最后郴州市政府又将特许经营权授予湖南新华联，导致局面混乱失控。再如齐齐哈尔市在未严格履行招投标程序的情况下，一路修改自来水公司出售方案，从开始的"向国内外招标"到"向省内外招标"，再到"向省内招标"，最后为"定向招商"，实际上指定由翔鹰集团购买，也引起社会广泛非议和批评。

（二）价格的困境——固定投资回报的作祟

市政公用事业提供的产品或服务具有自然垄断性，不能像其他商品或者服务一样，价格由市场竞争决定，即使是在市政公用事业领域施行特许经营引入市场竞争机制的情况下，其价格的确定也具有一定的特殊性。如果定价不科学、不合理会引发一系列社会问题，甚至会引起严重的社会动荡、政府信任危机。市政公用事业的特殊性质决定了不能按照边际成本定价，否则，企业就会是亏损的，影响到后续的投入。经济学家一般的主张是按照平均成本定价，细化一点就是复合定价或者是两步式定价，即科斯所主张的对固定成本和变动成本分别收费，衍生出最高限价的英式定价法和成本加上投资回报率的美式定价法。美式定价法的基本操作过程为在确定成本的基础上，按照成本的一定比例来获得收益。这种方式目前多受批评，因为成本是企业内部的事情，如果没有中立的第三方的数据作为根据，企业会有夸大成本或者过度投资的冲动，不利于激励企业节约成本、提高质量。

我国市政公用事业特许经营中存在着约定或者变相约定固定回报的问题。地方政府负责特许经营的具体实施，经验缺乏。而试图进入市政公用事业领域的企业，特别是一些外资、港资企业，具有丰富的处理特许经营

---

① 参见徐宗威:《公权市场》，机械工业出版社 2009 年版，第 222～230 页。

事宜的经验，地方政府在与其打交道过程中明显处于弱势。以水务领域为例，在收购我国水务企业股权时，外资以"溢价模式"操作，较容易获得特许经营权。威立雅水务在中国水务市场长驱直入靠的就是"高溢价收购模式"①，威立雅在中国经营的部分项目（见表5.5）。

表 5.5 威立雅在中国的部分项目

时间	项目情况
1997.6	改造经营天津凌庄水处理厂，经营期 20 年，投资 3000 万美元
1998.7	成都市第六水厂，18 年，1.065 亿美元（与日本丸红株式会社联合投标）
2002.11	珠海项目，威立雅水务在中国的第一个污水处理合同，30 年
2002	上海浦东项目，第一个允许国外企业提供完整供水服务的合同，包括饮用水生产，管网配送和客户服务
2003.9	卢沟桥项目，开了北京授予外资长期合作合同的先河
2003.11	威立雅水务联合光大国际与青岛市排水公司签署了 25 年特许经营合同
2003.12	威立雅水务同深圳水务集团签署了一份市政外包服务的重要合同，为期 50 年
2007.1	威立雅水务同甘肃兰州供水公司签订合同。通过国际投标，该合同受让 45% 的股份给市政供水公司。17.1 亿元，净资产溢价达到 280%，而竞争对手苏伊士和首创的报价分别为 4.5 亿元和 2.8 亿元
2007.9	天津市北水业 49% 股权转让项目，21.8 亿元，超过净资产 3 倍
2008	运营和维护主要工业区的污水处理厂，威立雅水务与天津泰达控股组建合资公司，并获得天津经济技术开发区污水处理厂 20 年的特许经营合同

在我国市政公用事业特许经营的初期，很多地方都实行了固定投资回报的方式来确保投资方的收益。中法水务在 1995 年沈阳市第八水厂项目中获得了 30 年的合作期，平均回报率为 18.2%。变相固定投资回报的也很多，特别是在 2002 年之前。威立雅在与宝鸡自来水合作中，合资水厂向宝鸡自来水公司提供超过城市正常需求的水量，而且不断上调，导致宝鸡自来水公司亏损。类似的事件也发生在成都市第六水厂 B 厂项目中，该项目

---

① 鄢银婵：《威立雅的中国"水生意"：高溢价收购拷问系统维护质量》，新华网，2014 年 4 月 14 日，http://news.xinhuanet.com/fortune/2014-04/14/c_126387097.htm.

中政府的最低消耗水量承诺导致成都市自来水总公司由赢利转为亏损，每年靠财政补贴。

地方政府有的是为了甩包袱，有的是为了在市政公用事业领域中引入外资以营造自身致力于改革的良好形象，外资也看清了一些地方政府急于出手的想法，在与地方政府谈判中最大化自己的收益，而将风险留给了地方政府。中央政府在 1998 年至 2002 年间先后发布了多个与外资投资市政公用事业固定投资回报相关的文件①，开始清理市政公用事业特许经营中的固定投资回报问题。但是，直到目前市政公用事业科学、合理的定价机制都没有形成。在招投标中，为了击败竞争对手获得特许经营权，很多企业往往出高价，而追求利润的企业必定会在获得特许经营权后变相涨价来获得投资回报。缺乏市政公用事业特许经营经验的地方政府往往没有通过特许经营协议明确规定双方权利义务，以及价格调整机制等内容的意识，特许经营期往往较长，特许经营企业会利用在位优势，与政府讨价还价，千方百计地通过提升价格来获得尽可能多的利润。据统计，宝鸡在 2003 年至 2007 年之间上调水价 4 次，天津、兰州、昆明等引资城市水价与其他城市相比，调价频率快且幅度大。②

（三）监管的困境——薄弱的监管意识和监管能力

我国市政公用事业特许经营是政府改革、职能调整的一部分。在传统体制之下，基于市政公用事业自然垄断性的基本判断，由政府全权负责投资、建设、运营等事项。实践证明由政府来全部负责效果并不理想，反而加重了政府的负担，使政府深陷宏观规划者和具体操作者的泥淖。市政公用事业特许经营转变了政府的角色，政府由"提供者"和"生产者"兼备，转变为"提供者"，获得特许经营权的组织则成为"生产者"，"提供者"负责"掌舵"，"生产者"负责"划桨"。为避免国有资产在特许经营

---

① 这些文件有:《国务院关于加强外汇外债管理开展外汇外债检查的通知》《国务院关于进一步加强和改进外汇收支管理的通知》《国务院办公厅关于妥善处理现有保证外方投资固定回报项目有关问题的通知》。

② 参见仇保兴、王俊豪等:《中国城市公用事业特许经营与政府监管研究》,中国建筑工业出版社 2014 年版,第 88 页。

中流失、防范特许经营者受利益驱动而产生违背公共利益的行为、维护社会大众的权益，政府需要发挥"舵手"的作用，加大对特许经营者的监管力度。但目前来看，我国市政公用事业政府监管的职能并不明确，且监管权分配分散，导致监管效果不佳。

从我国市政公用事业特许经营的实践来看，一系列与市政公用事业初衷相悖的事项已经发生或正在发生，国有资产流失、价格过快上涨、特许经营无法实现、质量无法保证、普遍服务难以实现甚至引发合同纠纷以致双方对簿公堂。在沈阳市第八水厂项目中，政府耗巨资回购，国有资产流失，但却无人担责。斯蒂格利茨在分析了诸多国家民营化实践后，认为政府官员有以低于市场价格出售国有资产的冲动，他们不会将这些资产留给下一任，通过出售，政府官员不仅可以获得一大笔资产价值，还可以创造政绩。一些地方官员将市政公用事业特许经营作为政绩工程，急于达成合作彰显政绩，而有意或无意地忽视了市政公用事业资产的科学、客观、全面评估，致使国有资产在特许经营中受损。市政公用事业特许经营之后，公用事业产品或服务价格有下降的，但价格上涨也同时存在，上涨过快深受诟病。中法水务取得沈阳市第八水厂30年的特许经营权后，合资公司卖给自来水公司的价格为1.08元，而自来水公司当时的售价为0.88元，购销价格倒挂。[①] 私营企业哈尔滨翔鹰集团控股齐齐哈尔自来水公司后，水价涨到全国最高。城市供水、燃气、热气、垃圾处理等都与市民生活息息相关，并直接影响到市民的生活成本，特许经营后的大幅涨价必然会受到市民的质疑，还有可能引发政府信任危机。

政府监管不力还表现在，因为前期论证不充分导致后续特许经营无法实现，郴州燃气特许经营事件即是例证。政府监管不力带来的质量问题也刺激着公众的神经。即使是水务巨头——威立雅也在中国多地出现质量问题，2012年威立雅焚烧炉废气多种元素超标、2013年威立雅海口白沙门污水处理厂出水粪大肠菌群数超标、2014年兰州市威立雅水务集团出厂水苯

---

① 余晖:《公私合作制在城市水务的中国实践》,世纪出版集团、上海人民出版社2005年版,第234页。

合作治理：市政公用事业发展模式研究

含量严重超标。威立雅本身是全球唯一一个提供全方位环境服务的企业集团，在业界具有良好的声誉和丰富的经验，但在缺乏严格监管的情况下也有可能出现违规行为，这给正处于特许经营蜜月期的中国市政公用事业市场提了一个醒。

（四）协议的困境——经验和能力的缺失

市政公用事业特许经营权的授予最终体现为合作协议，该协议是双方合作的基本依据，包含了政府和特许经营者之间关于合作项目的所有内容，如双方权利和义务、价格确定、具体执行方式、纠纷解决机制等。政府一般会与投资者或者经营者进行多轮谈判，明确双方的权利和义务，以及如何分担风险，如何分配利益等，一个项目从头到尾都有严格的执行条款。在市政公用事业特许经营之初，我国政府缺乏拟定合作协议的经验，为此，建设部分别在 2002 年和 2006 年颁布了《城镇供水特许经营协议示范文本》和《城镇污水处理特许经营协议示范文本》，对城市供水和污水处理特许经营协议的规范起到了推动作用。特许经营协议是对政府和特许经营人双方行为的约束，在特许经营期间如果发生纠纷，则要依据特许经营协议来解决。因此，特许经营协议是特许经营成功与否的最为重要的影响因素之一。

实际上，特许经营是一件非常复杂的事情，为了达成合作，在决定授予某单位特许经营权之后，政府还要与该单位进行缜密、艰苦、全面、详细的谈判，以切实明确双方的权利和义务，通过事先确定的双方都认同的规定来减少后续的摩擦和经营者的机会主义行为。但是，有的地方政府急于达成合作，忽视了特许经营协议的重要性，没有就双方合作的具体事项进行深入谈判，也没有形成书面的规定，仅仅是达成了合作的意向而已。这是在现实中存在并最为严重的情形。一旦出现问题，因为缺乏明确的依据情况会非常复杂和繁琐。还有一种情形是双方签订了特许经营协议，但特许经营协议内容不充分。国外的特许经营协议一般都有几百页，详细规定合作的所有事项，我国有些地方的特许经营协议就是几页纸，内容笼统，双方的权利和义务条款缺失，甚至连政府的要价和企业的基本承诺都没有。签订特许经营协议纯粹是为了满足授予特许经营权形式上的需要。形式上签了合同，但是起不到合同应有的作用。比如，在沈阳市第八水厂项目中，双方签订的合同就是由中法水务拟定的，然后双方签字确认。而且在双方谈判期间，经验丰富的中法水务聘请了国际一流的顾问，而负责谈判的沈阳市建委则没有聘请律师和顾问。

市政公用事业特许经营协议最为严重的情形是协议内容显失公平。一般来说，参与竞标的都是一些经验丰富的企业，这些企业熟悉行业运作的诀窍，知道如何规避风险，了解如何更好地保护和增加自身的收益。如果地方政府对特许经营协议不够重视，任由特许经营企业拟定，则极有可能酿成严重的后果。在中法水务廉江塘山水厂项目中，中法水务和廉江自来水签订了为期三十年的《合作经营廉江中法供水有限公司合同》，合同约定了水量和水价。水量方面规定廉江自来水向塘山水厂购水量前三年分别为6万立方米、6.5立方米、7万立方米，第四年起不少于8万立方米。而实际上，直到2009年廉江的日供水量最多不超过2.6万立方米。关于水价，每立方米自来水的起始价格为1.25元，且逐年递增。如果严格按照合同履约，则中法水务可从中获得81.27亿元纯利润，而廉江自来水公司则要亏损55亿元，即平均每年净亏损1.8亿元。[①] 这也意味着廉江市自来水公司的倒闭。因此，新建的塘山水厂一直未运营，中法水务和廉江水厂进行了旷日持久的交涉。最终，在经过十年的纠葛之后，廉江市自来水公司以4500万元回购塘山水厂，与中法水务提出的8000万元相比，廉江自来水看似付出较少，但项目谈判时领导人急功近利、不征求市民意见、不听取专家意见、签订显失公平的合同也使廉江自来水付出了沉重的代价。塘山水厂项目是我国市政公用事业特许经营双败的典型案例。

（五）资产转让和临时接管的困境——细节关注不够

既然是特许经营，那就有特许经营期限的问题，被授予的特许经营权在规定的时间之内是有效的。但这个特许经营期如何确定成为一个问题。在初期授予的特许经营期都较长，特许经营期的确定较为随意，有的甚至长达50年。2004年建设部发布的《市政公用事业特许经营管理办法》规

---

① 参见刘燕：《城市公用事业公私合作的博弈分析》，载《世界经济情况》2009年第8期，第62页。

定特许经营期限的确定要有合理的依据，并将最长期限定为30年。该办法为全国市政公用事业特许经营期问题做了最高上限的规定，地方政府在操作中有了依据。特许经营期到期之后资产移交又成为一个新的问题，这点在建设部的办法中没有规定。有的地方政府特许经营管理办法、条例里规定，期限届满后将资产无偿移交政府，有的还规定同等条件下原来的特许经营者有优先权。如果是无偿移交给政府，那么，资产转让问题相对清晰，但要防止特许经营者在到期之前破坏性的使用资产，以加速折旧收回投资成本，而忽略对机器、设备的维修和保养。因此，资产的维护问题非常重要，这一点在我国目前的合作中并未受到重视。

《市政公用事业特许经营管理办法》中有关于"临时接管"的规定，并规定了临时接管的几种情形：擅自转让、出租特许经营权的；擅自将所经营的财产进行处置或者抵押的；因管理不善，发生重大质量、生产安全事故的；擅自停业、歇业，严重影响到社会公共利益和安全的；法律、法规禁止的其他行为。但并未附有具体的实施办法，比如规定临时接管的启动程序、接管主体、接管主体的权限和时限等。而且地方政府特许经营管理相关规定中，不同的地方规定的临时接管情形不尽一致，也在一定程度上造成了标准的混乱。在临时接管的规定方面，临时接管情形的明确仅仅是第一步，更为重要的则是临时接管程序的启动、临时接管机构的组成及权限、具体的接管流程、接管的终止等内容。[①] 但目前在市政公用事业特许经营临时接管这第一步上尚没有形成统一标准。在地方政府市政公用事业特许经营管理办法、条例中，鲜有专门的临时接管管理办法，只有极少数的地方，如江苏省，制定了具体的办法。在缺乏可操作性的规范、办法时，临时接管更多的是作为协议合同的一个条款存在，实质意义并不大。

市政公用事业的基础性、公用性决定了其特殊的重要性。我国市政公用事业特许经营中临时接管的案例也不罕见，有该接管而没有接管、接管

---

① 参见章志远、李明超：《公用事业特许经营中的临时接管制度研究》，载《行政法学研究》2010年第1期，第18～23页。

理由不明确的接管等情形。在郴州燃气事件中，出现明显的临时接管情形但并未实施临时接管，当香港华焱资金链断裂，无法按照合同注资的情况下，郴州市政府及相关主管部门并未撤销其特许经营权临时接管，而到后来发展到更为复杂的郴州军泰在未经过验收、各项条件实际上都不合格的情况下擅自违规供气后，郴州市政府及相关主管部门也没有进行临时接管。2008 年 5 月，陕西民营企业双龙集团在关闭高速公路服务区进行维修时被主管部门以擅自停业给公众利益造成损害为由临时接管，这个接管就有待商榷，接管的理由是否成立有待进一步论证，关键点在于双龙集团的经营行为是否侵犯了公共利益达到了临时接管的条件。

第四节　市政公用事业公私合作治理的未来发展

一、市政公用事业公私合作治理的价值支点：公共利益和互相信任

　　市政公用事业公私合作治理是在市政公用事业市场化改革的背景下出现的新型市政公用产品或服务的供给模式。尽管中外的市场化改革都取得了显著成果，但市场化改革本身存在争议，仍有学者对市场化心存疑虑，实践中也有政府部门对市场化保持高度警惕。理论上的质疑更多是对传统的公共产品应由政府来生产和提供理念的坚守，而实践中的警惕则是对失败的市场化案例的反思。从现实来分析，尽管存在失败的案例，但市场化确实使市政公用事业领域焕发勃勃生机。在市场化趋势的大背景下出现的公私合作治理仍有很大的发展空间。

　　在市政公用事业公私合作中出现了一些失败的案例，比如政府不诚信导致的合作企业利益受损、合作企业唯利是图造成公共利益受损、合作企业对政府官员行贿导致国有资产流失等，其原因是多方面的，但合作各方缺失共同的价值也是重要的方面。市政公用事业公私合作各方"参与市政公用事业治理的目标、动机、利益和意图之间并不是完全一致的，有时甚

至是互相冲突的"①。政府期望提高市政公用事业效率，减少财政负担，维护公共利益；合作方希望从公私合作中受益，而提高市政公用产品或服务的价格是最直接的办法；市民希望市政公用产品或服务质量提高，而价格降低。政府不能完全抑制企业的盈利冲动，否则就找不到合作伙伴。政府也不能完全置市民的要求于不顾，否则就可能酿成政府合法性危机。多方需要在一个共同的价值观指引下进行博弈，进行利益平衡，最终达到共赢的目的，这个共同的价值观就是维护公共利益和彼此的信任。

市政公用事业改革的最主要目标为提高经营效率和服务质量，扩大服务的范围。同时，降低成本和价格，改善公共福利，实现公共利益的最大化。② 为了促进市政公用事业领域的公私合作，合作双方需要基本的价值观上的认同，即对公共利益的维护和相互之间的信任。公共利益是连接合作双方的纽带，是否维护了公共利益是判断市政公用事业成败的关键点，也是政府是否履行了市政公用产品或服务提供职能、合作企业是否具备社会责任的重要指标。基于社会公共利益和双方互信的合作，政府会严格把关，选择优秀的合作者，并对合作者进行激励性监管；合作方也会严格遵守合作协议，维护公共利益。信任是合作的基础，也是合作的润滑剂。有基本的信任，政府和企业、社会组织才能合作，在碰到问题时也才能顺利解决。信任可以减少双方合作的摩擦，减少双方合作的成本。

二、市政公用事业公私合作的关键点：竞争性的市场结构

在西方经济学中，竞争与垄断的争论一直就没有停止。很长一段时间之内，西方经济学主流的观点都因为垄断导致资源配置低效而否认垄断的市场结构。1942 年，经济学家熊彼特提出，"垄断价格并不必然比竞争价格高，垄断产量并不必然比竞争产量少，产量会保持在和竞争的假设并不

---

① 曹现强、宋学增：《市政公用事业合作治理模式探析》，载《中国行政管理》2009 年第 9 期，第 59 页。

② 周林军等：《公用事业市场化问题研究》，载周林军、曹远征、张智主编：《中国公用事业改革：从理论到实践》，知识产权出版社 2009 年版，第 17 页。

矛盾的那种类型的企业所能达到的生产和组织的效率水平上面"①。20世纪80年代初的可竞争市场理论也认为可竞争市场存在"打了就跑"的潜在进入威胁，潜在竞争压力可以产生社会合意的市场绩效。② 市场是否有效取决于潜在的竞争，而不是垄断与否。对于具有自然垄断性的市政公用事业如何来实现有效竞争呢？根据可竞争市场理论的观点，市政公用事业改革的关键之处在于形成有效的市场结构，有效的市场结构必然是竞争性的，即具备潜在的进入者对在位者形成压力。

不同的市政公用行业或同一行业的不同环节的自然垄断程度是不同的，仇保兴将市政公用事业区分为自然垄断业务领域和竞争性业务领域，自然垄断业务领域要维持国有企业掌控的局面，竞争性业务领域可以直接进行市场化改革。对自然垄断业务领域来说，在国有企业掌控的前提下，可以通过特许经营等方式引入竞争机制。比如，城市供水具有典型的自然垄断性，我国已经引入了威立雅、泰晤士、中法水务等合作伙伴。在自然垄断行业的不同环节，自然垄断程度也是不同的。比如，供热、供水的管网运输环节垄断性强，而生产和分销环节则具有可竞争性。对自然垄断行业实行纵向分离，在管网运输环节实行垄断经营，在生产和分销环节引入市场机制，实现经营主体多元化，形成竞争的市场结构。市政公用事业公私合作的关键点在于有较多的潜在合作方，潜在的合作者能够进行充分的竞争，公私合作时政府能够通过潜在合作者之间的充分竞争选择优秀的合作伙伴。同时，潜在合作方也会对在位者形成压力。公私合作具有一定期限，比如特许经营期，潜在合作者客观上可以起到督促特许经营者规范经营的作用，否则，就可能在下一个特许经营期失去特许经营权。这样最终形成政府监管下的垄断与竞争相互混合并逐步趋向竞争的市场，市场主体从产权结构看是国有、民营、外资等各种性质的现代企业，从组织结构看是对在位企业的纵向分离和横向分离，以及新进入的竞争者。③

① ［美］熊彼特:《资本主义社会主义和民主主义》,商务印书馆1979年版,第126~127页。

② 参见闫星宇:《可竞争市场理论综述》,载《产业经济研究》2009年第1期,第69页。

③ 参见余晖:《中国基础设施产业政府监管体制改革总体框架》,载周林军、曹远征、张智主编:《中国公用事业改革:从理论到实践》,知识产权出版社2009年版,第96页。

三、市政公用事业公私合作主体及定位：政府主导下的合作

市政公用事业公私合作治理是在强化政府责任的前提下，通过制度建设，使政府的权威制度、市场的交换制度、社会的志愿制度相结合。不管市政公用事业如何改革，政府都是提供者或者安排者。在市政公用事业公私合作主体中，政府居于主导地位，这是由市政公用事业的特性和政府的职能决定的，"政府主导性作用和核心地位主要体现在制度供给、政策激励和扶持、市政公用事业监管和政府财政投入等方面"[①]。市政公用事业公私合作需要一系列的制度设计，比如特许经营制度，还需要税收、财政、银行信贷方面的激励和扶持，以及公私合作过程中对合作伙伴的监管。实施民营化后，不再直接进行生产，但政府仍然承担着服务提供的责任。这意味着政府依然要承担起市政公用事业投入的责任，也提醒着地方政府公私合作不是"甩包袱"，不是推卸责任，可能某项市政公用服务由合作伙伴来具体提供了，但最终的责任仍然在政府那里。企业在市政公用事业公私合作中负责投资、建设、经营管理等。在市政公用事业特许经营中，企业获得特许经营权后，根据合作的不同方式（BOT、TOT 等）而承担不同的责任。社会组织既可以直接参与到市政公用事业中，比如基金会对市政公用事业的投资，也可以作为专业的监管机构、志愿组织、民意机构等与政府部门合作。

四、市政公用事业公私合作运作机制：公私合作双赢

（一）竞争机制

市政公用事业公私合作旨在打破传统由政府部门或者国有企业垄断的局面，引入市场竞争机制，发挥竞争对效率的促进作用。"官僚组织面对一万条使其努力提高效率的规章，不如使其面对一条无形的规则：竞争……"[②] 在

---

① 曹现强、宋学增：《市政公用事业合作治理模式探析》，载《中国行政管理》2009 年第 9 期，第 59 页。

② 周志忍：《英国公共服务中的竞争机制》，载《中国行政管理》1999 年第 5 期，第 38 页。

公私合作中，除了特殊的行业和领域之外，一般要通过竞争机制选择合作伙伴。通过竞争，可以比较潜在合作伙伴的优势和劣势，找到合适的合作伙伴。这里，至关重要的是要明确选择的依据，并进行真正的竞争。尽管我国市政公用事业公私合作的基本动因在于弥补资金缺口，但不应该将资金作为唯一的衡量因素。企业不是慈善家，溢价收购模式帮助企业获得合作资格，但企业会在合作期间通过涨价等方式转嫁成本来获得收益，甚至是会变本加厉获得超额利润。因此，选择市政公用事业公私合作伙伴不能仅仅看一时的融资数量或者国有资产变现和出让时的账面价值，而要将经营效率和社会公众利益作为首要衡量标准。[①]

市政公用事业的竞争机制还要能够促成"真的竞争"。选择合作伙伴要有明确的标准、规范的程序，通过公平的竞争择优录用。市政公用事业特许经营招标中就出现了一些"假竞争"的现象，比如翔鹰集团强购齐齐哈尔自来水公司项目，政府文件最后的规定实际上成了"定向招商"，但为了形式合法又走了招标程序。还有个别地方，在招标程序还没走完的情况下，中标单位已经出现了。凡此种种皆因竞争机制不健全。健全竞争机制，关键是要有公开、透明、公正的程序，公众能够全程监督。

（二）价格机制

价格也是公私合作中双方博弈的焦点之一。价格机制本身是非常复杂的，因为在市政公用事业中价格机制承载了诸多的功能。价格机制要维护社会公众的利益、反映市场的变化，还要维护企业的利益，保障企业的合理收益，除此之外，价格价值还肩负着节能减排、技术进步等政府工作任务。[②]市政公用事业公私合作初期的固定回报或者变相固定回报因为政府为此付出的巨大代价而被证明是不可取的，且国务院已经明文禁止规定固定回报。我国当前实行的价格机制是"固定加成定价"，即价格由"合理成本＋税金＋合理利润"组成。此种方法要对企业进行严格的审计，进行价

① 参见周林军：《公共基础设施行业市场化的政府监管》，载周林军、曹远征、张智主编：《中国公用事业改革：从理论到实践》，知识产权出版社 2009 年版，第 199 页。

② 参见徐宗威：《公权市场》，机械工业出版社 2009 年版，第 184 页。

合作治理：市政公用事业发展模式研究

格听证，并适当参考同类或相近产品或服务的成本和价格。这种方式被证明对经营者缺乏激励力，对经营者形成逆向激励，因为价格的基础是企业提交的运营费用和资本成本的清单，是内部的问题，那么，经营者实际上也能够获得稳定的回报，缺乏技术创新、管理水平提升的动力。英国的"最高上限定价"方法则能激发经营者的经营热情，能够降低成本，我国可以在改革中借鉴该方法。

价格机制的改革也是牵一发而动全身，公众对水、电、暖、气等的价格非常敏感，水、电、暖、气价格也从来都具有政治性。因此，在制定价格时，要充分考虑社会公众的承受能力，对低收入用户要给予特别的照顾，以切实维护公众利益。我国价格机制改革中，可借鉴英国、美国等国的做法，推进自来水等领域的全成本定价。全成本定价"将设施投资建设、运营维修、管理等全部费用都计入成本"①，以体现稀缺资源本身的价值。同时，价格机制还要能够对经营者形成激励，比如最高限价的规定，经营者如能节约成本，则可获得更多的利润，此举可以激励企业改善管理、提高效率。另外，价格调节基金也可以在经营者利润超过一定水平时将超出部分纳入专项基金，以补偿因为成本上升而价格无法迅速调整时经营者的利润亏损。再则，价格调整时要进行听证。在市政公用事业改革时，不可避免地会面对涨价的问题，要构建市民诉求表达的渠道，在遵循严格的涨价程序基础上，通过最低保障计划或者是直接的补贴来保护城市低收入者的利益。

（三）监管机制

市政公用事业公私合作客观上要求政府承担起监管职责，按照"强制服务义务"和"普遍服务权利"原则，建立以完善的管制法律制度、高效的管制机构和有效的监督机制为核心内容的城市公用事业管制体系②，对市政公用事业的市场准入、价格、安全、竞争秩序等进行全方位监管，以最

---

① 参见肖林、马海倩：《特许经营管理——城市基础设施存量资产资本化》，上海人民出版社、格致出版社 2013 年版，第 92 页。

② 王俊豪等：《中国城市公用事业民营化绩效评价与管制政策研究》，中国社会科学出版社 2013 年版，第 365 页。

大限度地维护公共利益。改变由行业主管部门立法的制度，由人大制定《公用事业法》，监管机构对人大负责，赋予监管机构执法权威和有力的执法手段。目前，我国市政公用事业公私合作治理监管特别要注意加强监管机构的建设和进行激励性监管。监管机构应是独立、透明、责任、专业和可信的。其中，独立性是监管机构的最基本组织特征，监管机构要能够独立地履行法定职责，不受各利益相关方的干涉。比如，新加坡建立了行政上和财政上都独立的公用事业的法定机构，法定机构在法规执行、人事安排、组织设置方面都是独立的，财政上的独立是指法定机构有充足、稳定的经费来源，以避免"规制俘虏"。我国目前的监管主要是由宏观政策部门和行业主管部门来实施，监管权力分散于各个部门，独立的监管机构尚没有出现。独立监管是国际公认的监管原则，建议我国也逐步朝着这个方向迈进，监管机构负责人由政府行政最高领导担任，由一个合意机构（如委员会）来集体领导，在结构上与政府政策部门分开，只有法院才能最终否决其决定，有充足的行政经费，并有自身人事调整的自主权。

市政公用事业公私合作治理监管尽可能采用激励性的监管手段。监管并不是要紧盯经营者的活动细节，而是要按照法律法规和合作协议，做好产品质量、价格、安全生产等方面的监督工作。监管机构和被监管者并不是对立的关系，二者没有利益冲突，激励性监管能够调动起被监管者的积极性，促使被监管者改善管理、降低成本、提高效率。在重庆唐家沱污水处理厂项目中，规定如果经营者连续两个价格调整年度的污水处理费用都满足一定的下降幅度，且低于同行业平均水平时，将不再实行成本加利润率的价格监管模式，以当年处理价格为标杆，节约部分为企业利润。合作的中法水务欣然接受，中法水务甚至认为"这样可以节约很多用于对付政府监管的成本"①。再则，政府监管要注重过程监管，这才是市政公用事业政府监管的关键所在，因为市政公用事业经营期较长，经营者承诺的是起始价格，如没有完善的过程监管，则可能在经营期内凭借在位优势与监管

合作治理：市政公用事业发展模式研究

---

① 宁宇:《打破公用事业垄断的第三条道路》,载周林军、曹远征、张智主编:《中国公用事业改革:从理论到实践》,知识产权出版社 2009 年版,第 194 页。

者讨价还价。

（四）多元参与机制

与计划经济时期政府对市政公用事业的垄断经营形成对比，公私合作治理模式下，市政公用事业的治理边界是开放的，企业、社会组织凡是满足一定的条件，都可以参与到市政公用事业领域中。多元参与有助于形成政府与企业、社会组织的良性互动。私人部门参与市政公用事业看重的是可能的权利保障，以及合同权利的稳定性和可靠性。以特许经营为例，关于特许经营与行政许可的关系，学界有两种观点，一种认为特许经营权的授予属于行政学科[1]，一种认为特许经营双方主要是一种商事交易关系。[2]从保障公私合作的稳定性、维护双方权益角度来看，宜确立特许经营授权的行政许可性质。[3]对政府部门来说，行政许可性质提高授权行为的公权力属性，为政府监管奠定法律基础；对私营部门来说，行政许可性质降低参与的政策法律风险和交易成本。

社会公众也是重要的参与主体。社会公众是市政公用事业的消费者，关于市政公用事业改革成效最有发言权。当前最为关键的是要完善社会公众的参与渠道，可以从对合作对象信息披露义务的规定和价格听证制度的完善两个方面入手，逐步构建完善的社会公众参与市政公用事业改革的制度。公众具有知情权，在地方政府与私营部门合作时，在合作协议中可以借鉴澳大利亚等国家的做法，明确规定合作公司的信息披露义务，并规定披露的方式、披露的时间、披露的场所等，为公众获得数据信息提供便利。另外，价格是社会公众最为关注的内容，价格听证是目前我国法定的公众参与机制。鉴于当前很多听证会都是走过场，进一步的制度建设要明确规

---

① 参见章志远、李明超：《公用事业特许经营中的临时接管制度研究——从首例政府临时接管特许经营权案切入》，载《行政法学研究》2010 年第 1 期，第 16～23 页。

② 参见阎越：《论行政合同的法律特征及其法律控制》，载《当代法学》1999 年第 6 期，第 11～12 页。

③ 《世界银行 PPIAF 技术援助项目中国基础设施领域私营部门参与的政策制度环境改善研究报告》，载周林军、曹远征、张智主编：《中国公用事业改革：从理论到实践》，知识产权出版社 2009 年版，第 367 页。

定听证代表的组成、申请听证企业为自身提供的成本数据承担法律责任或听证数据由第三方机构独立审计、听证公开进行并提前告知、设置旁听席等，真正发挥价格听证的作用。

（五）突发情况处理机制

市政公用事业公私合作治理中，政府还要制定应付各种突发事件的预案，预防突发事件的发生。市政公用事业领域多，情况复杂，有的行业容易发生事故，比如燃气行业，每年都有多起事故发生。自来水行业突发情况也较多，2014 年 4 月兰州自来水污染事件引发全城抢水风波，并引发人们对自来水特许经营的深思，而威立雅、兰州市政府相关部门在事件发生后的表现更是深受诟病。本次事件既与监管不力有关，又与事件发生后的应对不力有关。作为公共利益的代表，在市政公用事业实施公私合作后，仍然要承担公用事业发展的最终责任和承担最后的担保。政府要预见各种可能发生的情况，并按照《国家突发环境事件应急预案》《突发环境事件应急预案管理暂行办法》《水污染防治法》等形成应对措施，要熟悉各个环节，一旦遭遇突发事件，能够快速行动，将危害降低到最小限度。

突发情况最严重的情形则是当经营者出现合作协议中规定的临时接管情形时，政府部门进行的临时接管。鉴于已有的规定较为模糊、缺乏操作性，要进一步细化临时接管的规定，从临时接管条件、临时接管主体、临时接管程序、临时接管终止等几个基本的方面进行完善。从临时接管条件来看，当经营者发生公共危机而自身又无力解决或者公共危机使公共利益受到严重损害时，政府可临时接管。从接管主体来看，当前的规定一般是市政公用事业主管部门，而市政公用事业主管部门并不具备具体的操作经验，可委托有资质的第三方负责具体的运营。从接管程序来看，为防止随意接管和暴力接管，可在完善临时接管管理办法时明确接管的启动、听证、决定、执行、期限等内容。临时接管是否终止，主管部门要与经营者进行沟通，以确定是继续授予其特许经营权还是撤销特许经营权，抑或收归国有等。

五、市政公用事业公私合作的保障：合作主体的培育和利益保障

（一）合作主体的培育

市政公用事业公私合作治理既是我们特意的供给制度安排，也是外资进入、民营企业实力增强和社会组织不断发展的自然结果。没有实力强的企业和成熟的社会组织，市政公用事业公私合作治理发展就会受到影响。政府是"精明的购买者、老道的采购员和富有经验的检查员"①，经营者是直接生产者。因此，我们要沿着改革的路走下去，加强经济领域的改革，多培育优秀的企业；加强社会领域的改革，推动社会组织的发展和成熟。不断完善社会主义市场经济体制，不断加大国有企业的改革力度，切断国有企业的资源特殊获取渠道，使各类企业在同一市场上公平地进行竞争，为民营企业争取更好的发展机会。在公私合作时，由于规模、实力、经验等方面的弱势，我国民营企业在与外资企业竞争时明显处于不利地位，以水务行业为例，威立雅水务就在我国多处水务特许经营招标中胜出。扶持民营企业的发展，形成国资、民资、外资共同竞争的局面，避免一家独大。

政府还要加大对社会组织发展的扶持力度。新中国成立后，我国社会组织发展走过了曲折的道路。在经历新中国成立初期的短暂发展之后，很长一段时间，因为资源的高度集中，社会组织几乎失去了发展的空间。改革开放之后，社会组织蓬蓬勃勃发展起来。政治、经济、社会的发展是相协调的，在经济领域改革取得丰硕成果之后，我国加大了政治领域改革的力度，当经济领域和政治领域的改革发展到一定阶段之后，社会领域发展的滞后又凸显出来。于是，近年来我国又提出了社会改革的问题，并通过社会组织管理体制的改革、扶持力度的加大等来推动社会组织的发展。推动社会组织的发展，鼓励有条件的社会组织直接参与市政公用事业；增强社会组织的独立性，发挥其作为第三方机构在监管等方面的作用。

（二）合作主体的利益保障

我国市政公用事业公私合作治理已有 20 余年的时间，有经验，也有教

① Donald F. Kettle, *Sharing Power: Public Governance and Private Markets*, Washington, DC: Brookings Institution, 1993.

训。"对企业而言，最大的障碍仍然是各种'玻璃门''弹簧门''旋转门'，最大的风险来自政府不守信"①，有的政府在合作之前过度承诺，而在合作过程中却不履行合同义务，还有的政府在合作过程中额外增加特许经营者义务，侵蚀经营者权益。公私合作中政府不诚信的案例时有发生，典型的案例是长春汇津北郊污水处理厂项目，汇津公司与长春市人民政府签订《合作企业合同》，长春市人民政府颁布《长春汇津污水专营管理办法》，项目开始正常运转。但是，排水公司拖欠合作公司污水处理费，且汇津公司发现长春市人民政府已经废止了作为双方合作基础的《长春汇津污水专营管理办法》，汇津公司将长春市人民政府告到长春市中级人民法院，最后，长春市人民政府以 2.8 亿元回购污水处理厂。在实践中还有政府随便承诺的现象，过度承诺与不承诺并存。一份针对水务特许经营的调研发现，存在较多的问题为拖欠运营服务费、政府不履约等。

在市政公用事业公私合作中，要保障双方的合法权益，双方遵循契约精神，诚信合作。英、美等发达国家在公用事业市场化改革中制定了《公用事业法》《公用企业法》《公共服务价格与补贴法》《公用事业监管法》《公共服务法》等法律法规，清晰地界定了合作各方的权利和义务，确保合作规范进行。我国要加快市政公用事业市场化、特许经营等的立法步伐。我国有关市政公用事业改革立法要在现有的《关于加快城市公用事业市场化进程的意见》《城市公用事业特许经营管理办法》《关于加强市政公用事业监管的意见》等基础上，提高立法层次，由国务院颁布法规，条件成熟时由全国人大制定《城市公用事业法》，确立民营化法律框架。同时，我国已经初步建立了有中国特色的社会主义法律体系，政府依法行政的步伐也不断加快，政府应该养成契约精神。契约精神就是要讲诚信，要有信用，要言而有信。契约精神是一个现代国家政府应有的基本素养。我国要在不断完善法治的基础上，着力加强政府契约精神培育，确保政策和法规制定的连续性和合理性，以维护公共利益为解决冲突的基本准绳，真正实现不同权利之间的平等对话。

① 欧昌梅：《PPP 核心在于合同双方的契约精神》，载 2014 年 8 月 15 日第 A23 版《东方早报》。

六、市政公用事业公私合作应避免的误区

作为市政公用事业公私合作的重要组成部分，公私合作推动了市政公用事业的发展。但是，市政公用事业公私合作中还是存在着一些问题，比如公私合作与产权变革的关系、公平与效率的关系、不同领域的合作方式选择问题等。公私合作是否一定涉及产权变革？是否私有产权就一定比公有产权有效率？改革中有对产权的迷信，但"产权安排是一个简单的程序，并能无成本地实现，而且一经完成，便能一蹴而就地解决外部性问题。这种观点确实很具误导性。……产权安排使政府干预没有必要存在的观点站不住脚"①。英国经济学家史蒂芬·马丁（Stephen Martin）和大卫·帕克（David Parker）提出的超产权理论告诉我们企业效益与产权性质并无必然联系。② 公私合作不一定非要进行产权变革，更没有必要完全私有化。公私合作治理是引入其他经济成分与国有资本同台竞争，而不是为了对国有资本取而代之，而且将英、美等国公用事业私有化浪潮带来的成果一股脑归功于私有化也不够严谨。在公平与效率关系的处理上，往往是重视效率而忽视公平，这违背了市政公用事业的基础性和公共性。另外，在不同领域一刀切的合作方式凸显了对公私合作的误解，也证明我国的市政公用事业公私合作还有很长的路要走。

在看到我国市政公用事业公私合作误区的同时，也要提高警惕，关注一些更为深层次的问题，比如市政公用事业的安全性问题。以水务行业为例，尽管企业是为了盈利，但是大量的国际水务巨头进入我国水务市场，特别是一线城市的水务市场，这会不会存在某种安全隐患呢？是否要采取必要的控制措施？国家发展改革委关于外商投资的相关文件中明确指出：大中城市燃气、热力和供排水管网的建设、经营投资项目需中方控股。但地方政府在实际操作中，为了获得资金，对国有控股问题有意无意地忽视了。尽管近几年国际资本进入我国市政公用事业的速度放缓，但对这一问题仍要保持高度警惕。

---

① ［美］丹尼尔·史普博:《管制与市场》,上海三联书店 1999 年版,第 61 页。

② Stephen Martin & David Parker,"The impact of Privatization:Ownership and Corporate Performance in UK: Rout ledge,London.

第六章　市政公用事业的跨区域合作治理

　　跨区域合作问题是合作治理中非常重要的组成部分。在区域经济一体化发展背景下，传统的行政区划概念已被打破，以行政区划为界的属地管理模式难以适应公共管理的新实践。为避免重复建设和恶性竞争，实现区域内各地方之间优势资源的整合，通过跨区域合作的方式促进区域协调一体发展成为公共事务治理的新思路。

　　当前我国市政公用事业的市场化改革使市政公用事业的数量、规模、质量和供给能力都有了极大的提升，但由于市政公用事业自身的基础性、公益性、社会性和规模性等特性，其市场化改革往往伴随着公共性风险、不公平、竞争性不足、监管机制缺乏等一系列问题。制约我国市政公用事业发展的突出症结集中表现在两个方面：一是行政管理体制上的条块分割，以及属地垄断；二是市场集中度低。高度行政化的生产经营模式限制了市场要素的流动，加之地区之间发展差异较大，市政公用产品和服务供给的水平难以均衡。构建市政公用事业的跨区域合作治理模式，有助于打破行政垄断、弥补市场化不足，是对市政公用事业市场化改革进行的积极探索和回应，也是整合资源要素、统筹城乡发展，促进公共服务均等化和实现政府服务职能转型的迫切要求。

　　同时，随着我国城市群区域经济系统的逐渐形成和城乡一体化发展进程的加快，社会对市政公用服务需求的种类与层次不断增多，城际公交、区域供水等市政公用服务的跨区域合作问题日益凸显。推进供水和污水处理设施、燃气管网、垃圾处理等设施的跨区域共建共享，实现市政公用设施建设的区域联动发展，是下一步我国市政公用事业改革深化发展的战略目标。

第一节　市政公用事业发展的跨域问题与合作治理

一、跨区域合作治理的理论内涵及缘起

合作治理是旨在解决跨域跨部门公共问题的一种新的治理形式。合作治理是一个具有很强包容性的概念。合作治理以主体多元为前提、以正确处理利益关系为核心，其价值目标是公平与效率的统一。从广义上解读合作治理的内涵，合作治理是公共政策制定和管理的一种过程和结构，"它使人们为了实现公共目的，有建设性地参与跨公共部门、跨不同层级政府、和/或跨公共、私人及民间团体"[①]；一种使多个政府部门和非政府部门的利益相关者直接参与旨在制定或执行公共政策或管理公共事务，并以共识为导向的集体决策过程的正式的制度安排。[②] 跨域治理是一种多元主体的协作治理，"它是指两个或两个以上的治理主体，包括政府（中央政府和地方政府）、企业、非政府组织和市民社会，基于对公共利益和公共价值的追求，共同参与和联合治理公共事务的过程。这种治理关系的实现可能是基于法律授权、地理毗邻、业务相似或者治理客体的特殊性，通过政府（包括中央政府与地方政府）、企业、非政府组织与公民社会等多元主体之间的互动、谈判、协商与合作，实现公共事务治理的良好绩效"[③]。可见，跨域治理本身就是实现合作治理的一种形式，公共利益的实现是跨域治理的价值目标。跨域治理与合作治理的区别是其更指向于跨区域的合作与协调发

---

① Kirk Emerson, et al. "An Integrative Framework for Collaborative Governance", Journal of Public Administration Research and Theory Advance Access 2011, 5, pp. 1~30.

② Ansell C, Gash A. Collaborative governance in theory and practice[J]. Journal of public administration research and theory, 2008, 18(4):543~571.

③ 张成福、李昊城、边晓慧：《跨域治理：模式、机制与困境》，载《中国行政管理》2012年第3期，第103页。

展，它强调"多样化的分层结构、多中心、分权化和公民参与"①，主要以解决区域问题和促进区域发展为出发点。

关于跨区域合作的界定，这里的"区域"是指公共事务的空间承载体，结合我国公共管理实践，本研究的跨区域合作主要是指，政策主体及利益相关者跨越行政区划范围（如城市群、都市圈、相邻地区等）和跨越行政层级（城市—乡镇—村）在公共事务上的合作共治。本研究认为，跨区域合作治理以协调区域利益和维系区域间合作关系的制度安排为框架，以区域利益共享为目标，采取一种开放度较高的组织形式；在政府主导下，公私部门和其他社会组织等利益相关主体都有平等参与的机会，都对治理结果承担相应责任和义务，政府并不是唯一的责任主体。

跨区域合作治理的产生缘起于强烈的现实需求，并受公共服务和公共产品的本质属性所驱使。总的来看，跨区域合作治理是解决区域发展矛盾、实现公共服务和公共产品"公共性"本质的必然选择。

首先，跨区域合作治理是城市化进程和城市群建设中破解区域发展难题的需要。改革开放以来，随着工业化进程的加快和城市化水平的不断提高，我国城市之间的联系日益紧密，逐渐形成了许多不同规模的城市群、都市区，而由于发展基础和政策支持的差异，东中西部地区的公共服务水平差距较大；区域之间产业重复建设及恶性竞争严重，集群效应难以发挥，资源整合与环境发展等区域协调方面的难题不断增多，成为跨区域合作治理的出发点和基本目标。

其次，传统的以政府为主导的自上而下的科层制管制模式难以适应跨域性公共问题与公共议题的挑战。在城市化进程中，随着地域联系的密切，许多公共问题及公共议题越来越显示出跨域性的特征，仅靠单个区域的资源和单一组织的力量难以完满解决。如流域水污染治理、跨界空气污染防治等环境保护和生态建设方面，需要跨区域联合调动政府部门之间、公私部门之间，甚至民间力量的多方参与和通力合作；市场经济体制下生产要素的流动更加频繁，原材料、技术、资金、人才等需要

---

① 王诗宗：《治理理论及其中国适应性》，浙江大学出版社2009年版，第194页。

跨区域的调动才能实现区域优势整合；地区之间利用地缘优势，实现公共产品的联合生产和公共服务的互助合作，是政府职能转型的重要内容。然而，行政区划的属地管理模式和自上而下、条块分割的治理架构，造成政府管理的碎片化，缺乏协同发展的能力；科层制下的政府对市场的过度干预，第三部门和社会力量较少或无法及时参与公共事务的治理，导致政府与市场的双向失灵。

追本溯源，跨区域合作治理受到公共服务和公共产品的本质属性所驱使。从"公共性"本质而言，公共服务和公共产品是满足全社会共同需要的产物，公共服务和公共产品不仅在技术层面上具有非竞争性、非排他性的消费属性，还具有维护和实现"公共利益"的价值属性。公共服务和公共产品是否满足社会的需要，可用正、负外部性来衡量。地方政府是区域公共服务和公共产品提供的主体。从区域发展的角度看，所谓正外部性就是实现了区域利益的分享，即地方政府提供的公共服务和公共产品弥补了市场不足；负外部性则表现为，在经济发展过程中所出现的资源过度开发、环境污染、贫富差距过大、公共产品的提供在城乡和地域上分配不均等降低社会福利水平的现象。负外部性需要地方政府承担相应责任，协调区域利益，防止区域产业同构化和恶性竞争，推进区域基本公共服务均等化。但现实中地方政府的地方本位主义思想常常限制了区域利益分享，使其不愿承担负外部性的责任，造成区域之间的重复建设和资源浪费。如何加强政府间的互动合作，构建共建共享的区域公共服务体系，实现外部性的合理共享；如何保障受损害群体的权益，促进可持续发展，正是跨区域合作治理的主旨要义。

二、市政公用产品跨域供给问题的凸显

随着工业化和城市化进程的加快，我国的都市经济圈、城市群开始形成并快速发展，各个都市圈、城市群都面临着生态环境保护、交通运输、公共卫生、水资源分配与管理等跨界公共事务治理方面的诸多问题。"由于公用事业及其基础设施建设是城市经济发展的基础，公用事业一体化所带来的物质财富和精神财富的增加、劳动力素质的提高、社会环境的改善等

是任何一个产业都无法达到的。"① 市政公用事业作为公共服务中的基础性行业，为城镇居民生产生活提供必需的普遍服务。"公共性"是市政公用事业的本质属性。无疑，市政公用产品跨域合作供给的实现意义重大。首先，从我国统筹区域协调发展的现实需求来看，市政公用事业的跨区域建设和运营是促进区域经济一体化、市场化和产业化发展，提高区域经济整体生产率的重要途径；同时也是整合优势资源、促进市场要素流通和实现资本、技术融合的重要领域。其次，我国是发展中国家，正处于快速城市化阶段，尚未建立足够的市政基础设施网络体系为城市和乡镇（城市郊区）提供服务，市政网络的扩张和延伸服务是我国"城市反哺农村"的重要发展策略。② 借力新型城镇化发展契机，推进城市供水、污水处理、供气等市政公用服务向农村地区延伸，将十分有助于实现公共服务均等化目标。再次，市政公用产品跨域合作供给是实现政府公共服务职能转型的重要方式。通过市政公用产品的跨区域合作供给，加大财政资金对欠发达地区的转移支付力度，加强政府间的互动合作，形成市政公用设施建设的区域联动发展，共建共享区域内的公共服务体系，实现正外部性的合理共享，从而达到降低成本、提高质量、实现规模效益的良好效果。

　　市政公用事业的跨区域合作治理，不仅是实业界的重点和难点问题，也是理论界的重点课题。我国越来越多的地方政府意识到跨区域合作发展市政公用事业是提高区域生产力和公共服务水平的强大动力，将实现区域内市政公用事业的对接作为促进城市群、都市圈一体化发展的重要策略。这方面的合作事例不胜枚举，如自 2006 年 11 月 19 日起，我国首条城际公交线路——郑开（郑州—开封）城际公交开通，至今已逾八年。此后，跨区域城际公交在全国范围内掀起了新一波的浪潮。截至目前，全国已有十余个省、市开通了跨区域的城际公交③。2010 年 3 月，北京市首次明确将

　　① 李景元：《对接京津与都市区公用事业一体化——构建首都经济圈与京津走廊公用事业体制变革》，中国经济出版社 2011 年版，第 1 页。

　　② 参见仇保兴：《市政公用事业改革的理论和实践进展综述》，载《城市发展研究》14 卷 2007 年第 1 期，第 110 页。

　　③ 参见李耀鼎、朱洪、程杰：《国内城际公交发展案例分析》，载《运输与交通》2012 年第 2 期，第 26 页。

地铁延伸至河北城镇。① 但是，由于市政公用事业的公共性不仅限于公共物品属性层面的公共纯度，也受到自然垄断性等生产属性的作用。市政公用产品具有资本专用性、规模经济性、范围经济性等自然垄断特征，市政公用产品的供给受到特定生产环节网络性特征的影响；一旦市政公用生产企业出现问题将影响社会生产正常秩序的运行，带来公共利益的损失。② 尤其是市政公用事业明显的地域性、自然垄断特征，使跨区域运营的合法性和利益整合的难题更为凸显。如 2008 年北京公交车 938 路跨界运营被堵事件，表面上看是廊坊本地的部分车主出于自身利益的考虑对外省公交运营进行的阻挠③，实质上反映出我国区域发展过程中根深蒂固的"条块分割"和"以邻为壑"问题，凸显了利益协调机制的缺位。同时，市场化改革也促进了市政公用事业经营权的跨区域整合。根据马歇尔"建设性竞争和联合形式优越论"④ 的启示，公用事业必须通过要素市场化的方式才能绕开辖地割据的垄断封锁。我国公用事业市场化改革的核心是引入有效的竞争机制，在不丧失市场竞争活力的前提下，实现规模经济效益。跨区域兼并是整合市场资源、激发公用事业生产集约潜力的一种方式。跨区域经营权的竞争，既确保了市场竞争机制的发挥，也促使公用事业由属地垄断向区域联合发展的形式演进，通过市场化的路径实现公共服务的协同化。因此，在我国区域经济一体化和市场化改革深入发展的背景下，市政公用产品跨域合作供给方式如何规范？市政公用产品跨域供给的经营权如何酌定？利益成果如何分配？合作过程如何监管、由谁监管？合作与竞争的关系如何

---

① 参见杜丁：《北京地铁延河北方案上报国务院——"首都圈"概念将写入北京"十二五"规划》，载《新京报》，2010 年 11 月 7 日。

② 参见曹现强、刘梅梅：《公共性差异视角下的市政公用事业发展探析》，载《理论探讨》2012 年第 4 期，第 144 页。

③ 廊坊当地车主认为北京公交车 938 路跨界运营对同区域经营车辆造成不公平竞争，致使他们客源流失，几乎无法生存，自发组织对 938 路进行连续 6 天的围堵，致使车内乘客下车，公交车返回北京，无法正常运行。

④ 经济学家马歇尔经济理论中关于规模经济和垄断弊病之间的矛盾的观点，即马歇尔冲突论。竞争与垄断这组对立因素如何统一在同一经济系统内，既要充分利用公用事业的规模经济效应，又要发挥竞争机制对推动企业和产业绩效改进的激励作用。核心是找出竞争活力与规模经济之间合理均衡的适度边界，以使生产效率和社会福利最优化。

处理等等，一系列问题亟待解决。

三、市政公用事业的特性与合作治理结构

"治理是指适用于涉及公共产品提供的法律和规则"①，合作治理是一种"跨越组织功能和边界而联系起来的组织形式，具有可渗透的结构"②，由此看来，合作治理的结构受公共产品的特性及其提供方式的影响。市政公用事业自身的特性使其在开展跨域合作治理时表现得更为复杂。

1. 市政公用事业的地域垄断性及生产条件的限制增加了市政公用产品合作供给的难度。

市政公用事业的生产方与供给方在一定的时间与地域范围内具有垄断性，消费者对产品供给方的选择程度较小；产品生产与供给中的突发问题对社会经济生产生活的正常秩序影响重大。③ 市政公用事业是为城镇居民生产生活提供必需的普遍服务的行业，是狭义上的公用事业，与其他公用事业相比，其最大的特点在于具有明显的地域性，一般仅局限于一定区域范围中，产品和服务不会跨区域流动，其规模往往随城市自身规模、经济发展水平和城市网络设施而定，在各个城市之间具有相对的差别性。由于不同地域市政公用产品的生产条件不同，因此在合作治理供给过程中要考虑产品的地域特征（包括资源、人才、资金、技术等基本要素，市场成熟程度、地方政策以及社会公众的意向等）的融合性。

2. 市政公用事业的网络性、规模经济性等生产属性决定了其产品的生产和提供需遵循不同的模式，市场利润的驱使也使产品生产（提供）者追逐能产生更高经济效益的行为，从而忽视了市政公用事业的"公共性"本质，这就对跨区域合作治理的制度安排提出了更高的要求。

---

① 蔡岚、潘华山：《合作治理——解决区域合作问题的新思路》，载《公共管理研究》2010 年第 8 期，第 194 页。

② Agranoff Robert, et al. Collaborative Public Management: New Strategies for Local Governments. Washington D. C. : Georgetown Univerity Press, 2003, p. 23.

③ 参见曹现强、刘梅梅：《公共性差异视角下的市政公用事业发展探析》，载《理论探讨》2012 年第 4 期，第 143 页。

市政公用产品具有不同性质的生产属性，遵循不同的生产模式和经济效应。网络性是指，公共事业的运营需要借助覆盖其市场范围的传输及分销网络。根据网络性可将市政公用事业划分为供水、供热、供气等网络型行业和园林绿化、垃圾污水处理等非网络型行业，网络型行业遵循网络的经济效应。网络的经济效应体现为网络的效能几乎与其结点数的平方成正比，即任何一个网络，它的参与者、接入者（结点）越多，它的效益就越好。"在网络经济和自然垄断性质很强的市政公用服务网络部分，应实行政府规制下的自然垄断"①。但不可忽视的是，网络性对"公共性"存在一定的负面作用：网络行业的受益和成本是由生产者、服务提供者、用户等多主体来分摊的（如供水、排水处理和公共交通），一旦服务失败，其所造成的损失远远大于服务供给的成本。如供水传输中，某区域供水管道的损坏带来的损失不仅限于该管道附近，还可能带来一个地区甚至更大范围的损失，对公共利益造成很大的损害。同时，在我国快速城镇化的进程中，市政公用事业的服务将不断延伸至大城市周边的乡村地带，政府应更多地激励市政公用事业网络延伸的投资，发挥市场机制的作用，而不是单纯以价格管制来遏制网络性对"公共性"的负面作用。关键在于如何规范市场化的作用，实现政府管制角色的转型，在公共性问题上达成利益共享、责任共担及利益补偿协议，明确"公共利益"的价值导向。同时，需要将传统行政命令式的控制手段转化为一种符合法律意义的、合理规范的约束机制。

如何实现规模经济与竞争机制的平衡，防止区域垄断，是实现跨域合作治理的难点。网络型市政公用行业普遍具有规模经济性特征。所谓规模经济是指产品成本随生产规模的扩大而降低的经济现象。具有规模经济特征的行业在产品规模达到某个产值后，才能够有效益，这个值被称为规模经济的"阈值"。规模经济效应主要体现在两个方面：通过扩大网络覆盖区域使需求量不断增加；通过扩大利用者数量使需求量不断增加。需求量的增加必然使每一需求承担的固定成本不断下降，使整个系统呈现规模经济。即使生产的自然垄断作用正逐渐走向部分甚至全部瓦解，规模经济性仍将

① 仇保兴：《市政公用事业改革的理论和实践》，载《城市管理与科技》2009 年第 4 期，第 10 页。

继续存在。换言之，在一定的市场范围内，企业单位生产成本随着生产规模的扩大而减少，规模经济决定市场结构的垄断性。水厂、电厂等市政公用产品的生产主体则主要遵循规模经济效应。市政公用产品供给的垄断程度越高，其公共安全的风险系数越大；市政公用产品的公共性随着规模经济效应的增大而不断增强。① 在市场经济条件下，打破行政壁垒后，投融资渠道和股权所有者增多，网络性和规模性作用的叠加往往使公用产品的生产者和供给者在资产定价评估中放大其预期效益，以经济效益的最大化为目标，发生本应由生产者负担的成本转移到消费者身上的"不当溢价"现象，使产品价格往往超过其实际价值。此外，企业是生产和提供市政公用产品的主体，生产规模的跨区域扩张将会加速产权多元化的形成，从而增强企业的竞争力。但是，竞争机制的扭曲又将带来新的区域垄断。如在市政公用事业的市场化改革过程中，根据城市规模等地域特征，可将市场按照行政区域进行划分，通过区域间竞争来提高服务质量与效率。但在实践过程中，部分城市区域竞争机制发生扭曲，区域竞争变成企业对市场的瓜分，造成实质上的区域垄断。

从合作治理的视角看，政府作为治理权力的让渡者，能否主动转变观念，树立合作共治、权力共享的新理念，将成为跨域治理能否达成以及是否有效的关键。治理结构的网络化是合作治理的重要特征，网络化意味着政府与其它主体之间从自上而下的等级制向平行组织之间互动转变、从命令和控制向谈判和协商转变、从对立向合作转变，由此形成多元主体之间相互依赖、相互协商、相互合作的网络结构。② 网络关系是一种多边关系，参与主体从自身利益出发，相互之间存在着权力和资源的依赖。实际上，就生产经营的方式而言，市政公用事业的网络性和规模经济性并不是独立存在的，各个网络节点增多和覆盖范围的扩大，将会使产品生产趋向规模经济；随着规模经济的扩大，为了防止区域垄断而开放多元参与的渠道，

---

① 参见曹现强、刘梅梅：《公共性差异视角下的市政公用事业发展探析》，载《理论探讨》2012 年第 4 期，第 143 页。

② 参见曹现强、宋学增：《市政公用事业合作治理模式探析》，载《中国行政管理》2009 年第 9 期，第 58 页。

又将增强其网络性，生产网络结构的变化引起合作网络结构中各个参与主体之间权力和资源依赖关系的变化。网络关系的变化要求权力的重新配置，传统的政企合一的管理体制已无法适应这种网络结构的变化。传统的政企合一管理体制中，政府拥有强大的权威，控制资源的流动和分配，不愿意共享权力，控制命令的思维难以改变，权力的不对等使参与地位的平等基本上只是一种理想状态。

3. 市政公用事业各行业关联性强，整体上具有发展性特征，这说明跨区域合作具有可延展性，需要一种弹性的治理结构。

一方面，市政公用事业由于其生产中的特殊属性（如网络性、规模性），各行业在生产与发展中具有很强的关联性。各行业基础设施建设中具有配套性，供水、供热、供气的管网可通过共同建设降低管道铺设成本，在分销环节可以通过服务平台的共享增加便民性等。在传统体制下，政府运用行政命令手段实现各行业建设与运营的协调，实现整体推进。市场化改革后，伴随着市场主体自主性的增强，在追求自身经济效益的同时，也造成了一定的行业分割现象，各行业发展失衡。"市政公用行业存在供热行业供需矛盾突出、污水全收集任务重、全处理的目标难度极大等'短板'，供水、节水、排水、燃气等行业监管亟待增强，违法用水治理、二次供水设施监管不到位，水质安全有隐患，大部分分散式污水处理设施建成后闲置不用等问题，都证明强化行业发展方向问题的重要性"。[①] 另一方面，市政公用事业的"公共性"随着社会需求的发展而变化。从特定行业的发展历程来看，如集中供热在过去被视为一种具有私人物品属性的消费品，或者仅在北方部分地区具有普遍需求，而随着社会发展，如今集中供热服务成为更广阔地域范围内的公共必需品，其"公共性"明显增强。从市政公用事业的整体发展趋向来看，随着国家对社会转型期民生问题的关注，以及服务型政府的建设，市政公用事业的公共属性会逐步增强。

---

① 《关于实现和推进市政公用事业系统性规模化发展的调研报告》，济南市市政公用事业局网站，2013 年 9 月 9 日，http://www.jngy.gov.cn/zhengwugongkai/shizhengzhichuang/diaoyanbaogao/2013 - 09 - 09/403.html.

可见，市政公用事业的跨区域合作治理，要注重整合各类资源，按照行业协同发展的内在需求做好策划、规划、建设、管理与运营，推进其实现系统性规模化发展。同时，由于超越单一的行政区划，市政公用事业的跨域合作治理需要从整体上考虑区域经济、社会、资源和环境现状及发展趋势，根据区域经济社会发展的需求调整市政公用产品跨区域供给的种类和规模。因此，市政公用事业跨区域合作治理结构应有一定的弹性空间，使其可以根据各行业关联性的变动和特定行业"公共性"的变化来调整合作供给的安排。

第二节　市政公用事业跨区域合作及其治理现状

一、我国市政公用事业跨区域合作现状

伴随着城市化与市场化改革的进程，我国部分市政公用行业在城市群区域内进行了多种形式的探索性合作，主要集中在公共交通、供水（生产/配送）、供气、城市污水垃圾处理等行业。跨区域交通运输一体化发展，包括城际客运公交及轨道交通一体化建设、公交一卡通工程、客运异地联网售票、跨区域交通运输、跨区域竞标建设公路等；跨区域供水，如打破区域界限发展集中供水、供水信息化多系统的跨区域整合等；城市污水垃圾处理行业，如城市水污染跨区域合作治理、垃圾处理跨区域选址及补偿机制的建立；区域供气，如燃气管网设施的跨区域共建共享。

城际公交是我国最早进行跨区域合作的市政公用行业，也是目前我国市政公用事业跨区域合作发展得较为成熟的行业之一。各地政府制定实施了不同的政策，通过运营路线对接、公交一卡通工程、扩大路网覆盖等措施推进城际公交一体化发展。如河南省除郑开城际公交外，随后开始打造中原9城市1.5小时公交圈；湖南省也于2007年1月开通了长沙、株州、湘潭三市城际公交；北京开通了至河北廊坊的城际公交；辽宁开通了沈阳至抚顺、沈阳至铁岭的城际公交；江苏开通了扬州至镇江的城际公交；

2009 年上海开通了嘉定至太仓的城际公交;2011 年无锡和苏州实现了城际公交的无缝对接;2006 年至 2012 年济南开通了济南至章丘、齐河、莱芜等地的城际公交。目前全国城际公交联运路线已贯通华东、华北、华南、东北和西部地区,打造"交通圈"已成为各地城际交通一体化发展的主要形式,位于城市群、都市圈和经济带的地区,城际公交线路则更为发达。城际公交的蓬勃兴起不仅改变了传统的客运模式,刺激了交通运输经济的发展、与铁路运输形成优势互补,而且提高了居民出行便捷度,加强了城市之间的互动联系。

以公交一卡通建设工程为例。上海市早在 1999 年就提出了实施"公共交通一卡通"系统工程的设想,上海公共交通卡项目覆盖城市交通和高速公路收费的 14 大应用,是全国第一个实现公共交通"一卡通"的城市,并与无锡、苏州等城市实现区域间的互连互通。[①] 粤港澳公交一卡通(岭南通),截至 2013 年 7 月底,此卡已开通省内 18 个地市和香港、澳门地区,在省内 14 个地市实现全面覆盖,累计发卡量逾 3300 万张。消费终端近 7 万台,充值点超过 5000 个,合作运营商家已超过 1200 家,累计消费交易量 158 亿笔,消费金额约 269 亿元,跨区域消费笔数 5 亿笔,跨区域消费额 11.1 亿元,日刷卡量超过 1000 万人次,跨区域日刷卡量超过 50 万人次,已成为中国规模最大的区域交通一卡通系统。[②] 再如公路客运异地联网售票,2007 年底京津冀跨省公路客运联网售票成功试运行,北京 10 家客运站、衡水市 10 多家客运站、天津近 10 家客运站、客运企业、客票代理店之间通过第三方——特捷技术系统有限公司建立的联网售票信息平台实现了异地互售,实时结算。[③] 公路客票跨区域联网发售意味着可以建立全国性客运信息系统,以信息技术为依托,实现客运资源的高度整合和客运市场

① 周学庆:《上海公共交通卡系统跨行业跨区域的一卡通》,载《中国计算机报》,2004 年 8 月 23 日,http://media.ccidnet.com/media/ciw/1341/b0501.htm.

② 谢振东、吴金成、谭丹丹:《基于粤港澳公共交通一卡通互联互通平台构建研究》,载《金卡工程》2014 年第 1 期,第 16 页。

③ 参见张起花、熊燕舞:《公路跨区域联网售票风生水起》,载《运输经理世界》2008 年第 5 期,第 34 页。

的高效运行，给客运企业、客运站和乘客带来诸多便利与实惠。

目前跨区域合作也在城市污水处理工程中发挥着重要作用。始于 1995 年的绍兴污水处理系列工程，从根本上改善了纺织印染大市的污水隐患，而区域合作就是其市场化治污模式中的重要内容。[①] 绍兴市以市场化为导向，以市县合资共建模式建设跨行政区域的污水集中处理厂——世界最大的纺织印染污水集中处理工程，通过区域合作、市场化运作，绍兴市逐渐形成了源水、供水、污水搜集、污水处理与排放一体联动的系统，优化了生活用水的质量。

为实现城乡统筹发展，我国各地政府加大了对公用事业的投资力度，市政公用事业的服务网络正逐步向城市周边地区延伸，目前江苏、浙江、广东、山东等地城市供水、污水处理、公交、供气向村镇延伸服务的试点已经取得明显的社会效益和生态效益。如苏锡常地区为防止过量开采深层地下水所带来的灾害，根据"运用市场机制共建共管、共享共用区域基础设施"的规划，对 40 个乡镇的供水范围作了调整，水源、水厂的建设方案也作了相应的调整。供水项目按照"谁投资、谁受益"的原则，广泛吸纳各种资金参与。以江阴为例，该市由市政府、乡政府和市自来水公司三方出资，成立了三家供水有限责任公司，所有乡镇都可以喝上以长江为水源的自来水。同时江阴市与有关县（市）协商，向无锡的惠山和常州的武进等乡镇供应自来水，真正实现跨行政区域供水。[②] 再如，四川打破区域界限发展适度规模的集中供水工程。适度规模就是在人口居住密集且有良好水源的平坝、浅丘地区，打破区域界限，优先修建跨区域、跨乡（镇）、跨行政村的集中供水工程；在人口集中程度低的丘陵地区重点推行坚持集中供水为主，分散供水为辅的原则，因地制宜建设小型集中供水工程。这些做法大大降低建设分散工程"成本高，运行维护难"的弊端，大大加快了四川农村饮水安全工程建设步伐。据统计，虽受"5·12"大地震影响，截至

---

① 绍兴市市场化治污模式：政府主导、区域合作、多元投资、企业经营、市场运作。

② 参见全国市长研究班第四课题组：《中国城市建设资金筹集政策建议》，载《中国建设报》，2011 年 2 月 22 日，http://www.chinajsb.cn/bz/content/2011-02/22/content_21646.htm.

2008年6月30日，四川省已完成"十一五"规划任务的44%，解决531.83万人饮水安全问题，建成工程166512处，其中集中供水工程4327处。[①]

二、我国市政公用事业跨区域合作模式的比较分析

目前我国市政公用事业跨区域合作主要发生在公交、供水（生产/配送）、供电和污水垃圾处理等行业。市政公用事业的生产属性决定了其不同行业的发展需遵循不同的经济效应。公交、供水（生产/配送）和供电都属于网络型行业，城市污水垃圾处理则属于非网络型行业；由于各个市政公用行业的自然垄断程度不同，其选择的跨区域合作方式也呈现出不同的特点。从行业内、外两个视角对这些行业的跨区域合作模式进行比较，可考察不同市政公用行业跨区域合作的差异性，为分析市政公用事业跨区域合作治理的要素提供基础。

（一）城际公交一体化

"城际公交"目前尚未有统一的定义，从广义上看，"城际公交"主要是指城市之间的公共交通运行模式，包括公共汽车、地铁、民航等快速化、大运量的交通工具来为公众提供快速而便捷的公共交通服务；狭义的"城市公交"则是指运行于城市与城市之间的、以公交化模式运营的道路公共客运，而非通常意义上的在城市市区内运行的公交客运，本研究中"城际公交"的定义主要指向后者。从运营模式看，城际公交充分集合了公路客运和城市公交的优势，目前全国范围内城市公交的发展主要有三种倾向：公路客运"公交化"，是指在公路客运的线路中采取城市公交的运营模式，充分发挥公交的多频率、高密度、多站点等优势，同时也结合了公路客运的点对点、一票直达等特点，运营主体是道路客运公司；城市公交"公路化"，是城市公交向市外公路的延伸，运营主体为城市公交公司；道路客运和城市公交并存，采取混营模式，运营主体既有道路客运公司，也有城市公交公司。综合业内专家学者的观点，城际公交主要呈现以下三个特征：

---

① 参见唐瑾：《四川：打破区域界限　发展集中供水》，载《中国水利》2009年第1期，第60页。

从运营空间看，运营路线范围在城郊之间或毗邻城市之间，设置固定始发站、中途站和终点站，并定点按时发车；从运营距离看，相对普通道路客运而言，运营距离较短，均在150公里以内；从运营模式看，由于城际公交的运营一般经过两地（区域）之间的高速公路（或高架桥、国道），因此其路况较普通公交复杂，可概括为"城市公路＋高速公路（或高架桥、国道）＋城市公路"。[①]

城际公交一体化，即实行"一城一交"的大交通管理体制，对城乡客运市场统一规划、统一管理，构建区域之间城市公交与城乡客运发展的一体化体制机制。具体而言，在管理方式上，包括线路名、形象标识、车辆类型、站点设置、票价等方面要实现统一；在经营主体及机制上，应完全实行公司化经营，摒弃承包或挂靠经营模式，走规模化、集约化经营之路；在城际公交线网布置上，要合理规划城际网络结构，与多种交通方式实现有效衔接，与城市布局、城市发展相配合并满足客流需求。[②]

总的来看，城际公交是一种升级、发展、扩展的客运模式，也是未来城市客运网的一种发展趋势。城际公交出现后，城市与城市之间的道路客运连接工具由火车、公路客车发展至公交车，运营范围跨越了市与市之间、市与县（乡镇、村）之间的行政区划及层级。城际公交的运行需要政府、社会、市场多方面多主体之间进行更多的协调、沟通与合作。由于经济社会发展基础不同，各个城市群、都市圈的战略定位也不同，为适应不同的发展需求，各地在城际公交运行过程中探索出许多各具特色的发展模式，但却呈现出相似的跨域合作特征（见表6.1）。

---

① 参见闫新亮：《探访城际公交系列二：我国城际公交之现状》，载中国客车网，2009年8月7日，http://www.chinabuses.com/myarticle/2009/0807/article_296.html.

② 参见刘志凯、薛俊峰、闫云新：《城际公交体系构建及发展模式研究》，载《综合运输》2010年第3期，第55~56页。

表 6.1

典型模式 （开通时间）	缘起	跨域范围	合作主体	发展阻力	合作、经营方式及特点
郑开模式 （2006年）	《河南省全面建设小康社会规划纲要》1小时经济圈发展战略	省内跨市毗邻地区	河南省交通厅、建设厅发起；由开封运输企业和郑州交运集团共同组建的河南神象城际公交公司独立经营	征收燃油税后，政府补贴不足造成经营困难	双方组建公司；经营主体单一；公路客运"公交化"
长株潭模式 （2007年）	长株潭一体化发展战略	省内城市群	长沙、株洲、湘潭三市政府，交通、建设部门，主要由长株潭办（一体化合作组织）推动，组织相关企业	票价高且收费不统一（公众质疑）、发车间隔长、运营效率低；政府补贴不到位	经营模式多样；经营主体多元；道路客运、公交并存；方案施行前，专家咨询论证、以各种形式听取民意（企业、公众）；三市签署相关合作协议
德清模式 （2008年）	打造"同城公交"构建杭州都市圈	省内跨市毗邻地区	两地的政府部门连同交通部门、城建部门，两地客运企业与公交企业（杭州长运集团、湖州长运公司与杭州公交集团共同合作组建）由三方的合资公司——杭州德清公共交通有限公司运营	部门协调困难	两地政府多次召开交通协调会，建设部门、交通部门主动服务；三方合资、三方组建公司；城市公交"公路化"
嘉太模式 （2009年）	长三角一体化进程加快，太仓经济地位提升，成为江苏对接上海的桥头堡，两地往返客流增多	跨省毗邻地区	上海市政府发起，嘉定、太仓两市政府共同推动，组织相关企业	—	衔接轨道交通站点；"一卡通"优惠；道路客运、公交并存
深莞惠模式 （2010年）	《珠江三角洲地区改革发展规划纲要》，推进深莞惠一体化发展进程；满足居民及旅客出行需求，缓解乡镇路段运力不足的问题	省内经济圈	深圳市政府发起；东莞、惠州两市政府参与，由深圳市宝运发汽车服务有限公司营运	分包运营主体利益不均、客源争夺	三市联合签署《深圳市东莞市惠州市跨界客运班线公交化运营合作计划的协议》；经营主体单一；抑制乡镇地带非法营运；城际与城乡公交并行；公路客运"公交化"

典型模式（开通时间）	缘起	跨域范围	合作主体	发展阻力	合作、经营方式及特点
皖苏模式（2006 年）	推动南京都市交通圈一体化发展，打造皖苏 8 市 1 小时经济圈	跨省经济圈	安徽省、江苏省相关市交通局发起；组织相关企业	—	8 市共同编写发布《南京都市圈交通发展的白皮书》，签订交通合作协议；一卡刷遍 8 市公交；道路客运、公交并存
京廊模式（2007 年）	为促进经济发展、方便人员出入，廊坊开发区管委会主动提出"北京公交延伸至廊坊开发区"	跨省经济圈	廊坊开发区管委会发起，由北京客运公司开通，廊坊客运公司基本没有参与	两地客运企业、两城市公交企业利益之争、客源之争，协调困难；跨域城际公交合法身份遭质疑	开发区管委会向廊坊市政府提交请示文件"允许北京 938 路公交延伸至廊坊开发区"；经营主体单一；经营权模糊；单方业务延伸；城市公交"公路化"

资料来源：本研究根据相关文献资料整理。

1. 合作动力：城市群一体化建设及居民跨区域长距离出行的迫切需求

构建交通圈一体化发展是城市群区域合作战略、都市经济圈发展规划的重要内容。随着我国城市群的形成，建立完善的城际交通运输体系，已经成为推动我国社会经济可持续发展和城市化建设的重要支撑因素，是城乡一体化的重要组成部分，受到各级政府的高度重视。如郑开模式、长株潭模式、德清模式、嘉太模式和皖苏模式，其开通城际公交的目的都是为了促进城市群建设的需要，或为适应都市圈经济一体化发展的要求。同时，随着城市化和城市经济发展水平的提高，城市间、城乡间居民出行范围不断扩大。城际公交属于准公共产品，具有一定的公益性，城际公交区域合作是为了满足居民跨区域、长距离的出行需要。如深莞惠模式，两条深莞跨市公交化运营班线分别为深圳市观澜汽车客运站——东莞市塘厦汽车客运站、深圳市观澜汽车客运站——东莞市凤岗汽车客运站，观澜、塘厦和凤岗三地居民在家门口就可以坐上跨市公交化运营班线，真正实现了三地交通一体化。坐深莞两地的班车需要 8~12 元的车费，城际公交开通后，车费只需要 3 元（全程 3 元，深圳境内 2 元），每 15 分钟一班车，约 500 米设置一个公交站，不仅降低了两地居民的出行成本，也方便居民中途上下车。城际公交线路的开通不仅满足了深莞两地居民的出行需求，同时也在一定程度上抑制了观澜桂花村片区的非法营运现象，缓解了该路段运力不足的问题。① 深莞惠城际公交的开通也被誉为"深莞惠一体化象征意义的开端"②。

2. 合作模式：政府引导 + 市场经营 + 公众参与

从目前的情况看，城市政府和企业是我国跨区域城际公交发展的合作主体，政府在合作过程中起主导作用；社会公众参与政策制定过程，但总体而言参与程度较低。以长株潭公交一体化政策的制定过程为例。③ 长株潭是我国内陆省份最早提出经济一体化的区域，曾两度提出过三市公交一体化。长株潭公交一体化由政府主导，主体为湖南省政府及其职能部门，包括湖南省发展改革委员会、长株潭办、湖南省交通厅、湖南省建设厅、湖南省公安厅等，以及长沙、株洲和湘潭三个地方政府。长株潭办是其中最重要的合作组织。长株潭公交一体化参与网络主要表现为三种力量在制定政策具体内容上的参与：政府体制内的技术官僚（具有专业权威的主要官员）；政府体制外的知识智囊（业内的专家学者）；实际运作层面的企业、团体（公交企业、客运企业、相关经营从业人员）和公民个人。真正为社会公众（城市居民）开放的参与平台非常少。按照政策过程，在政策制定初始时就应开放公众参与的渠道。当运营过程中出现站点设置不合理、发车时间长、票价偏高等问题时，为优化城际公交布局线路，利用网络媒体向社会公众征集意见和建议。④

关于经营权和运营方式，多数城际公交的开通是由区域地方政府发起的，目前的经营方式主要有三种：政府引导由组建的合资公司经营；政府授权独家经营；没有规范的经营权，城市公交公司和道路客运公司共同经

---

① 参见红梅、高凌雯、曾婵、郑家雄：《深莞惠开通城际公交》，载《深圳晚报》，2010 年 2 月 9 日，http://wb.sznews.com/html/2010 - 02/09/content_961691.htm.

② 《深莞惠一体化有了象征意义的开端》，载《深圳晚报》，2014 年 6 月 9 日，http://wb.sznews.com/html/2014 - 06/09/content_2900705.htm.

③ 参见蔡岚：《缓解地方政府合作困境的合作治理框架构想——以长株潭公交一体化为例》，载《公共管理学报》2010 年第 4 期，第 34～37 页。

④ 参见喻向阳、冉照福：《如何优化长株潭公交线路》，载《红网联合交通频道》，2008 年 1 月 10 日，http://hn.rednet.cn/c/2008/01/10/1416208.htm.

营。采取城市公交"公路化"，还是道路客运"公交化"，或是二者并行，是跨区域城际公交运营的两难选择。

3. 合作的合法性问题：行政权威与合作协议

城际公交跨区域合作发展的维系主要靠两方面的力量：一是省级或市级政府的行政权威；二是参与主体各方面经过沟通协商达成的正式合作协议，具有法律或制度规范意义。相对而言，在跨区域城际公交的发展中，政府的行政权威仍起主要作用。从战略规划到实际运营，都离不开行政制度的保障。政府的行政保障在很大程度上赋予了城际公交运营主体跨域经营的合法身份。如深莞惠模式，深莞惠三地交通部门打破行政区划，三市联合签署《深圳市东莞市惠州市跨界客运班线公交化运营合作计划的协议》《跨界客运班线公交化运营合作补充协议》，明确城际公交经营方式和经营主体，并在完善场站建设、优化整合旅游客运线路、互免路桥费和优化公交运输线路等方面给予政策安排。再如皖苏城际公交一体化模式，缘起于 2002 年完成的《南京都市圈规划》，明确提出了"建设经济发达、社会文明、空间集约、生态优良，经济社会一体化的现代化都市圈"的宏伟目标。由江苏省的南京市、镇江市、扬州市和安徽省的马鞍山市、芜湖市、滁州市、巢湖市、宣城市等苏皖地区8 个城市的交通部门发起，各方达成共识，整体规划 8 市交通运输，目标是共同打造以南京为中心的 1 小时交通圈，谋求包括交通运输、运输管理和交通基础设施建设的一体化，从而实现 8 城市间交通运输公交化。8 市在共同编写和出台的《南京都市圈交通发展的白皮书》中达成共识，明确提出发展城际公交的政策，保障了城际公交跨域运营的合法地位。可见，政府行政权威在跨区域合作中起着关键作用，地方政府间的沟通协商、达成共识并建立规范性的合作协议，即地方政府间合作治理框架的建立及行政制度的供给，是跨区域合作顺利实现的前提和保障。与此相反，北京—廊坊城际公交，在发起阶段由于没有合作行政制度的保障，同时缺乏法律意义上的合作协议，在发展后期不断遭遇跨域运营合法性的质疑。

4. 合作阻力：运营主体利益博弈与跨域跨层级的多部门协调沟通

目前跨区域城际公交发展的最大阻力普遍来自于公交运营主体对客源的争夺，进而引发一连串的利益博弈事件。随着市政公用事业市场化改革的推进，以企业经营为主体，市场自由竞争机制导致区域之间的客运企业和公交企业的利益之争，甚至出现当地客运业主为抢夺客源而"围堵"城际公交的过激行为。作为准公共物品的城际公交，必须保证其公共利益的价值导向，而政府作为市场化改革的引导者，其政治权威运用不可违背市场发展的规律，否则，运营主体之间的利益之争就会演变为政府与市场的博弈。同时，跨域合作既是地理空间上的跨越，也是同一城市政府部门之间、不同城市政府部门之间的职能衔接与合作；还涉及城市公交部门与道路客运部门的协调，在这一方面，城际公交的运营主体（企业）无权协调跨域运营的纠纷，必须由政府出面斡旋，"这已经不是我们公司这个层面能左右的事情，这是跨省的博弈"[①]。尤其是城际公交要获得合法运营身份的审批环节也涉及交通、建设等多个部门。因而，运营主体利益之争的背后实质上反映了政府对市场的监管能力、考验政府部门间的沟通协调能力、检验政府部门职能架构的合理性。

5. 技术合作："一卡通"工程、联网售票与个性化服务

跨区域发展城际公交既是适应区域经济发展的要求，更是一项惠民工程。实践证明，通过实行"一卡通"工程、异地联网售票、统一公交形象标识和个性化的站点服务等一些技术上的合作，将会吸引更多客源，促进城际公交一体化的发展。例如嘉太线城际公交（上海嘉定市—江苏太仓市），可刷交通卡并享受优惠，嘉太线全程16公里，核定票价6元，如果使用上海市或太仓市公共交通卡，则享7折优惠，只要4.2元[②]；皖苏城际公交（安徽与南京相关8市）一卡可刷遍8市公交。目前浙江易商科技有限公司作为中国道路运输协议发文全国推广的86580电子票务运营商，已在浙江、湖北、广东等地建立省际公路客运电子票务运营[③]，实现了跨省城

---

① 参见王鹏等：《河北司机围堵跨界北京公交事件调查》，载《京华时报》，2008年4月9日，http://news. qq. com/a/20080409/000359. htm.

② 参见李耀鼎、朱洪、程杰：《国内城际公交发展案例分析》，载《运输与交通》2012年第2期，第27页。

③ 《深圳、浙江签署跨省公路电子售票协议》，载九九物流网，2011年9月27日，http://www. 9956. cn/news/19801. html.

际联网售票。这种跨域跨行业的技术合作极大地方便了公众出行，同时也提高了城市公交的信息化建设水平。个性化服务，包括场站设计的安全性、便捷性，以及乘车、候车的人性化服务，如郑开城际公交的旅游化①、济南到长清"济长巴士"城际公交线路实现 WIFI 免费上网，这些都需要区域信息技术的支持与行业标准的统一。

6. 合作支持：政府政策性补贴

跨区域城际公交发展需要政府配套政策的保障。目前，各地政府普遍采用的保障政策是免养路费、座位附加费、客票等各种费用，但开征燃油税后，各地政府普遍未对城际公交的燃油税进行补贴。作为一项惠民工程，城际公交票价收入远远低于成本，政府政策性补贴的不到位，造成普遍亏损的现象。如郑开城际公交，一年亏损就高达 600 万元②；与郑开公交相似，浙江苏通公交也面临严重亏损，"苏通城际公交每天的营业额仅 2000 元，连支付燃油费都不够"③。

（二）区域一体化供水

区域一体化供水是指打破行政区划界限，将水源相对集中、供水范围覆盖多个区域、管网连成一片的供水系统，其优势在于合理利用水资源，形成规模效益，提高了供水系统的专业性、合理性、可靠性与经济性。在市（县）域范围内实现区域供水，可以合理配置水资源，发挥大水厂的规模经济效益，避免基础设施重复投资和建设，降低制水成本，可有效解决大城市周边乡镇（村）供水难的问题。可见，跨区域供水是对城市或城乡区域之间水资源和供水服务的跨区域调配，也是在政府主导下发挥市场化机制、实现水务产业跨区域经营的过程。我国当前的跨区域供水涉及行政区域内市与县（市）、市与区及县（市、区）与镇等不同行政层级在资金

---

① 所谓公交"旅游化"是指城际公交在车辆选择上以及运营模式上采用公交车的车型,旅游化的配置,提升了运营的快捷和乘坐的舒适度。

② 《一年亏损高达 600 万元　郑开公交缘何遭遇运营困局》,载《大河网—河南日报》,2011 年 6 月 9 日,http://www.ha.xinhuanet.com/zfwq/2011-06/09/content_22966189.htm.

③ 《公交人不敷出　身份尴尬让城际公交难以为继》,载《汽车网—中国汽车报(北京)》,2010 年 12 月 17 日,http://www.chinacar.com.cn/news/news_8_15391.html.

筹措、利益分配等方面的关系，因而这是一种跨越纵向行政层级的合作。通过分析目前我国区域供水运作的典型模式（如表 6.2 所示）的资金筹措、管理方式等的发展变化，可以看出跨区域供水合作治理的条件及趋向。

表 6.2　　　　　　　　　　我国区域供水典型模式分析

典型模式及特点	跨域范围	资金筹措方式	供水管理模式	经营方式	运营责任主体
江阴模式：市、县、镇共同入股，损益共摊	市一县镇（乡）一村	区域内镇政府共同出资组建供水有限公司；鼓励企业采取 BOT 方式参与工程建设经营；加大水资源费征收力度；区域供水工程中涉及的青苗费、农田水利设施建设费等由各镇或主管单位自行解决	直接管理：城郊接合部的行政村，由市自来水总公司直接负责；镇水厂管理：具有独立加压设施或不加压直接供水的乡镇；市场化管理：对共用一个加压站的乡镇，按《公司法》组建供水有限公司进行集中供水，各镇独立管理镇域供水	股份制合作（技术或资本参股）	城乡级排水公司；镇水厂；各乡镇组建的供水有限公司
常熟模式：全市统一建设，县镇（乡）量力而行	市一县镇（乡）一村	市级财政直接投入和贷款贴息、政策扶持；自来水公司贷款解决，政府仅负担一部分贷款利息	一体化管理模式：将原分属各镇和水利、电力系统的小水厂全部划归市自来水公司，改为营业所；原有供水管网无偿划拨市自来水公司	市自来水公司统一经营	市自来水公司
南通模式：制供分开，分段计价，多渠道筹资	市一县一乡镇	BOT 引资建设（亚洲环保投资 3.98 亿元）	南通市自来水公司负责净水建设，通州、如东两县（市）负责输水管网和增压站的投资建设	市县合作经营	南通市自来水公司（负责水厂生产、水质和水安全）；通州、如东自来水公司（负责输送管理和分销经营）
东莞模式：分区域分期建设，企业化运作	市一镇	改变以往"设工程筹建办、指挥部等临时机构，工程费用由财政贷款"的办法，转为：区域供水企业化运作，多渠道融资	由东莞市东江水务有限公司向各镇区自来水公司供清水，与镇区自来水公司结算，不直接对用户，属批发形式	市自来水公司统一经营	东莞市东江水务有限公司，负责建设、运营、管理区域一体化供水

资料来源：本研究根据相关文献资料整理。

1. 合作目的：调整不合理的供水格局，统筹城乡发展

合理调配水资源，实现区域合作供水即区域联网供水，将城市供水网络延伸至县镇（乡）、村，缩小城乡市政公用服务差距，这是统筹城乡发展的要求，也是实现区域公共服务均等化的基本内容。具体而言，跨区域合作供水是冲破旧的供水"割据"体制，将自来水管网从市区大范围地向周边乡镇延伸，在辖区内实施区域供水。这是对行政区划局限造成的不合理供水格局进行调整，以淡化行政区划的概念，实现跨行政区域供水。以江苏的苏锡常地区为例，目前苏州市已与原吴县市实现联网供水；常州市向江阴市的部分乡镇供水；江阴市把自来水管网延伸到常州市的武进和无锡市的部分地区。

2. 合作动力：城市"水荒"与供水企业的转型改制

一方面，城市"水荒"现象日益严峻，迫切需要通过跨区域合作供水，合理调配和保护水资源，满足城乡居民的基本生活需要。随着我国区域经济的发展和城市化水平的提高，城市地区水质型缺水的特征日益突出，水资源短缺的矛盾越来越严重。地表水受到严重污染，大量工业废水和生活污水不经处理直接排入地表水体，造成地表水质量下降，水环境恶化加剧；地下水严重超采造成地质环境灾害，地面沉降导致防汛压力增大、构筑物遭到破坏，并对重大基础设施和人民生命财产安全构成潜在威胁；城市化战略和社会经济发展对城市供水提出新的挑战。目前我国用水总量已突破6000 亿立方米，占水资源可开发利用量的74%，但全国缺水量仍达 500 多亿立方米，近 2/3 城市不同程度存在缺水。① 另一方面，在市场化体制下，供水企业需要转型改制，积极参与市场竞争以提高城市供水效率。随着市政公用事业市场化改革的深入发展，供水行业也逐步走向市场化。跨区域合作经营是激活供水企业竞争力的有效途径，只有转变供水管理体制和供水企业的经营方式，将供水企业做大做强，才能应对市场风险。此外，通过跨区域联网供水，可发挥辖区内现有供水设施的投资效益，有利于水厂的规模化建设和管理，节省运行成本，促进供水行业管理体制改革和创新。

---

① 《全国水功能区水质达标率为 46% 2/3 城市缺水》,载中国新闻网—能源频道,2012 年 5 月 9 日,http://finance. chinanews. com/ny/2012/05 - 08/3873402. shtml.

3. 合作模式：市、县两级政府合作，企业市场化运作

区域供水是跨越纵向行政层级、跨越城乡区域的合作，目前我国在区域供水一体化发展过程中，主要产生三种供水管理方式：一是市、县两级政府共同组建供水公司，对供水业务进行整体管理，市级总公司、镇水厂、各乡镇组建的供水有限公司等多主体参与运营，如江阴模式；二是将所有业务划归市级供水企业进行统一管理，县、镇地区的供水企业是其业务派出机构，受其业务上的管理和领导，如常熟模式和东莞模式；三是市级供水企业和县（乡镇）级供水企业分工合作，市级供水企业负责水源、制水等生产环节，县（乡镇）级供水企业则负责输水、售水环节，如南通模式。供水工程建设的资金筹措方式普遍从主要由政府投资转变为企业贷款、引进外资、政府贷款贴息、市、县（乡镇）政府共同出资等多渠道的投融资方式。同时，发展资金和技术皆可入股的股份制经营，促进市、县（乡镇）、企业及社会力量的共同合作。

4. 合作阻力：小团体利益的对抗和不同行政层级部门利益的协调

跨区域供水打破了小范围内的垄断经营，影响到一部分小团体的利益，引起了他们的对抗行为。如在制水环节，部分镇区的水厂出厂水没有达标，就采取掺水方式；尽可能地少用区域供水水源，并且在自身水源水量充足时也不用，提高水价以获取最大利润。同时，跨区域供水涉及范围广，涉及不同区域、不同行政级别的单位，增加了沟通协调的难度。如苏锡常区域供水可以分为三个层次，即各县级市范围内的区域供水、三个大市与各自所辖的县级市及县级市之间的区域供水、三个大市间的区域供水。区域供水工程涉及规划、土地、水利、建设等职能部门，也离不开各级基层政府，若不能统一认识，并在一定程度上抛开地方保护主义、小团体利益，打破供水行业的局部垄断，各项工作就难以开展。此外，还面临技术层面的阻力，如乡镇供水单位技术和管理水平低，现有供水管网质量低劣，漏损率高，严重影响水价成本，加重用水负担。资金层面的阻力，由于供水工程建设周期短，投资大，各地自来水公司筹资压力大。

5. 合作支持：科学规划、财政政策、价格政策及配套政策

实践经验证明，区域供水的实现需要具备一系列政策支持。首先，政

府主导，规划先行，按规划要求进行政策安排。其次，政府鼓励通过多种合理方式筹措建设资金，包括政府财政预算安排、政策性收费；积极争取利用国债和国外政府贷款、国内银行贷款；鼓励企业自筹资金，如各地自来水公司将企业合理利润、固定资产折扣等资金，投入供水设施建设；受益单位和乡镇合理承担部分管道建设费用，如乡镇供水管网沿途单位，按照受益多少，合理承担部分管网建设费用。再次，实行有利于推进区域供水的水价政策，完善价格形成机制。如实行水厂与管网分离、对区域供水中新建供水设施实行保本微利的价格政策；供水价格实行同网同价，联网后逐步竞价上网，质优、价低的优先上网。此外，供水企业改制后增加法人实体，税负加重，实行制销分离；目前的多级收费中均存在重复缴纳增值税的问题，因而要实行相关配套政策。

（三）污水处理跨区域合作

城市污水处理是市政公用事业的重要内容。城市污水处理行业的产业特性十分独特，产品具有自然垄断和准公共物品的性质，大多呈网络型来提供服务，具有明显的规模经济性，其大部分资产具有很强的专用性。同时，城市污水处理是社会生产生活的必需品，其产品或服务的质量直接关系到社会公众的健康，在公共政策中更强调其公共服务性。近年来，跨区域合作在我国城市污水处理中逐渐推广使用，跨区域合作不仅为城市污水处理行业的发展提出了新的方向，而且为打破行政区域限制、推动环境保护等基础设施一体化进程提供了新模式（见表6.3）。

表6.3　　　　　　　　　我国城市污水处理跨区域合作模式

典型案例	跨域范围	合作主体	运行主体	合作方式及特点	合作治理对象
绍兴市纺织印染污水处理工程	市级—县级	市、县两级政府＋污水处理企业	绍兴水处理发展有限公司	市县合资共建水处理发展有限公司	纺织印染工业污水处理
佛山市跨区域污水处理工程	城区—城区	城区政府＋污水处理企业	佛山市镇安污水处理厂	利用世界银行贷款；由市政府牵头、两城区政府共同委托建设实施主体	佛山涌流域水污染处理，特别是禅城区东部、东南部及南海区石啃片区的污水（属珠江水污染综合治理工程）

资料来源：本研究根据相关文献资料整理。

1. 合作目的：利用地域特征，集约资源及技术优势，推进水环境污染综合连片治理

环境问题具有系统性和跨区域性，以及区域自然条件的相似性，使加强区域环保合作成为改善生态环境的客观需求。从目前的实践看，跨区域合作在城市污水处理工程中的优势效益逐渐显现，跨区域合作将成为城市污水处理行业的一种发展趋势。从地理自然条件看，地域条件需要污水处理进行跨区域合作。如佛山市污水处理工程，南海区石啃片区地域上与禅城区联系紧密，其间不存在较大河涌相隔，从地形、地貌上已不可分割，南海区的石啃片区适宜与相邻的禅城区划分为同一排水流域。因此，从地域特点上考虑，将禅城区与南海区石啃片区的污水纳入同一个污水排放流域，有利于两区的水污染综合防治。从经济效应看，跨区域合作有利于发挥污水处理的规模效应优势，"污水处理厂处理设施大型化、集中度高，有利于降低基层单位的基础建设成本和运行管理费用；污水处理厂规模大，有利于减低单位污水量的用地面积，节省用地；城市污水量大，水质、水量变化就小，有利于运行管理；有利于形成合理、统一的水资源利用与污水排放综合管理体系"①。此外，跨区域合作极大提高了污水处理工程建设运营管理的效率，实现污水处理设施共建共享，有效地整合原有各大污水处理厂的人才、技术设备及经验优势，可减少人员培训及管理费用，降低物料采购成本。

2. 合作模式：打破行政区域限制，跨域纵向行政层级，分工合作

目前我国城市污水处理的跨区域合作范围主要是跨越同一个城市的市、城区、县（乡镇）的纵向行政层级和地理范围。合作一般由市级政府发起，市、县政府共同出资，或利用世界银行环保项目贷款资金，联合组建跨区域范围的污水处理大厂，市、城区或县级政府分别负责相关工作；污水厂实行市场化运作。如佛山市跨区域污水处理工程，经市政府牵头，由禅城区、南海区两区政府共同签署《区域合作环保项目确认

---

① 参见邱维、汪传新、阮小燕：《区域合作在城市污水处理工程中的应用》，载《市政技术》2008年第6期，第523~525页。

书》，区政府负责财政支持及移民、征地拆迁，共同委托工程建设的实施主体。佛山市跨区域污水处理项目，除建设用地跨区域外，其中远期污水收集管网和服务区域也横跨禅城、南海两区。绍兴水处理发展有限公司是目前世界上规模最大的区域性综合污水集中治理企业，其服务涵盖绍兴市区和绍兴县两大行政区域，服务面积超过 800 平方公里。[1] 由绍兴市、县两级政府按照 4∶6 的比例出资 4687 万元组建绍兴水处理发展有限公司，作为污水处理的运作主体，该公司试行市场化运作，实现两地污水集中处理和达标排放[2]。

3. 合作支持：环保制度供给、财政政策和组织决策

政府在环保过程中发挥市场无法替代的作用。在制度供给方面，政府需要不断完善污染处理的相关法律法规和具体制度安排；在资金提供方面，需要政府的财政补贴、引进外资等政策；在组织决策上，政府是污水处理行业的主导者，跨区域合作的规划及具体行为均由政府发起。因而政府是城市污水处理跨区域合作的首要责任者。

4. 发展阻力：过度集中效应和垄断经营

可以预见的是，跨区域合作可能会带来一种过度集中效应。跨区域合作共建增加了污水处理厂"一厂独大"的规模经济效应，将引发污水处理企业的垄断性和环境保护产业化的矛盾。在市场化机制下，只有竞争才能提高效率，市场化是环保最有效的途径，而产业化是市场化的集中体现，污水处理行业固有的垄断性可能会带来治污的低效。此外，由于污水处理工程主要是在污染终端发挥作用，重污染企业不会随着污水处理工程的建立和完善而减少，这将引发污水处理服务的供不应求，同时也会加大区域产业结构调整和升级的难度，因此跨区域污水处理仍需要在其他环节拓展新的合作路径。

---

① 参见杨宏翔：《论水环境产品供给中的政府与市场和谐——以绍兴污水处理为例》，载《经济研究导刊》2007 年第 10 期，第 7～8 页。

② 参见杨宏翔：《论水环境产品供给中的政府与市场和谐——以绍兴污水处理为例》，载《经济研究导刊》2007 年第 10 期，第 8 页。

（四）垃圾处理跨区域合作

城市垃圾处理与污水处理具有相同的行业特征及公共产品属性。目前我国城市垃圾的跨区域合作主要有以下三种方式：

一是在区域毗邻城市中，在政府层面签订合作协议，指定有能力进行垃圾转化再利用的环保企业全权负责垃圾技术处理工作。如江苏省兴化市和盐城市盐都区（城区）的垃圾处理合作。为减少简易填埋垃圾对城市环境的污染，由兴化市政府发起，兴化市、盐城市两市政府签订合作协议，兴化市投资垃圾处理设备并负责垃圾运输、支付处理费，委托盐都区江苏大吉再生资源发电公司负责垃圾处理。① 二是由政府发起、政府监管，委托专业的转运公司负责将垃圾运送到各市、县的垃圾焚化厂。如台湾环保署发起垃圾跨区域合作处理，具体由环境督察总队各区大队及内政部环保警察队共同执行督察工作，包括清运车辆是否通过审核、转载的垃圾是否符合运送标准、清运车辆是否符合作业安全、清运过程中是否有垃圾污染等。② 三是以股份制的方式共建垃圾处理厂区。如位于珠江三角区的市、镇，由相近的多个市、镇政府合作，以股份制方式共同建设具有一定区域性，达到一定经济规模的厂区。

此外，从毗邻省、市引进环保人力，如河北固安县人民政府与北京环卫集团签订环卫服务框架合作协议，为该县提供环卫一体化服务，有利于推进环卫领域京津冀一体化进程③；建立跨区域垃圾处理经济补偿机制，即跨区域选址，实施生态补偿——生活垃圾需要跨区域处理的区，应当给予接纳区适当的经济补偿等方式（见表6.4），促进垃圾处理的跨区域合作。

① 《兴化——盐都跨区域合作处理生活垃圾》，载《北极星电力网新闻中心》，2007 年 12 月 7 日，http://news.bjx.com.cn/html/20071207/36703.shtml.

② 《区域合作垃圾处理，环保署执行跨区转运专案稽查》，载《自立晚报》（台湾），2008 年 10 月 27 日，http://www.idn.com.tw/news/news_content.php? artid = 20081027abcd002.

③ 《河北固安引入北京环卫提升生活垃圾处理水平》，载《京华时报》，2014 年 8 月 8 日，http://tousu.hebnews.cn/2014 - 08/08/content_4092024.htm.

表 6.4　上海市浦东新区北蔡镇生活垃圾跨区域转运处置环境补偿资金使用计划

项目名称	项目内容	总投资（万元）	申请使用补偿金（万元）	项目类型
顾全路环境整治工程	环境整治、绿化补种	1020	400	环境质量改善
联勤村环境及设施改造工程	环境整治、基础设施改造	600.25	600	居民民生改善
五星村环境整治改造工程	环境整治、基础设施改造	532	500	环境治理改善
中界村环境整治及改造工程	环境整治、基础设施改造	376	350	环境治理改善
西中路环境整治及改造工程	环境整治、基础设施改造	886	450	环境治理改善
镇区环卫设施改造工程	果壳箱、作业工具更换	151.6	151.6	基础设施改善
总计	—	3565.85	2451.6	

资料来源：浦东政务，《关于北蔡镇2014年度生活垃圾跨区域转运处置环境补偿资金使用计划的报告》（浦北府〔2014〕34号），上海浦东门户网站，http://www.pudong.gov.cn.

随着城市化进程的加快，城市垃圾污染也成为跨域污染治理的难题之一。垃圾处理跨区域合作的最大阻力来自于，作为垃圾场的土地存在权属争议，如广州市花都区和佛山市南海区交界处的一个垃圾场，毗邻地区的生活垃圾都集中在此，当地政府部门却无法监管和处理。花都区环保部门认为，垃圾是从南海市运过来的，花都区环保部门与南都区环保部门是平级的关系，只能以"出函"的形式，或者责成有关部门，从造成环境污染的角度去督促其尽快采取措施。而南海区有关部门则认为，垃圾场属于花都区管辖，他们无权取缔。因此，双方纠纷不断，广东省有关部门多次对此进行协调，但问题一直没有得到解决。[①] 与最大化追逐生产利润的领域相比，垃圾处理作为准公共物品，具有较高的公共性，有意向合作的双方都不愿意投入人力和物力来进行治理。因此，垃圾处理跨区域合作责任主体

① 参见广州市环保局:《广东:垃圾场跨区域污染成治理难题》，转自 CCTV《经济信息联播》，2004 年 8 月 13 日,http://www. gzepb. gov. cn/yhxw/200408/t20040817_6836. htm.

合作治理：市政公用事业发展模式研究

仍是政府，前提是达成合作协议，打破行政区划的限制；同时防止垃圾处理设施的滥建与预算的浪费，关键要形成一套垃圾合作处理的机制，实现跨区域共同治理。

（五）燃气管网跨区域共建共享

城市供气是典型的网络型行业，同时伴随规模经济效应。城市供气跨区域合作与市政公用事业市场化改革密切相关。2001 年年底，国家出台了市政公用事业市场化政策，国资、民资和外资均可进入城市燃气市场，这加速了城市燃气行业的高速发展。目前，燃气行业在区域发展中有两种形式，一种是以本地为依托，在一定范围内进行拓展和布局的地方性企业，如北京燃气、上海燃气和深圳燃气等；另一种是在全国进行拓展布局，形成了一定规模效应的跨区域大型燃气集团，如中国燃气集团，两种形式均采取跨区域经营。[①] 市场化改革盘活了国有企业的竞争力，它们以独资或合作的方式，通过跨区域兼并重组、控股等，建立跨区域的集团公司，在区域内形成垄断经营；或在区域内保持鼎足之势。如深圳，以发展管道天然气为立足点，布局城市燃气的跨区域供给，凭借低价气源和管输模式相结合的优势以规避天然气价格波动风险；气化率提高、业务规模化发展使深圳燃气公司的经营区域不断扩大。随着供气规模的不断扩大和用户数量的持续增多，燃气公司跨区域供气的效益逐渐显现，这又刺激其进一步的扩大规模生产，最终垄断区域燃气供应市场。通过资本注入、技术入股、并购重组等方式，跨区域经营的燃气公司推动了当地燃气国企改制的进程，提高了企业效率和市场竞争力。

因此，对燃气公司而言，城市供气的跨区域合作是打破行业壁垒和地域界限，扩大其生产规模、增强盈利能力的渠道，也是企业与地方政府合作进行国企改制的过程和企业服务社会责任的体现。对于地方政府而言，有责任承担监管职能，防范垄断经营对公共利益的损害，在与企业合作的同时规范企业的经营行为，引导企业生产（提供）的市政公用产品保持一

---

① 中国燃气:《合作书写传奇（对话·能源相对论）》，载《中国能源报》，2013 年 7 月 8 日，http://www. cnenergy. org/yw/ft/201307/t20130708_211389. html.

定的公共性。

（六）城市供热跨区域合作

与供气一样，城市供热是典型的网络型行业，同时伴随规模经济效应。城市供热的跨区域合作目前主要体现在热电联产方面。由于历史原因，热电联产缺乏统一规划，加上地域分割和行业界限，各热电企业网源自成一体，形成交叉和限供，缺乏资源共享机制，造成无序竞争和重复建设。解决上述问题成为推动供热跨域合作的直接动力。如为实现热源合理布局、热网联网运行的总体目标，2009 年山东省济宁市人民政府根据国家相关产业政策和行业规范批复了济宁市济兖邹曲嘉区域热电联产规划（2008～2030 年）。根据此规划，济宁新开发的济北新区、北湖生态新城、部分高新区区域和新规划的跨京杭运河区域以及兖州、邹城、曲阜、嘉祥将打破行政、地域界限，统一纳入发展规划，形成大区域热电联产格局。① 通过热电联产规划，打破了行政区域、行业区域界线，对区域生产进行合理分区，以最大限度提高社会资源利用效率。

（七）出租汽车跨区域经营

出租汽车跨区域经营是目前地方政府正在探索的一种市政公用事业跨区域合作服务的形式。主要是通过统一规范化的管理，完善市场价格，遏制出租车非法运营现象，方便市民快捷出行。但是，跨区域经营范围过大将会增加出租车运营成本；同时由于各区域经济发展不平衡，也会造成出租车向经济发展水平较高、客流量集中的地方汇集，增加交通运输路况控制的难度。以成都双流试点为例②，目前有三种跨域经营的思路：一是"用资金换市场"，即由市级财政和县级财政各出一部分钱，将双流现有的出租车经营权"赎回"，同时将现有的出租车就地改造为区域内出租车，这部分出租车将来只能在双流境内运营。二是"用资源换市场"，将主城区和双流的运营区间打通，双边出租车都能自由往来，同时双流再发展部分区

① 参见张夫稳：《济兖邹曲嘉热电联产规划出台　供热将实现跨区域资源共享》，载《齐鲁晚报》,2009 年 12 月 10 日,http://news. sina. com. cn/c/2009－12－10/120116750294s. shtml.

② 参见裴睿、黄颖：《我市出租车将尝试跨区域运营》，载《成都日报》,2008 年 2 月 29 日,http://news. sina. com. cn/o/2008－02－29/034313494809s. shtml.

域出租车只负责双流区域内的运营。三是利用 GPS、天府通、IC 卡、电子密标等资源"遥控指挥"全市出租车，建立覆盖全市的出租车电子信息调度指挥系统，将更多的空车引导向打的需求更多的区域，而空车本来已经较多的地段，系统则会提醒其他空车驾驶员尽量不要前往，以实现资源有效配置。可见，资源技术的加盟是实现市政公用事业跨区域合作发展的重要工具。

三、市政公用事业跨区域合作的形式及特点

市政公用事业合作的形式及特点决定了其合作治理的工具选择与发展方向。通过分析我国市政公用事业跨区域合作现状、比较各行业跨区域合作模式，可将目前我国市政公用事业的跨区域合作归纳为以下四种表现形式及特点。

（一）跨区域合作经营

这是市政公用事业跨区域合作普遍采用的一种形式，通常适用于要开展跨区域运营、且不完全排除竞争性的市政公用行业，如城际公交。公用事业市场化改革的核心是引入竞争机制，以跨区域经营权的兼并整合市场，可盘活企业竞争力，促进市场资本要素的流动，实现优势资源的整合。对于公共性强且不完全排除竞争性的市政公用行业而言，关键在于如何妥善处理竞争和垄断这组对立机制。规模经济效应和有效的市场竞争机制，是提升市政公用事业"公共性"特质和其供给效率的两大着力点。城际公交是城市公交或道路客运在另一个城市的跨区域运营，或多或少会冲击本地公交企业的垄断地位和运营效益，引发行业竞争。由于当前我国市场机制尚未完善，如何保障且通过何种方式保障城际公交经营权的合法性，是进行跨区域合作经营首先要解决的问题。

（二）跨区域垄断经营及一体化管理

目前我国市政公用行业的跨区域垄断经营通常有两种形式：

一是通过政府层面发起的，由政府合作共建经营主体，对区域内的市政公用产品或服务进行垄断性的经营和供给。对区域内同领域市政公用产品或服务的生产和提供者进行"一体化管理"，将其归入同一个运营主体的业务管理范围，统一经营、统一价格、统一标准、统一结算。如跨越城乡

的区域供水，普遍的做法是由市、县级政府合作或合资组建自来水经营公司，统一管理县（乡镇）级的自来水厂，统一技术标准、统一经营。这里的市、县合作经营由于是在共同的实施主体下进行合作，极大降低区域行业竞争，表现出较强的规模经济性。跨区域垄断经营及一体化管理的优势在于，统一行业及技术标准，保障市政公用产品或服务的质量，加速市政公用服务网络的延伸；其缺点在于，易造成机构膨胀和冗员，不利于企业竞争力的提高。此外，跨区域垄断经营、统一管理的方式及标准，在实施初期通常会遭到部分小团体利益的抵触和对抗，影响跨区域合作的进程和产品或服务的质量。

二是在市场化机制作用下，企业的跨区域经营。这种跨区域合作经营并不强调一体化管理，主要通过入股控股、技术联合、兼并重组等市场手段获得该行业的区域经营权。随着社会对产品消费增多和生产规模的扩大，逐步垄断区域行业市场，如城市供气的跨区域合作。政府则负责监管垄断性经营风险，特别是防止企业将高成本转嫁社会公众的不当溢价行为，保持市政公用行业的"公共性"，主要通过经济手段进行宏观调控，以法律法规对企业损害"公共性"的生产及销售行为进行约束。

（三）地方政府间的合作（合资）

地方政府间的合作是市政公用事业跨区域合作的基本形式。任何一个市政公用行业的跨区域合作都需要地方政府，而且主要是城市政府的干预。政府是市政公用事业跨区域合作的发起者与主导者。就市政公用产品的公共价值属性而言，市政公用事业的跨区域合作是政府利用其行政权威，运用政治、经济、法律等手段推进市政公用产品或服务跨区域供给的过程。从另一个角度而言，市政公用事业的跨区域合作是政府通过提高行业技术标准、鼓励跨区域服务等方式，采购公用事业服务的过程。因此，目前无论是城际公交一体化发展、城市跨区域供水，还是城市污水垃圾处理的跨区域合作，大多都是由地方政府发起，或者通过地方政府间合作（合资）组建跨区域的组织机构。

（四）跨区域的部门合作与技术加盟

市政公用事业的跨区域合作不仅是跨越行政地域和行政层级的合作，

而且是一种跨域的政府部门间合作。以城际公交的一体化化发展为例，城际公交的跨区域运行，从其发起到开通审批、运营监管等每个环节离不开区域政府的交通、建设等部门的沟通协调与合作。同时，市政公用事业的跨区域合作还需要一些技术性的支持和保障。如城际公交的"一卡通"工程、跨区域联网售票等，需要区域间各地方政府相关部门的配合与支持。因而技术上的联合也是市政公用事业跨区域合作的一种表现形式。

此外，由于市政公用事业生产属性和公共性的差异，这些合作形式在不同行业中的适应性略有不同。例如，从生产属性分析，城际公交与城市供水同属于网络型行业，污水处理属于非网络型行业，它们同时都受规模经济效应的作用。供水行业比公交行业、污水处理行业具有更大的规模经济效应和网络性，因而更适用于"跨区域垄断经营及一体化管理"的合作形式。"不同行业对各种公共性差异因素有所侧重，有些因素是某些行业发展的关键影响因素，根据行业公共性差异进行市场机制的选择时，要对不同行业关键的差异因素进行更多防范。"[①] 相较而言，公交行业的公共性程度要低于供水、污水垃圾处理行业，其市场主体有更多的选择权，因而"跨区域合作经营"的形式多适用于公交行业。污水垃圾处理行业具有区域的自然垄断性，需要专门的设备来经营，这些专有设备除了用于污水垃圾处理企业外，再无别的用途。因此，需要巨额的设备投资资金且短期内无法收回投资成本并实现经济效益，较高的投资条件和发展平台不易吸引企业参与市场竞争，只有实力雄厚、对远期战略效益有信心且能担负长期风险的企业参与经营，于是形成自然垄断。因此，"地方政府间的合作（合资）"是城市污水处理跨区域合作所采用的主要形式，地方政府一般通过合作（合资）组建企业垄断经营或委托企业经营。

---

① 曹现强、刘梅梅：《公共性差异视角下的市政公用事业发展探析》，载《理论探讨》2012 年第 4 期，第 145 页。

表6.5　　　　　　　　　　市政公用行业跨区域合作的形式

合作形式＼行业	跨区域合作经营	跨区域垄断经营及一体化管理	地方政府间的合作（合资）	跨区域的部门合作与技术加盟
公交	※※※※	※※※	※※※※	※※※
供水	※※	※※※※	※※※※	※※※
供热	※※	※※※※	※※※※	※※※
供气	※※※	※※※※※	※※	※※
污水垃圾处理	※※	※※	※※※※	※※※※
出租汽车	※※※※	※	※※※※	※※※※

注："※"越多表示这种合作形式在该行业的表现程度越强。

实践表明，市政公用事业的跨区域合作与城市群建设密切相关，区域公交、供水、供气、污水垃圾处理等都属于区域经济圈的社会公共问题。跨区域合作是整合资源优势、实现共赢发展的最佳途径，极大地推进了市政公用事业一体化进程，缩小城乡市政公用服务发展的差距，拓宽投融资渠道和刺激相关领域的消费增长，城乡居民生活便捷度大为提高。但是，从整体上看，目前我国市政公用事业的跨区域合作仍处于初级阶段。相较其他行业而言，跨区域城际公交在全国范围内推广的速度较快、规模也较大，发展模式较为成熟。一些迫切需要跨区域合作的行业（或领域），如道路养护及联合应急处置、区域大气污染联防联治等，目前仍未得到有效地开展；一些可能通过跨区域合作而提高产品或服务质量及效益的行业，如园林绿化跨区域合作，目前还处于探索阶段。同时，市政公用事业跨区域合作中出现的诸如经营权冲突、区域利益分配不均、法治不足、垄断经营造成的生产低效，以及普遍存在的跨越多个行政层级和部门的沟通协商等一系列问题，在市场化改革中显得更为突出。从市政公用事业跨区域合作模式看，其合作方式正由单一的政府主导，逐渐向政府与市场双重作用转变。从合作的主体看，政府主导和企业主导的合作形式并存；从合作的关系结构看，有产权型合作、协议联盟型合作，运营主体以企业为主；从区域范围看，有跨省、跨市、市—城区、市—乡镇（村）等跨行政区及行政层级的合作。政府与市场是推动市政公用事业跨区域合作的主体，然而由于市政公用事业准公共产品的特性，在绝大多数情况下，政府仍是合作的发起者和主导者，仍需要进一步提升企业在市场中作用；社会公众权益保障的缺失，及其对参与合作的诉求也在实践中得以显露，但仍未得到足够的重视。因此，亟需寻求一种适应当前我国市政公用事业跨域发展的治理模式。

在当今日益强调区域一体化的形势下，没有任何一个主体可以独立解决区域发展中的问题，需要通过合作治理的路径探索有效的解决方法。合作治理在其初始仅仅强调政府的责任，随着合作领域、范围的扩大以及市场机制的作用，政府碎片化的行政体制越来越不适应合作治理的要求。政府开始寻求并整合多方面的力量对公共事务进行合作治理。跨区域合作治理正是目前政府所寻求并探索的一种合作治理模式，其显著区别于政府科层制管理模式和市场模式，是一种治理模式的创新。跨区域合作治理通过多元主体之间平等、沟通、协商与协作，实现对良好治理绩效的追求；其致力于区域合作发展过程中所遇到的种种阻力的消解，如打破行政区划的地域限制，超越政府与市场的阻隔，破解区域发展中跨域行政层级及部门之间的沟通难题。可见，跨区域合作治理正是目前我国市政公用事业发展所需求的一种治理模式。

第三节　"围堵"风波与"逼停"现象：对市政公用事业跨区域合作治理困境的解析

城际公交是我国最早进行跨区域合作的市政公用行业之一。相较于其他行业而言，城际公交目前的发展空间巨大、发展范围较为普及，同时也出现了许多至今难以破解的治理难题，在市政公用事业跨区域合作发展中具有较好的典型性。鉴于此，本研究以城际公交一体化发展为例，试以解析目前市政公用事业跨区域合作治理的困境。

"围堵"风波、"逼停"现象是目前跨区域城际公交运营中普遍遭遇的两大阻力事件。"围堵"风波是指，由于当地客运经营户认为，城际公交的跨域运营造成不公平竞争、挤压其生存空间，致使他们客源流失、严重影响其经济收益，当地客运车主以非法运营为由并自发组织，对城际公交做出"围堵拦截"的过激行为。这一行为导致城际公交无法正常运行，乘客权益受到严重侵害。自城际公交跨区域发展以来，"围堵"风波不断，如2008年4月北京—廊坊城际公交（北京938路支5线）持续6天被当地客运经营户"拦截"①；2012年5月郑焦城际公交被武陟县城乡公交围堵②；2012年7月山西侯马—翼城—曲沃—绛县城际公交被"拦堵"③；2012年12月河南省商丘市的商丘—夏邑和商丘—虞城两条城际公交线因当地交通部门运营规定而面临被迫停运④；2013年7月山东济宁北站至兖州的城际公交遭兖州公交阻截⑤；2014年5月山东滨州至惠民城际公交城郊被堵截⑥；2014年10月山东滨州至无棣城际公交车站出口遭围堵⑦，等等。"逼停"现象是指，由于运营线路、站点设置和票价等的不合理，对经营权合法性的质疑以及经营亏损等问题造成城际公交被迫停运的现象。城际公交停运给部分地区居民出行带来极大的不便。城际公交被"逼停"的现象目前在全国范围内也普遍存在，如2009年浙江杭州至柯桥城际公交开通后在较长一段时期内上客率偏低，面临停运风险⑧；2010年10月，长株潭城际

---

① 《北京开往廊坊公交车连续四天在当地被围堵》，载《新京报》，2008年4月7日，http://news.sina.com.cn/c/p/2008-04-07/024515300533.shtml.

② 《11辆郑焦城际公交武陟被拦下　拦车人要回中心站》，载《大河网—河南商报》，2010年8月9日，http://news.dahe.cn/2010/08-09/100428975.html.

③ 《城际公交需要什么样的"身份证"》，载《山西新闻网—山西日报》，2013年8月16日，http://www.sxrb.com/sxrb/aban/A3/1855287.html.

④ 《身份尴尬　河南多地际公交面临停运》，载《大公网—大公汽车》，2012年12月17日，http://auto.takungpao.com/news/q/2012/1217/1333584.html.

⑤ 王德琬：《大济宁遭遇"肠梗阻"同城战略布局引发关注》，载《大众日报》，2013年7月16日，http://sd.dzwww.com/sdnews/201307/t20130716_8647112.htm.

⑥ 《惠民城际公交遭围堵　利益之争何时休》，载滨州传媒网，2014年5月22日，http://www.bzcm.net/news/2014-05/22/content_1486611.htm.

⑦ 《滨州至无棣城际公交开通　20余人围堵公交车站》，载滨州传媒网，2014年10月15日，http://www.bzcm.net/news/2014-10/15/content_1594362.htm.

⑧ 沈卫莉：《尴尬的"城际公交"》，载《绍兴日报》，2010年1月14日，http://epaper.shaoxing.com.cn/sxrb/html/2010-01/14/content_340828.html.

公交 104 路线湘潭车队 11 辆车因运营亏损严重而停运①；2012 年 5 月河南平顶山 54 辆城际公交身份存疑而被当地交通部门勒令停运②，等等。

追踪事发缘由，发现各类"围堵"风波和"逼停"现象有一些共同的特征：城际公交跨域运营的合法性、运营模式的抉择、票价不合理、经营矛盾和纠纷等。从表面上看，这些问题特征可归结于利益协调机制和政府监管职能的缺失，导致城际公交跨域经营乱象丛生、难以整治。从治理的视角看，在区域一体化发展的背景下，政府、企业、社会任何一方既有分享区域发展成果的权利，也有分担区域发展进程中所出现的各种风险、困难和问题的责任。对于城际公交这一区域公共交通网络的重要组成部分而言，社会各方形成共识、共同参与，是破解发展难题的前提条件。在缺乏合法规范的约束下形成松散的治理架构，合作主体各方责任与权利模糊化。面对治理难题时，政府推诿市场，企业推诿政府，政府内部互相推诿，相关职能部门又将责任推诿给现行的法制和行政体制，最终造成治理目标的落空。因此，无法形成规范统一的治理结构，才是造成治理困境的根源。

一、经营模式的两难选择："公共性"界定的模糊

目前我国城际公交在跨域合作发展中主要有两种模式：公路客运"公交化"和城市公交"公路化"。郑州、深圳等地实行的是公路客运"公交化"；北京与廊坊、杭州与德清、柯桥、湖州的城际公交线路则是城市公交"公路化"的典型。根据我国《道路旅客运输及客运站管理规定》和《城市公共汽电车客运管理办法》，城市公交与道路客运班线分属两种完全不同的交通运输形式，两者在车型、定价、政府补贴、能否超载等方面都有不同的规定。具体表现为：车型不同，政府分别对两者的车型做了专门的名录；定价不同，城市公交是公益性低票价，道路客运班线是政府指导价；政府补贴政策不同，城市公交享受油补、政策性补偿和经营性亏损补贴等

---

① 《城际公交 11 辆湘潭车停运致 运力紧张》，载中国公交信息网，2010 年 10 月 28 日，http://www. bus-info. cn/index. php？m＝content&c＝index&a＝show&catid＝9&id＝9859.

② 《平顶山 54 辆城际公交身份存疑被叫停》，载《今报网—东方今报》，2012 年 6 月 13 日，http://www. sina. com. cn.

多项补贴，而道路客运班线则享受不到；能否超载，公交可以超载，道路客运班线则不允许超载。最初在各地之间开通跨域连接的公交时，是没有城际公交的概念的，一般都是指"公交化"改造的道路客运班线。

从目前的情况看，城际公交车具有双重身份，其既属于城市公交车类别，又属于道路客运的范畴。由于城际公交定义及公共产品性质的模糊，一方面，导致其在发展中出现"脚踏两条船"的现象——既借着以"公交车"的身份超员运输增加收益，又能与道路客运企业一样执行政府的指导价，在规定限度范围内有涨价的权限。另一方面，由于各地交通管理办法及条例的差异，不是所有的城际公交都能利用其双重身份增加收益，有的地方反而因此增加了运营成本。例如，按照"公交优先"的发展策略及相关规定，公交车可以享受免交养路费、过路过桥费、客运附加费和运管费的优惠。但是目前湖南开通的 6 条长株潭城际公交线路并没有完全享受到相关优惠政策及城市公交燃油补贴，超载也曾遭到处罚；油价的波动更增加了其客运企业运营成本，面临被迫停运的风险。

此外，城际公交的双重身份也导致了公交运营线路和车型选择的难题。如河南省商丘市的商丘—夏邑和商丘—虞城两条城际公交线路，采用的是公交型的城际公交线路，被当地交通部门以确保道路交通安全为由，"运营路线状况不佳、城际线路不允许设站席"被迫停运①。由于各地政府规定不同，目前国内开通的城际公交中公交车型和道路客车均有使用，但由于公交车在购车和运营上能不同程度地享受到优惠政策，公交车型使用相对较多。从运营主体看，城市公交企业和道路客运并存，但以道路客运企业转化为城际公交运营主体的居多，在短途线路中采用公交车型的也居多。

从本质上看，城际公交的运营究竟选择何种方式，应由城际公交本身的"公共性"来衡量，即城际公交的发展是以城市发展和居民生活的"公共利益"为前提，还是以促进交通运输经济、实现企业发展的"利益最大化"为目标。一般而言，公路客运是通过市场化的公平竞争让市民受益的

---

① 参见《身份尴尬　河南多地城际公交面临停运》，载《大公网—大公汽车》，2012 年 12 月 17 日，http://auto. takungpao. com/news/q/2012/1217/1333584. html.

运营模式，以盈利为目的的，可引入市场竞争机制，让多家企业参与城际公交的竞标和经营，同时要严格遵守道路交通安全相关法律及规定，禁止超载、设置车内站位、采用城市公交车型等不合法的行为。[①] 反之，城市公交则是以"公共利益"为发展前提的，经营亏损由政府补贴，有较强的公共性。如果采用城市公交的运营模式，就应举办价格听证会、公开每年运营的成本账目，开通社会公众参与的渠道。因此，要破解其运营模式的两难选择必须尽快重新界定城际公交的公共性问题。

二、跨域经营合法性问题：部门职能的脱节与法规制度的虚位

跨域经营合法性的问题经常成为"围堵""逼停"城际公交运行的直接缘由。以北京公交在河北廊坊遭"围堵"为例。[②] 2001 年，应廊坊市经济开发区管理委员会的邀请，北京八方达客运有限责任公司所属的 938 路支 5 线开通至廊坊。开发区管委会向廊坊市政府的请示文件中提出"因多数在开发区上班的人员居住在北京，每天靠企业发班车接送人员，投资大、费用高"，请求"允许北京 938 路公交延伸至廊坊开发区"，这一请示得到了当地政府的重视并很快开通了 938 路支 5 线。开通初始，北京八方达客运有限责任公司与廊坊运输公司大学城分公司（北京公交跨域经营的主要竞争对手），两者各占速度和票价上的优势，共处共赢。但是，随着经济发展和客源增多，客源之争成为"围堵"事件及两家公司发生冲突的导火索。由于当地乘客更多倾向于票价相对便宜的北京公交，同时由于其"公交"的身份，在运营上享受多项优惠政策，相比而言，当地客运成本则大为增加。因此，廊坊当地客运车主认为北京 938 路城际公交跨域运营造成了不

---

① 新颁布实施的 GB7258-2012 将公共汽车(城市客车)分为两种：一种为市内运输而设计和装备的客车，即市内公交车，允许有一定的站立座位，最高车速不得超过 70 公里/小时。另外一种不设立乘客站立区的公共汽车，最高车速超过 70 公里/小时，可上城市快速路或高速公路(如机场班线)；包括作为单位班车而使用的其他城市客车。

② 参见王鹏等：《河北司机围堵跨界北京公交事件调查》，载《京华时报》，2008 年 4 月 9 日；丁先明：《北京河北：公交车起了纷争》，载《新世纪周刊》，2008 年 4 月 21 日；新华时评：《北京公交遭遇廊坊堵车未必是坏事》，载新华网，2008 年 4 月 11 日，http://news.xinhuanet.com/newscenter/2008 - 04/11/content_7960337.htm.

公平的竞争，侵害了自身的经济收益，导致其陷入经营困境。2008 年 4 月 4 日至 4 月 9 日，廊坊当地客运车主以"非法运营"为由连续 6 天围堵拦截北京城际公交。

值得思考的问题是，两地既然于 2001 年在双方政府的支持下达成北京公交跨域合作经营协议，而且是由廊坊一方发起的，如果说是"非法运营"，为何足足共赢共处了 7 年之久后直到 2008 年才引发争端。追踪始末，低票价仅是引发围堵事件的导火索，直接原因在于，2001 年双方签订的合作协议未经合法审批[①]。北京公交车在未办理任何正式运行手续的情况下进入廊坊，给当地客运市场带来不公平竞争和混乱无序状态，双方从合作初始就没有实现平等对话。区域协调机制的缺位固然是引发围堵风波的深层原因之一，但跨域经营合法性问题，实质上是政府部门职能脱节造成的。2008 年大部制改革之前，我国城市交通归城建部门管理，道路运输归交通运输部门管理；城市交通强调公益性，道路运输却强调经营性，于是形成城市公共交通管理与道路运输管理的分制之势，二者职能难以衔接和沟通，产生内在矛盾。按国家有关部门的规定，道路运输跨省经营的审批权在省级政府主管部门，因而廊坊市政府与北京八方达客运有限责任公司之间直接达成的合作协议有"违法"嫌疑。大部制改革以后，城市公交和公路客运都统一归口到交通运输部，虽然在中央层面部委职能的调整已经完成，但在很多地方还没有实现，要开通城际公交仍要获得两个主管部门的审批。

再以长株潭城际公交为例，目前其 6 条城际公交线路分别隶属于不同部门管理。由株洲和湘潭的公交公司开通的长株潭公交归口建设厅，长株潭城际公交归口交通厅，长株潭城际公交出现多头管理，埋下利益多元纷争的隐患。城际公交不仅跨区域，而且深入区域内各个城市中心，涉及道路交通和城市交通两个部门业务管理体制范畴；不仅在审批环节涉及这两个部门的职能业务，而且所依据的法律、规范也涉及多个，难以形成统一

---

① 参见丁先明：《北京河北：公交车起了纷争》，载《新世纪周刊》，2008 年 4 月 21 日。2004 年，北京 938 路跨省运营身份遭受质疑。当年 6 月 29 日，河北省交通厅 403 号文件称："北京市公交总公司欲开通通往我省部分县城客运线路，其应当向河北省道路运输管理局提出申请。其他单位包括有关市、县政府都无权决定此类事项的审批"（冀交运字〔2004〕403 号文件）。

的审批、监管和法规约束体制。

此外，交通管理部门自身对跨域经营权合法身份的质疑，也说明目前城际公交监管体系不健全，安全管理责任不明。区域经营公交线路与国家现有相关法律法规的规定相抵触，审批缺乏法律依据和明确的程序，交通运输部门和公交企业需要承担较大的安全风险。如河南商丘—夏邑和商丘—虞城等部分城际公交被迫停运，均基于同一个原因：为保障道路交通运输安全。当地公安交通管理部门的具体理由是，城际公交超载、站位设置不合理以及随便停靠让乘客上下车的现象，对道路运输安全造成极大威胁。责令停运的法规依据为，公安部交管局于 2008 年 8 月 16 日颁发的《机动车登记工作规范》，以及 2011 年 12 月 22 日由河南省人民政府颁布的《关于进一步加强道路交通安全管理工作的意见》（豫政〔2012〕1 号）相关规定，具体条款为"交通运输部门要加强营运客车市场准入管理，严格界定城市公交和公路客运车辆，凡属公路客运的，严格按照实有座位核定载人数，全面落实客运企业交通安全主体责任。严禁不具备资格的人员驾驶客运车辆，严禁不符合安全技术条件的车辆上路行驶"等。2013 年 7 月山西近 30 辆城际公交车被途经的曲沃县运管部门暂扣，曲沃县道路运输管理所给侯马、翼城、绛县三家从事城际公交的客运公司下发"违法行为通知书"和"责令改正通知"，认为城际公交车无《道路运输证》，要求停止客运经营。以保障道路运输安全为由直接停运城际公交，实质上是竭泽而渔的行为。城际公交的停运给市民出行带来极大的不便，一定程度上影响了区域经济社会文化的正常交流秩序。因而，有社会公众质疑当地公安交通部门的做法是为了规避其安全管理的责任①。由于具有双重身份，城际公交的监管应遵循何种法律规章目前相关部门还未做出明确的规定，无法为城际公交的发展规划、规范运营及监管等提供足够的支持。

三、票价乱象：市场价格监管难题

由于目前未对城际公交的定义及性质做出明确的界定，城际公交在价

---

① 参见《身份尴尬　河南多地城际公交面临停运》，载《大公网—大公汽车》，2012 年 12 月 17 日，http://auto.takungpao.com/news/q/2012/1217/1333584.html.

格制定上具有很大的弹性，与道路客运一样同在"政府指导下定价"，而同时又有可能享受国家对城市公交减免税费的优惠政策。从经营主体上看，目前有两种形式：一是单一的经营主体，由两地政府协商组建成立的城际公交公司，如郑开城际公交；或联合投资以股份制形式共同组建一家运营企业，如德清至杭州城际公交。二是多元经营主体，如长株潭城际公交，由三市政府合作组织城市公交、道路客运企业共同经营。城际公交的双重身份和经营主体形式上的不同，对票价制定产生极大的影响。

（一）经营主体单一，"一家独大"垄断市场，造成价格垄断、违规定价①

以河南郑州——新乡城际公交为例，其最初向社会承诺的票价为全程12元/人，但实际运营时垄断线路之后，其票价先后出现13元、14元、15元等多种版本，多次遭到市民的投诉。运营企业做出解释："运程增加""油价上涨""运营成本增加""客流形势不太乐观""降耗增收"等。然而，这些五花八门的理由在市民的质疑下都不足以成立。

质疑1：每年运营收益巨大，虽不足以收回成本但垄断经营带来的客流量巨大，收益前景很好，不能以"运营成本增加、客流形势不乐观"作为涨价理由。

2010年10月20日，郑州交运集团首度就城际公交运营情况公开账目。账目显示，虽然运营四年仍然没有收回成本，但郑州到开封城际公交开通后票价由25元降至7元后，客流量由开通前3600人次/天，增加到1万人次/天，平均一天收入7万元左右，一年下来就是2500多万元。郑新城际公交通过垄断经营后，客流量同样非常大，票价定在14元，其每年的巨大收益可想而知。

---

① 本部分案例材料根据下列新闻报道整理：《河南：城际公交乘车何时不再难》，载《大河网—大河报》，http://www.uhenan.com/article/show-27143-1.html；《郑新城际公交被指垄断线路后频频"变卦"》，载《大河网—大河报》，http://www.ah.xinhuanet.com/midchina/2009-10/28/content_18069710_2.htm；《郑新等城际公交有望重新定价》，载2010年10月12日河南省政府门户网站，www.henan.gov.cn.

质疑 2：客运附加费已被取消，不能以税费提升作为涨价理由。

郑新城际公交全程票价（14 元）远高于郑开城际公交（7 元），主要理由是郑新公交途经黄河公路大桥收费站和新原收费站，要缴纳过桥费。但是 2009 年 5 月 1 日，按照国家有关规定，新原收费站被撤销，公路客运票价中计入的过路过桥费 0.025 元/人公里被取消。在这之前，0.01 元/人公里的公路客运附加费也已被取消。市民认为，以"缴纳过桥费、运营成本增加"为由涨价是不成立的。

质疑 3：城际公交是政府提供的公共服务产品，目前的定价过高。

由于目前运行的城际公交有两个显著特点：可以超载和垄断经营。因此郑州、新乡两地市民普遍认为，城际公交应属于政府提供的公共服务产品，是满足市民出行需要的廉价交通工具，应以实现公共服务目的为先，其次才是企业盈利。但目前的票价一点也不廉价。

质疑 4：票价违背价格听证法，企业自行定价。

基于城际公交公共服务产品的特征，市民认为当前郑新城际公交的定价不仅从未举行听证会，而且实质上是企业自行定价，价格经常更改，严重违反《中华人民共和国价格法》中"制定关系群众切身利益的公用事业价格、公益性服务价格、自然垄断经营的商品价格等政府指导价、政府定价，应当建立听证会制度，由政府价格主管部门主持，征求消费者、经营者和有关方面的意见，论证其必要性、可行性"[1] 的规定。

至于其他的诸多理由，皆不足以让社会公众信服。对此，运营郑新城际公交的郑州交运集团于 2010 年 10 月 18 日通过当地媒体向公众书面回复时称："城际公交是客运班线和公交的综合体。城际公交仍是客运班线，公交只是它的一种经营方式"[2]。市民认为，如果城际公交仍是客运班线，那么垄断经营则是不允许的，更不应该享有城市公交的做法和优惠政策（如超载、免收路桥费）。如果说郑新城际公交仍属客运班线，就不应与郑开城

① 参见《中华人民共和国价格法》第二十三条，载中国政府门户网站，http://www.gov.cn/banshi/2005 – 09/12/content_69757.htm.

② 参见余嘉熙：《郑新城际公交身份与经营饱受质疑》，载 2010 年 10 月 25 日 04 版《工人日报》，http://media.workercn.cn/grrb/2010_10/25/GR0404.htm.

际公交一样冠以"城际公交"之名。可见,郑新城际公交属于城际公交,应由政府定价却改变了计价方式。根据《河南省道路旅客运输管理办法》第二十二条规定:道路客运经营者必须执行由省交通行政主管部门和省物价主管部门核定的客运运价,实行明码标价,挂牌经营,不得随意提高运价。除了郑开城际公交外,郑新、郑许、郑焦城际公交都是企业自定价格,是不合法的,应进行重新定价。

（二）经营主体多元,在市场竞争机制下,企业追求利润的本性驱使其形成不同的定价

以湖南省长株潭城市圈城际公交为例。其城际公交经营方式为城市公交和道路客运并存,既有公交车系统的车,也有客运车系统的车。公交车有燃油及财政补贴、无须缴纳过桥费,而客运车则没有补贴且要缴纳过桥费;公交车可以超载,而客运车则严控超载,发现超载,会被运管部门和交警处罚。由于三市城际公交经营主体不同,票价一直无法统一（见表6.6）。湖南省物价局和湖南省交通厅协商决定分开制定价格,即按照经营主体划分,由道路客运企业运营的城际公交按道路客运制定价格,由公交企业运营的则按公交车费率制定票价。客运班车方面"采取省定作价办法（省物价局核定跨省、跨市州线路的费率标准),市（州）区内的具体线路票价及出租车、公汽票价由省授权市（州）、县管理。"[1] 2009 年,省物价局、省交通厅出台了《湖南省汽车客运价格监督办法》。该文件出台后,普通客车费率变成了 0.21 元/人/公里,高级客车费率变成了 0.29 元/人/公里。费率标准提高之后,票价相应会上升。因此,造成了尽管运营里程相同,但票价却不相同的分段定价的情况[2],与当初向社会公布的一律 14 元的票价完全不一致,湖南省物价局认为这并非违规定价,引发社会极大质疑。

① 参见湖南省交通厅:《湖南省物价局、湖南省交通厅关于印发湖南省汽车客运价格监管办法的通知》（湘价商〔2009〕33 号）,2009 年 2 月 28 日,http://www.baidu.com/link? url = PiGHY-cveC0dFA _ ZPW CiZI9sdrzXgy7sDqjmXYwRLEEGWa3xTHuyaLPjWdhRPdJsluIqnyyvo13 _ ICnTeSW34kE AaidAcPTzKeeJRq-5Y1zG.

② 参见陈斌:《长株潭公交收费 14 元已成历史 建议城际公交统一经营》,载《红网—湖南频道》,2011 年 11 月 8 日,http://hn.rednet.cn/c/2011/11/08/2423872.htm.

表6.6　　　　湖南长株潭部分跨市城际公交2007年、2011年票价情况

公交线路	运营路段	里程	车型	运营单位	政府补贴形式	票价	
						2007年	2011年
201路	长沙侯家塘到湘潭西站	54公里	大型高级	道路客运企业	视同道路客运	14元	17元
202路	长沙东塘到株洲中心汽车站	54公里	大型高级	道路客运企业	视同道路客运	14元	18元
104路	株洲南湖塘（株洲四大桥桥东）至湘潭	45公里	中型普通	公交企业	视同城市公交	普通客车每人5元,空调车每人6元	普通客车每人5元,空调车每人6元

资料来源　李耀鼎、朱洪、程杰：《国内公交发展案例》，载《交通与运输》2012年第2期，第27页。有改动。

可见，在对城际公交的"公共性"未达成共识、没有做出明确界定的情况下，无论选择哪种经营形式，社会公众都会质疑票价不合理。企业追逐利润的天性使其不会产生自主追求公共利益的动机。但值得肯定的一点是，城际公交服务的供给对象是社会公众，是公共客运交通的一种发展形式，应归属公共服务产品的范畴，只是其公共性程度强弱如何界定的问题；对政府而言，是如何放开市场准入的问题。因此，不论运营方式采用客运班线还是城市公交，它都不能采取企业自主定价的形式。如何统筹企业追求利润发展、社会公众追求公共福利二者之间的平衡，合作治理的主要责任在政府。

四、经营纠纷：政府监管职能的越位与缺位

城际公交跨区域运行之后，容易与同向公交化运营的公路客运班线引发经营矛盾和纠纷，对原有的快客、普通班线带来较大的冲击，这将扰乱市场秩序。政府是否有效履行市场监管职能，是形成良好市场秩序的重要条件。政府利用行政权力改变市场竞争的结果，最终导致市场秩序的混乱；反之，政府以市场自由竞争、企业自理为由放任经营纠纷，也会导致市场秩序的混乱。两种处理方式分别是政府监管职能越位和缺位的表现，最终皆会导致公众权益的损害。站在政府治理的角度，管与

不管，处境尴尬。

以深惠城际公交 3A、3B 两条线路运营纠纷为例。① 因部分线路重叠，在分包经营过程中的利益不均和对客源的争夺，导致深惠城际公交 3A 线路、3B 线路的运营者及司乘人员之间纠纷不断，甚至发生撞车致伤的暴力事件②。运营公司为应对经营纠纷而频繁更改线路，给市民的出行带来极大不便。深惠 3A 线、深惠 3B 线均为跨市公交线路，经营权同属于深圳市华程交通有限公司，分属不同的承包商经营。2006 年，为适应深莞惠跨市公交一体化的要求，经深圳、惠州两市政府协商决定，将原 870 线路改为深惠 3A 线路，由惠州惠阳白石汽车站发车，经坪山、龙岗，往罗湖方向，终点为文锦渡汽车站。深惠 3B 线路则在 2012 年 9 月正式获得深惠两地的批复，由惠州惠阳白石汽车站经坪山、龙岗，往龙华新区方向，终点为深圳北站。两条线路运营都经"坪山、龙岗"，有重合的部分，但走向不一样。在实际运营时，两条城际公交却并未按规划运营，3A 线路由之前一直运行的金沙路、人民路撤出，而改走宝梓路；3B 线路也未按规划的路线开往惠州，而是直接停在深圳境内。关于运营线路引起的纷争，3A 线路运营公司的理由是：线路规划不合理，造成两条线路重复率达到 40% 以上，且严重影响客源③；3B 线路运营公司的理由是：3B 线路有深惠两地的批文，属合法运营，重合的线路仅十几公里，但第一次进入惠州境内，就遭遇了 3A 线路的阻击，不敢开往惠州。

从表面上看，"客源"和利益分配不均似乎是导致两条线路运营公司频起纷争的主要原因。实质上是政府如何正确、有效发挥其市场监管职能，引导企业行为与市场方向的问题。以深惠城际公交 3A、3B 线路经营纠纷

合作治理：市政公用事业发展模式研究

---

① 参见张仁望：《"兄弟"公交跨市线路 不兄弟难跨市——深惠城际公交 3A、3B"斗气"公交难以连通惠州》，载《南方日报》，2013 年 3 月 14 日，http://epaper. southcn. com/nfdaily/html/2013 - 03/14/content_7173266. htm.

② 曾海城：《深惠 3A 与 3B"公交兄"互斗抢客》，载《南方都市报—南都网》，2012 年 9 月 23 日，http://gcontent. oeeee. com/e/37/e37363f817ee611d/Blog/72c/216955. html.

③ 目前深惠 3A 线路、3B 线路涉及争端部分的路段主要为惠州境内的伯恩厂至深圳境内的金沙路、人民路路段，仅金沙路、人民路路段即长逾 3 公里，附近居民近十万人。

的个案为例，需要厘清以下问题：

第一，城际公交运营线路规划是否科学、合理、合法，线路的规划、调整及变更是否征求社会公众意见并获得大多数通过。深惠3A、3B线路是两市政府经过长期规划，建立在市民需求基础上的，并且有合法的正式批文。两条线路虽然有重叠的部分，但走向不一样，是为了满足市民出行的不同需求。因此，如果线路规划是科学、合理、合法的，就不应以路线重叠作为纷争的理由。

第二，如何界定政府部门和城际公交运营企业的监管责任。深惠城际3A、3B两线的经营纠纷，应属运营企业内部管理不规范的问题。因为分包公司在业务上由运营企业管理，所以运营企业应负有具体的利益分配和监管责任，不能推诿政府部门规划问题。据媒体调查，两线路的运营总公司——华程公司却不清楚纠纷何在，很明显与其内部管理不善有莫大的关系。关于交通运输行业监管责任，深圳市交通管理委员会机构职能规定为，"监督管理交通运输行业安全生产和服务质量；承担权限内的港口航运、空港及航空运输的行业管理工作；负责交通运输行政执法"①。据此，政府应履行维持良好市场秩序的监管职能，但其责任是有"权限"的。政府应明确"权限内"的责任，同时，政府也有责任让企业及社会公众明确自身的具体监管职责，而不是完全交由市场，防止企业在自身经营范围内遇到问题时认为政府是既定的责任主体而推诿卸责。此外，值得注意的是，政府相关部门有规划和监管城际公交运营的职责，但没有指定由谁运营哪条线路的权力，线路运营权应通过竞标的方式交由市场来决定。

第三，如何监管和处理企业擅自更改运营线路的行为。针对深惠城际公交3A、3B两线因纷争而擅自更改运行线路的行为，深圳市交通管理委员会执法部门进行了核准和查处。但事实证明，以下处罚决定书和交罚款的方式并不能有效解决企业擅自更改线路的问题。因此，政府还需完善市场监管的法律法规体系，加强对主要责任人的惩处力度。

---

① 参见《深圳市交通管理委员会机构概况》，载深圳市交通管理委员会网站，http://www.sztb.gov.cn/xxgk/jgsz/jggk/.

五、乘客权益难保障：跨区域监管机制的缺失及公众参与的匮乏

由于城际公交并不完全属于公交系统，是介于公交车和客运班车之间的运行模式。因此，城际公交乘客运输安全管理不能完全依照城市公交的方式进行，也不能照搬普通客运班线的管理方法。然而，在实际运营中，一方面，城际公交为多载客私自拆掉行李架、加装座位、允许乘客过多导致下车门被行李堵死等，产生严重安全隐患；另一方面，在突发事件（如城际公交"遭围堵"）的情况下，乘客的权益完全没有保障，乘客无法与客运班车一样享受交通安全保险及赔偿的保障。如在北京城际公交在河北遭"围堵"事件中，当时车内没有一个乘客对自身合法权益进行维护和申诉，也没有任何一方为围堵事件对乘客造成的损失承担责任。此外，随意更改车辆发车时间、撤销站点和班次的现象时有发生。许多城际公交的最初定位是公交，但实际从事的是长途客运，在核载乘客人数、票价制定、停靠站点等问题上，乘客、运营方及政府部门纠缠于城际公交的双重身份而难以达成共识，无法形成统一的安全监管机制，给乘客运输安全埋下隐患。而对于以上城际公交的服务乱象，乘客只能被动接受，缺乏维护自身合法权益及表达诉求的渠道。乘客权益保障难的问题充分暴露了公交跨区域合作发展中的安全监管机制的缺失；公众参与的匮乏也是构成治理难题的原因。

综上分析，对于跨区域城际公交发展中的种种乱象，其治理的困境主要在于寻找公益性定位和市场化相结合的发展模式。从整体上看，市政公用事业跨区域合作的公益性定位包括三个方面：市政公用行业公共性的定位；公共服务市场化下企业的定位与发展；公共服务市场化改革中政府公共服务职能的转型与定位。跨区域合作治理从本质上而言是一种合作制度的供给。"跨区域合作治理既是一种空间资源上的整合，也是一种组织结构上的协同，更是一种制度功能上的合作。"[1] 治理"多元性"的意义内含不

---

① 方雷：《地方政府间跨区域合作治理的行政制度供给》，载《理论探讨》2014 年第 1 期，第 20 页。

同行动者的不同行为，政府、市场和社会是合作治理的三元主体，同时也是公共服务制度供给的三种渠道。从目前的情况看，我国尚未建立市政公用事业跨区域合作治理的制度框架及运行机制。公共性的维系与市场化发展之间的矛盾、地方政府间合作行政制度的缺失、组织结构的不健全、市场监管机制的不完善和社会公众参与的缺乏，使市政公用事业的跨区域合作治理陷入困境。跨域治理的核心目标是实现利益均衡与协同发展，为促进公共价值和公共责任的实现，在治理中要求政府更多地承担起引导、监督和调控的责任。[①] 因此，市政公用事业的跨域合作治理首先仍需凸显政府的主导作用。

第四节　市政公用事业跨区域合作治理的构想

跨域治理理论为我国解决市政公用事业跨区域合作的问题提供了很好的思路。治理意味着需要关注更为普遍的协调，以及多种多样的正式的、非正式的公私互动类型。[②] 针对各种跨域问题，跨域治理的内容和方式非常多，政府和政府之间，政府和社会组织之间的合作体现在：寻求信息、寻求调整方案、政策制定、资源互补和基于具体项目的合作等。[③] 由于市政公用事业的各个行业公共性特征及市场化程度的不同，不同行业、不同类型的跨区域合作治理的实现方式也不同。随着我国市政公用事业改革的深入发展和行政体制环境的变化，其合作领域及治理路径也将得到进一步的拓展。

---

① 参见张成福、李昊城、边晓慧：《跨域治理：模式、机制与困境》，载《中国行政管理》2012 年第 3 期，第 108 页。

② Perter, B. G. (2000). Governance and Comparative Politics. in Pierre, J. (eds.), Debating Governance. New York Oxford University Press；36 ~ 53.

③ 参见［美］阿格拉诺夫、麦圭尔：《协作性公共管理：地方政府新战略》，李玲玲、鄞益奋译，北京大学出版社 2007 年版，第 62 ~ 92 页。

一、市政公用事业跨区域合作治理的模式选择

跨域合作治理模式即跨域合作治理的实现方式，是跨域合作治理得以实现的制度框架和运行载体。合作治理的结构受市政公共产品的特性及其提供方式的影响，为获得良好的治理绩效，市政公用事业跨域合作治理应随着合作内容、性质及形式的变化而选择不同的模式。同时，跨域合作治理模式并非一成不变。随着市政公用行业市场化发展程度、其所处的行政体制环境和社会公众参与程度的变化，跨域合作治理的模式也会改变。公共性（或公益性）是市政公用事业的本质属性，表现为市政公用产品和服务与社会生产生活的相关性。"市政公用事业的公共性不仅限于经济学意义上的公共物品的纯度，还包括生产与提供服务的过程中所体现的维护公共利益的价值取向。"①因此，从追求"公共性"的角度出发，可以说，市政公用事业跨域合作治理的目标是为了使其所提供的市政公用产品或服务的公益性实现最大化。按照多元主体参与和公益性可能获得的程度，可由低至高将市政公用事业跨域合作治理模式分为四个层次类型（如图 6.1），跨区域合作治理实现的公共性程度由低到高逐渐提高，合作治理的主体也逐渐多元化。

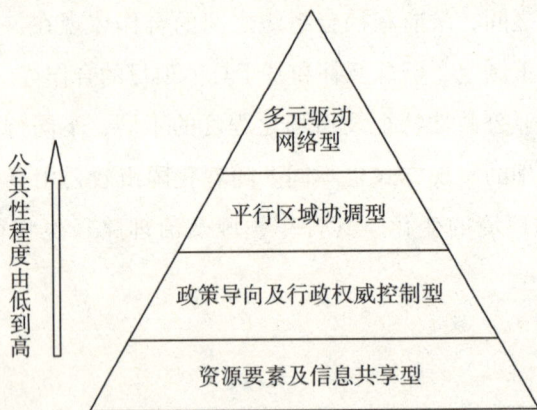

图 6.1　市政公用事业跨域合作治理模式的公共性趋向

资料来源：本研究自制。

---

1. 多元驱动网络型

市政公用事业跨区域合作的目的是为了达成区域一体化发展和满足区域社会公众的需求，即通过跨区域合作的方式使市政公用事业的公益性得到最大化程度的显现。多元驱动网络型模式建立在跨区域合作治理的参与主体——政府、企业、非政府组织和社会公众的社会治理能力不断提升，特别是非政府组织合作参与力量的不断壮大、社会公众合作治理参与意识提高的基础上的。在这一模式下，合作治理的动力来自参与主体各方的权力和利益向多中心的共同体利益整合，实现利益的协调与均衡，形成责任明确、风险共担的市政公用事业治理联合体。因此，这一模式的公共性趋向度是最高的。

跨区域合作经营是市政公用事业跨区域合作中市场化作用的体现，基于企业追求利润的本性和市场竞争机制，提高市政公用产品和服务的区域供给效率。然而，市政公用事业跨区域合作存在着公共性风险。在市场自由竞争机制下的最大风险就是市场主体（企业）为了达到其利润的最大化而产生各种破坏市场秩序、危害社会公益的行为，导致公共性风险由社会公众独自承担。多元驱动网络型治理模式，首先通过明确市政公用产品或服务的公共本质，按公共性程度分配参与主体的权力与责任，这一环节必须由具有最高行政权威的中央政府以法律规范的形式确定；其次，要有效处理竞争与垄断的关系，需要引入非政府组织的力量，如通过吸引社会资本支持基础设施建设；再次，通过向社会开放合作治理的参与渠道，反映公众的诉求，也起到风险监督的作用。

2. 平行区域协调型

市政公用事业的跨区域合作治理离不开地方政府间合作。平行区域协调型是地方政府之间就市政公用事业的区域一体化发展达成共识，合作的动力来自双方对自身区域经济发展的利益追求。这一模式中双方都具有很强的合作意愿，双方签订的行政协议是主要的合作规范，在合作治理方式上有更多的选择权和灵活性。基于利益驱动和治理绩效的改善，地方政府会更鼓励和吸引非政府组织加入合作过程，利用其资金、技术、舆论等各方面的优势，促进合作治理的达成。在平行协调型的治理模式中，治理的核心机构是由双方组建的联合组织，由平级的地方政府部门推动组成，某种程度上是跨区域部门的事务合作。

通过地方政府合作（合资）形式实现市政公用事业的跨区域合作，需要防治的风险仍是跨区域的市场垄断。平行协调型的治理模式中，联合投资是多元主体合作关系的表现之一。地方政府通过竞标、参股、投融资、技术联合等形式，鼓励多方参与合作，以平衡市场主体的力量。这也是平行协调型模式防治跨区域市场垄断风险的方式。

3. 政策导向及行政权威控制型

在市政公用事业的跨域合作中，一方面，政府为实现公共性的最大化而制定实施一系列政策措施，如保证产品或服务的廉价；另一方面，为提高生产和服务的效率，盘活企业竞争力，又需要放开市场。因此，市政公用事业的跨区域垄断经营通常表现为政府发起合作组织和企业跨区域兼并两种形式，在跨域合作形式中表现跨域垄断经营及一体化管理。政策导向及行政权威是跨纵向层级的合作是否能够顺利实现的重要因素，也是制定统一管理标准及行业规范的重要推动力。如在城乡之间的供水、公交、污水垃圾处理方面的跨区域合作，主要通过上级政府的政策导向及行政推动来保障。

显然，这一合作治理模式主要强调政府责任，公共性趋向较强，但在跨区域合作中，特别是合作发起、初期阶段，多元主体的参与比以上两个层级相对较少。这一模式良好实施的前提是，跨区域合作首先成为地方政府持续关注的议题，有时还要提供非制度的动力，如依靠地方领导人的决策意志。

4. 资源要素及信息共享型

在一些有跨区域合作需要，但因行政制度阻隔、公共性界定模糊等因素而暂时无法展开深入合作的领域，可以通过资源要素共享的形式，建立起合作纽带。资源要素包括技术、人力、公用设施等。如城际公交一体化进程中所采用的公交一卡通、跨区域联网售票、道路运输信息联网等形式，通过技术联合实现跨区域的合作。建立信息共享机制是实现跨区域合作治理的重要基础，就市政公用事业而言，针对城际公交、城乡供水、污水垃圾处理等区域内重要和优先合作的事项，构建一批区域市政公用事业信息化项目，提高区域整体的信息化水平。

由于这一模式主要以资源要素、信息为中介来掌握跨区域合作的整体情况，因此跨区域合作治理集中在少数政府业务部门，多元主体参与程度较低。同时，无法确保资源要素及信息共享的覆盖面，这一模式的公共性趋向要低于以上层级。

二、市政公用事业跨区域合作治理的前景

跨区域合作治理是一个多层次的体系和动态的过程。市政公用事业的跨区域合作治理，不仅是从地域上打破市政公用事业发展的藩篱，更是要打破政府统包的方式，合理放开市场准入，让企业、社会公众共同参与合作治理的过程。同时，市政公用事业各行业之间有较强的关联性，为推进市政公用事业系统规模化的发展，市政公用产品普遍存在跨区域合作发展的趋向。随着我国政府体制改革的深入发展和市场化体系的完善，跨域发展所遇到的体制阻碍将会减少，市政公用行业的跨区域合作领域将会得到进一步的拓展。如我国《城乡规划法》实施、大部制改革及交通运输部的成立，为城际公交的一体化发展创造了良好的外部条件及环境。从目前市场的发展形势来看，很多地方都把城际公交作为行政机制改革的一个标志性工作来进行。

在市政公用事业未来的改革发展中，在现有行业跨域合作的基础上，仍有不少领域需要进一步加强跨区域合作治理。例如，区域大气污染联防联治、跨区域公路网监控调度、区域交通应急联动、供水应急联合管理，等等。公交网络化运营将成为城际公交一体化的新型合作形式。当公交系统呈现出相当的规模经济性，因而具有自然垄断性，而城际公交在都市圈内发展成为公交的网络化运营，可增强城市轨道交通的规模经济圈效应。因此，在合作治理中，应充分认识公交网络化运营的必要性，打破交通行政体制的地域障碍，实现各地法规体系的对接，为实现地铁、轻轨、公交、的士之间的无缝对接提供良好的制度环境及市场秩序。同样的，在区域供水方面，也可推进实现供水水源同网化，构筑供水安全保障体系，如珠海、中山、江门三市政府为应对突发事件，目前已签订《推进珠中江城市（镇）供水水源同网框架协议》，保障供水安全和提高水质。同时，在资源

要素及信息共享层面，可通过制定市政公用各子行业的技术标准，鼓励大型企业进行跨区域服务，实现规模经济。此外，目前我国跨省排污权交易已进入试验阶段，二氧化硫排污权交易已经启动第三阶段试验，即由试点地区的点状分布转向江苏、浙江、上海等的长三角区域合作试验，为城市污染处理行业提供跨区域合作的条件。

结语：市政公用事业跨区域合作——一场合作治理的变革

"开放的治理本身就是对一切僵化可能性的排除，从而能够使治理过程处在一个始终与整个社会互动的过程之中，能够把一切积极的、对治理有益的因素都吸纳到治理活动中来。"[①] 市政公用事业的跨区域合作不仅是经营方式的转换，更是区域经济一体化发展趋势下，适应区域城市经济社会发展需求的合作治理变革。从政府治理的角度看，随着市政公用产品跨域供给问题的凸显，公共行政面对着一种全新的生态环境，没有一个政府部门有足够的能力单独去解决跨区域供给所带来的种种问题，以行政区划及地域分割为界限的管理理念和体制将逐步被强烈的区域合作需求、多元主体的共同参与所打破，通过优化合作治理模式以克服集体行动的困境。从公共政策的视角看，"合作治理的核心意蕴在于，政府部门组织特定问题的利益相关者，以集体协商的方式，参与以寻求共识为导向的政策过程"[②]。市政公用事业跨区域合作的实践表明，政府、市场、社会在跨区域合作治理框架中都扮演着各自的角色，承担相应的责任、义务及风险。从"公共利益"的价值导向出发，政府是跨域合作的引导者，也是跨域合作治理行政制度的提供者，公共服务和公共产品的提供应遵循合理的市场效应，但为了追求市场效益最大化而忽视社会公众的利益则是本末倒置，因而社会公众的参与是平衡区域利益博弈的重要因素。与一般的跨区域合作相比，市政公用事业跨区域合作治理更强调公共利益的价值

---

① 参见张康之：《合作治理是社会治理变革的归宿》，载《社会科学研究》2012 年第 3 期，第 42 页。

② 蔡岚、潘华山：《合作治理——解决区域合作问题的新思路》，载《公共管理研究》2010 年第 4 期，第 192 页。

合作治理：市政公用事业发展模式研究

导向、合作力量的平衡和可持续发展的合作机制，将从内部打破传统的合作治理结构："跨域"从广义上涵盖了跨地域、跨行政区划、跨行业，与跨部门合作相伴而生，市政公用事业跨区域合作的实现将冲破政府部门及行业领域阻隔的藩篱，也将触发机构职能的调整（如大部制改革）和行业发展的整合。

第七章　总结与展望

第一节　研究结论

市政公用事业作为政府基本公共服务的重要构成部分，发挥着服务民生、支撑和引导城市发展的重要功能。随着我国城镇化进程的加快，传统的外延式城镇化向以人为本的新型城镇化的转型，服务型政府取代增长型政府成为政府职能转变的核心目标，市政公用事业的地位更加凸显，社会公众对其供给能力和服务质量要求也越来越高。市政公用事业发展面临着供给规模剧增和质量优化提升的双重压力。

但是，从市政公用事业现有的治理结构来看，仍然滞后于社会公众期待和城市发展要求。我国市政公用事业的发展大致经历了一个从"实行政府直接投资、国有企业垄断经营"，到"引入市场机制，建立多元化的投融资体制及运营体系"，推进"民营化改革"的历程。改革取得巨大成就的同时，也存在着许多认识和实践上的误区：价值取向层面，割裂公平与效率的关系而片面追求效率，忽视市政公用事业的公共属性，以多元投资为名放弃政府主导责任；改革的实际操作中，或重视产权变革忽视竞争机制建构，或片面强调竞争忽视市政公用事业的自然垄断属性，或重视投融资主体多元忽视后续服务监管，或强调公私合作忽视公民参与等。这些误区导致改革没有带来预期的绩效，反而让人们对于改革产生了怀疑、不满和观望，甚至幻想重回政府包办一切的老路。这与我国目前进入全面深化改革的新的发展阶段是不适应的。

因此以政府、市场、社会等多元主体合作治理的视角分析把握市政公用事业发展的未来走向，创新发展理念、运作机制和管理方式，实现市政公用事业发展新的转型是本课题研究的目的所在，亦是对我国进入城市时代和全面深化改革时代市政公用事业发展路径选择的理论反思和现实回应。

本研究从我国市政公用事业发展的历程和现状分析入手，采用规范研究、实证调查和案例研究的方法，从定性和定量两个方面重点揭示"民营化改革"的经验与教训，在国内外相关研究的基础上构建市政公用事业合作治理模式，揭示其内涵、特点、价值取向、运行机制、实施条件和构建对策，并结合当前我国市政公用事业一体化发展的迫切需要，选取跨区域合作治理、跨部门合作治理和公私合作治理三大形式，选择典型城市和行业，深化应用研究，分析多元主体在市政公用事业发展中的功能定位和作用机制，探讨市政公用事业如何均衡、协调、高效、可持续发展。研究的主要结论如下：

合作治理是市政公用事业良性发展的有效路径选择。相对于传统的政府垄断或过度市场化等问题，合作治理模式打破了"要么垄断，要么竞争"的极端思维方式，体现了一种"均衡"的哲学思维，平衡了政府、企业、消费者三方利益，从而使市政公用事业的发展符合政治、经济、社会效益的统一，为改革提供了一种新的理论视角。从现实需要来看，合作治理有助于解决市政公用事业市场化改革中的各种误区，减少相关利益主体缺位导致的风险，优化资源合理配置，推进市政公用事业在区域之间、城乡之间以及各行业之间的一体化协调发展。而且，合作治理还是推动政府职能转变、提升政府治理体系和治理能力完善的重要路径。

合作治理理论的理论来源和丰富内涵需要进一步解析。竞争与合作是管理的永恒命题，与对竞争的研究相比，在合作治理方面，理论资源相对分散，需要加以整合，为合作治理提供扎实的理论根基；需要超越公共管理学单一的学科视野，吸收多学科的研究成果，重点从公共产品、治理理论、政府与市场的关系理论、新合作主义等方面为合作理论提供支撑，探求合作治理的价值导向、治理结构、政府作用和实现机制。基于理论分析，认为应当从治理角色的多元化、治理结构的网络化、治理工具的丰富化和治理过程的动态化四个方面拓展市政公用事业合作治理的丰富内涵。

当前迫切需要推进市政公用事业合作治理的实现机制建设。市政公用事业合作治理模式亟需从规范层面深化至现实层面，应结合市政公用事业的基本属性，强化操作层面的落实。一是建立制度化的多元参与机制，实现参与主体规则下的有序参与，化解多元目标冲突和防避行为失范。二是建立多元主体的利益整合机制。利益整合是多元主体进行合作治理与前提和保障，必须在承认和尊重局部利益和市场利益的前提下界定多元利益的合理边界，然后围绕公共利益，通过利益诉求、利益共享机制等实现利益整合。三是建立公平有序竞争机制。合作并非排斥竞争，而是摒弃无序的恶性竞争，或单一主体的垄断。应注意结合市政公用事业自然垄断属性的不同，合理设计产权结构和市场结构与政府治理结构的衔接，激发竞争在效率、活力方面的正面功能。四是建立科学规范的监管机制，以法治为保障，以契约为基准，以公益为目标，强化改革行为和服务供给监管，创新激励性监管举措，扩大社会参与监管，降低监管成本，提升监管的实际效果。

市政公用事业的合作治理应突出公共性的价值取向，注意公共性的差异。市政公用事业的合作治理与和谐共赢要建立在维护其公共性的基础之上。市场化改革的过度在于迷失了价值取向。公共性是市政公用事业的基本属性，我们不应该仅仅局限于经济学公共产品理论的经济技术属性分析，还应该看到市政公用事业对于城市发展的基础性和先导性，对于普通民众基本需求满足的公用性，以及对于弥补公共服务长期滞后所带来的党和政府合法性弱化的积极政治效应。突出公共性并不是政府包办一切，应该认识到在不同的城市时空范围内，在不同的行业内，市政公用事业的公共性存在差异性，这些差异性恰恰是界定合作共治多元主体的功能发挥、利益界定和行动权利的重要依据，是确立合作治理形式和机制的重要影响因素。

市政公用事业的合作治理应进一步突出政府主体的主导作用。合作治理的多元主体并不是多中心，排斥政府作用，相反，是为了弥补政府失灵现象，更好地发挥政府作用，促进政府职能结构的优化和职能实现方式的调整。政府的不可替代性和市政公用事业的公共性决定了政府主体的主导作用不仅不能削弱，还应进一步强化。市政公用事业合作治理中，政府要超越掌舵和划桨的划分，强化公共服务责任主体的意识，在加大市政公用事业投入的同时，积极推动改革，在改革中扮演好合作的规划者、法规制度的供给者、多元利益的协调者、公平正义的维护者、合作行为的监管者和遵守规范的合作示范者的角色。政府主导的方式不是强权下的被迫服从，而是通过前瞻性的战略规划能力、整合资源能力、管理参与协商网络能力、快速回应公众需求能力等加以实现。

市政公用事业的合作治理应加快合作的制度供给与法治保障。同西方国家不同，改革开放以后，我国市政公用事业改革整体上采用了"先改革，后立法"的模式，通过试点改革，总结改革的经验和教训，并在此基础上逐步推广，等到时机成熟再出台相关法律加以巩固和落实。这种改革模式在加快改革进程的同时，也导致了改革的各种扭曲。在改革持续多年后，当前应依据法治政府的目标要求，做到重大改革于法有据，加快市政公用事业领域内的法律制度供给，对多元主体的利益划分、权利空间和责任承担等加以规范，进一步明确多元主体对于改革的预期，防范市场化改革风险，促进合作共治行为的出现。

市政公用事业合作治理应该根据现实需要，重点突出区域合作、公私合作和跨部门合作三大领域。

市政公用事业的跨部门合作的当前重点应放在规划、建设、运营环节的统筹协作上。鉴于城市公共安全的迫切形势，特别要关注城市地下空间管线的合作治理。跨部门合作应着眼于合作行动的产生逻辑，打破制度决定合作的传统理论视角，从文化、制度、组织和技术层面的多元视角化解该领域的合作困境。文化层面，价值导向突出市政公用事业的整体公共性，并通过治理取向的变革打破传统部门本位文化观念；制度层面，突出明晰的职能、权责分工是有效合作的必要条件，防止制度空白和制度冲突对合作的阻碍；组织层面，促进面向职能分工、遵循权威——服从原则的组织向面向事务、遵循平等协商原则的组织设计的转变；技术层面要强化顶层设计，强化信息技术在信息共享、沟通便利、合作行为控制和绩效考核等方面推进跨部门合作的积极效应，要警惕和防范信息化技术与部门利益的结合固化传统治理方式的风险。

党的十八届三中全会强调经济改革要发挥市场在资源配置中的决定性作用，进一步扩大社会投资范围，市政公用事业的公私合作将步入新的发展阶段。持续多年的公私合作探索后，当前的改革重点应是围绕特许经营等制度和监管机制的健全完善，推动公私合作的规范化运作，防范和控制改革进程中的各种权力寻租、政府推卸责任、市场主体独占经济利益、社会承担改革代价、竞争无序、监管乏力、服务价高质劣和不均衡等潜在风险。

城市群、城乡一体化是我国城镇化的重大发展战略，在推进市政公用事业的区域合作方面，应将城市群、都市圈的重大市政公用事业基础设施的一体化供给作为重点推进区域合作治理。一是强化政府在城市群、都市圈的重要市政公用事业发展中的战略规划协调能力，防止重复建设导致的严重资源浪费；二是主动创设搭建区域多元参与的信息交流、沟通合作平台；三是在资源配置上引导和鼓励区域之间在市政公用事业一体化发展方面的合作行为。

第二节　实现市政公用事业合作治理的重点

一、合作治理有赖于合作价值理念的培育

共同价值观是集体行动成员共同认同和遵守的价值理念体系，是组织文化的核心和基石，是组织活的灵魂，也是人们选择如何行动的判断标准，它直接决定着管理活动的方向和成效。合作治理作为一种新的治理模式，其运行成效深受各治理主体价值理念和价值追求的影响。合作需要尊重多元主体的不同价值追求，但同样需要凝聚共同的价值理念，去指引自愿的共同行动。

基于市政公用事业的特性和有效合作的基本要求，我们认为实现市政公用事业的合作治理应注重加强以下价值观的培育：

一是突出公共精神的培育。市政公用服务有着很强的公共性，事关民

生，各参与主体必须不断强化公共利益观念，注重社会责任的担当，遵守秩序和规范，这既是合作推动市政公用事业可持续发展的要求，也是减少因监督和各类博弈产生大量的交易成本，进而制约市政公用事业效率和质量提升的现实需求。

二是尊重契约精神。遵守契约是市场经济时代的要求，也是市政公用事业合作治理中所必备的基本精神。"在契约未上升为契约精神之前，人们订立契约源自彼此的不信任，契约的订立采取的是强制主义。当契约上升为契约精神以后，人们订立契约源于彼此的信任，当契约信守精神在社会中成为一种约定俗成的主流时，契约的价值才真正得到实现？"① 合作治理要求以某种契约和约定为基础，如果各主体不能遵守契约，则再完美的制度设计也会形同虚设，因此遵守契约、以契约为指导和行为边界，不仅有利于治理目标的实现，也能为继续合作奠定基础。

三是以诚信增进信任。诚信是对社会主体的基本道德要求，也是实现合作的重要前提。没有诚信的合作，将大大提高交易成本，并危及合作的可持续性。

二、合作治理应注重利益的充分表达和整合

利益是合作治理中不能回避、不容忽视的重要因素。虽然我们一再强调在市政公用事业合作治理中应体现公益导向，但并不等于脱离不同利益主体的利益要求来谈合作，事实上脱离利益的表达和整合，合作治理将寸步难行。一方面，利益是构成市政公用事业合作的原始动力，没有利益就没有动力，利益是发动机，同时还是吸铁石和黏合剂；另一方面，市政公用事业的需求刚性强，覆盖面广、市场潜力大，因此在市政公用事业领域存在着巨大的现实和潜在利益。历史经验证明，凡是存在利益的地方必然存在着利益的角逐，利益的角逐必然导致各种利益的纠葛和纷争，利益纠纷的激化甚至演化为现实的风险或灾难。因此，应当辩证地看待利益的作用。市政公用事业的合作治理既不能脱离和压制利益，又不能放任单一主

① 和讯网:《什么是契约精神》,载和讯网,http://opinion.hexun.com/2011-05-12/129559306.html.

体私利的过度增长或偏向。必须在承认和尊重局部利益和市场利益的前提下界定多元利益的合理边界，然后围绕公共利益，通过利益诉求、利益共享机制等实现利益整合。

三、合作治理应突出合作与竞争的共存

合作与竞争具有对立统一性。从对立的一面看，合作和竞争在一定条件下难以相容，过度竞争会破坏合作；同时，无原则的合作也不利于竞争，无法促进效率的提高；从统一性看，合作并不否认竞争，既可以在竞争中寻求合作的机会，也可以通过合作更好地展开竞争。

市政公用事业的合作治理应致力于竞合关系的打造。合作是合作治理的主旋律，但是如果脱离了竞争，合作治理就易走上计划管理和垄断的老路。因此在市政公用事业合作治理的制度构建中，既要有促进合作的制度和规范，又要有促进竞争的制度设计。通过推进管办分离，打破行政垄断，优化市场机制，促进良性竞争等改革，使竞争与合作共存、共融、共生，使二者并行不悖，且相得益彰，充分发挥竞争的激励作用和合作的凝聚作用，在合作的框架之下，促进合作治理的生命力、创造力和活力的提升，充分体现既合作又竞争的辩证关系。

四、合作治理应凸显公平与效率的统一

公平与效率是市政公用事业发展的共同追求。效率是公平的基础和源泉，没有了效率，公平就成为无源之水；公平是效率的保障，没有了公平，市政公用服务的公共性就无从体现，弱势群体的利益就难以保障，效率就失去了意义和社会基础。合作治理需要重点解决的就是如何在增进公益与提升效率之间找到平衡点。为此应当建立基于公益和效率双导向的合作机制，注重实现生产领域的竞争性和分配领域的公益性。在市政公用事业合作治理主体的准入方面，在放宽准入门槛的同时，要强化制度建设，使主体的参与有据可循，有法可依，信息公开，制度透明，为各主体的竞争提供平等的起点和机会；同时注重战略投资者的引入，排除可能会造成社会公平和公共安全风险的主体；要建立科学的绩效考

核指标和相应的考核机制，防止部分不合格主体长期垄断市政公用事业的治理权；要充分发挥民间团体、行业协会、社区的利益和意见凝聚功能，充分表达公众意志，为公众维权提供组织保障；要针对弱势群体设立帮扶和救济基金，完善利益损害补偿机制，推进实现基本公共服务的均等化。

五、合作治理需在推动发展的同时做好安全防控

市政公用行业所提供的产品不仅包括重要的民生用品，还包括重要的战略物资，对于国家安全、社会稳定都有着重要的保障意义，其发展必须在安全、有序的轨道中进行。在合作治理的模式下，必须强化制度安排和政策设计，明确权责，落实市政公用服务提供、消费、运行、管制等的安全责任，有效防范各种安全特别是公共安全风险。譬如，市政公用事业的合作治理不能采取简单粗暴的私有化甩卖方式，应管控市场化运作过程，防止国有资产流失和过度私有垄断导致的供给风险；要基于市政公用事业公共性和自然垄断性的不同，进行行业或行业内业务的风险评估，确定风险指数，建立差异性的预防机制，进行有针对性的治理；要强化各合作主体之间的信息交流与共享，促进信息公开，防止由于信息不对称生发的矛盾和纠纷，并完善协商和谈判机制，避免合作崩溃带来大的社会风险；要注重社会性管制的优化，特别是在价格调整和服务质量方面，规范各主体行为，实现公共利益的最大化。

六、合作治理须科学定位政府角色预防"合作失灵"

在市政公用事业合作治理模式中，政府处于主导地位，是市政公用服务的最终责任主体，但同时，它又是合作体系中的一员，在合作治理的过程中，要特别注意其角色的异化，预防由此导致的合作失灵。

一是要正确处理合作与监管的双重身份。在合作治理中，政府既是管制者又是参与者，角色的差异和混合，很容易导致实践中的角色混乱，因此正确把握政府身份是消除角色混乱的关键所在：首先是职能的准确定位，即政府在合作治理和监管中分别扮演什么角色，必须分清二者之间的差异，

防止两种角色的冲突。其次是关系的准确定位。政府要做到，在合作治理中保持与其他主体的民事平等地位，建立合作伙伴关系。在监管过程中，坚持与其他主体的监管与被监管地位，保持统属关系。不能将两种角色混为一谈，更不能进行角色互换，防止出现合作治理中的统属关系和监督管理中的伙伴关系。

二是防止合作变为管控。合作是横向的伙伴关系，而管控是纵向的管制关系。由于政府身份的双重性，因此必须防范政府权力的变异，即防止政府因不能准确把握权力边界造成的管控权力过大，以及由此导致的对其他合作主体权力的挤压。由于我国有几千年的集权传统，缺乏分权与合作的政治文化，因此管控的发展很容易演化为权力的集中和独占。所以在实践中，必须对管控权力进行有效制约，防止因控权不当造成的权力挤占，导致平等合作转变为单向管控。

三是防止合作虚化。合作的虚化是指在合作治理过程中由于主客观原因造成的制度建构不合理和操作不当，导致合作关系停留在表面，难以真正落实的治理状态。合作虚化使合作治理有名无实，不仅不利于治理的开展，而且合作虚化具有很强的误导性，易使公众对合作治理产生误解，影响合作治理的推广和发展前景。合作虚化主要表现为：合作主体的作用没有得到充分发挥；合作关系只停留在表面，未形成实质性的沟通和协调关系；各主体未获得应有的权力，无法履行自己的责任；合作治理无法取得预期成果，不能发挥合作治理的效用。

鉴于此，在市政公用事业的合作治理中，必须以务实的态度，将合作治理落到实处。首先必须明确各主体的权利义务关系，使各主体各司其职，保证责权一致，能够保持足够的动员能力和支配能力；其次，构建有效的协调机制和合作机制，形成系统的、有机的关系网络，实现各主体之间的有效互动和配合；再次，对各主体进行严格监督，防止其以合作之名，行单干之实；最后，防止治理主体的权力垄断，避免分权变为分赃，防范合作治理成为新一轮的利益分割和"圈地运动"。

第三节　对市政公用事业合作治理研究的展望

合作治理是一种新型的市政公用事业治理模式，但由于发展时间较短，这一模式在现实中只是初现雏形，并未成为一种成熟的治理模式。因此，需要加强、改进和提高的方面还有很多。从现实的紧迫性和必要性来看，我们认为，未来的研究和实践可以着重从以下三个方面进行：

一、强化合作治理的比较研究

20 世纪 80 年代之前，合作治理仅作为一种理论假设而存在，相关研究非常有限。进入 90 年代以来，治理理论在西方国家兴起，随着理论的不断深化与完善，其核心理念如多中心、网络化、协同、参与、动态合作等逐步在市政公用事业中得到运用，多元主体在市政公用产品中的作用也越来越受到重视。虽然迄今为止，西方的理论研究和管理实践并未给我们提供一套现成和成熟的模板，但是相比较而言，西方国家已经经历了较为完整的市政公用事业市场化阶段，正逐渐向市政公用事业的合作治理过渡，一些新的尝试和新的改革路径非常值得我们学习和借鉴。因此，我们可以通过比较研究的方式，对西方国家的改革经验进行梳理、总结和概括，从中提取出合理内核供我国参考和借鉴。

此外，目前国内也有部分地区对合作治理进行了探索，我们应将其纳入比较研究的范围，进一步总结本土经验。

对合作治理的比较研究，我们认为可以从以下几个方面深化进行：一是基于国别的比较研究，探寻不同政治生态、经济体制、社会文化对合作治理目标和机制的影响；二是合作治理不同模式分类的比较研究，本课题重点关注了基于不同合作主体的模式分类的研究，但公共性差异造成的治理模式的不同类别，以及基于合作媒介的治理模式的分类研究没有过多涉及，应该予以进一步深化；三是治理绩效的比较研究，合作治理的绩效是判断不同模式适应性及其改进的最终标准，比较研究有助于辨别不同治理模式的效应及其改进方向。

二、加强行业细化的应用研究

市政公用行业众多，产品属性差异较大，本课题主要关注了地下管网建设、公用事业的特许经营和公交的跨域合作问题，覆盖面还不够广泛，未来应拓展合作治理在其他行业的应用研究，探寻其具体的实现路径。重点集中在两个方面：一是应根据行业特色进行分类，在细化分类的基础上，探寻适应其自身发展的治理模式，使其能够真正地凸显市政公用的行业特点、主体特性和功能差异。二是强化合作治理方式、流程的研究。在实践中，我国市政公用事业合作治理的实现方式多缺乏制度建构和规范流程，导致管理过程随意性大，在一定程度上影响了治理的效果。同时，很容易导致权力的分散和部门化，造成沟通与协调不畅，出现合作虚化等问题。因此，必须加强合作治理的制度建设特别是流程再造，将合作治理纳入制度化、规范化轨道。

三、加强合作治理绩效评价研究

由于市政公用事业合作治理尚处于探索阶段，因此在实践中，合作治理的重点集中在基础性制度和关系网络的构建方面，实际治理效果的研究相对不足，因此应加强合作治理绩效评价的研究。但市政公用事业的公共性以及其价值导向决定了其绩效的评价有其特殊性，很难套用政府或企业的绩效考核模式，即使在市场化改革中有些地方实施的绩效考核，也重在体现收益与成本的关系，存在着目标和标准相对单一，参与不足等问题。市政公用事业合作治理的主体多元、关系复杂、模式繁多、标准多样，所以很难以简单的成本收益模式进行绩效衡量，因此如何构建科学的评价体系是需要认真研究的问题。

合作治理主体的多元性和作用的交互性，使合作治理的绩效评价体系呈现出明显的综合性。因此要注重科学合理、全面复合的绩效指标体系的设计，其指标不仅强调经济效益、发展速度，更要强调市政公用事业的质量，同时将社会效益、生态效益指标纳入绩效考核之中；要实现评估主体多元化并凸显公众的最终主体地位，克服评估主体单一、向度单一的问题，健全合作治理主体之间的互评机制和社会评价机制，以外部制约保障合作的有效性；对于跨域、跨部门合作的情形，绩效考核不仅要考核本单位、本部门、本辖区的绩效状况，也要综合考虑合作中对其他区域、部门造成的正负外部效应，引导市政公用事业的各治理主体时刻从公益而不是仅仅从本位利益出发考虑问题，促进合作治理的不断发展。

参考文献

一、著作类

[1] Agranoff Robert, McGuire Michael. (2004). *Collaborative Public Manage-ment：New Strategies for Local Governments*. Washington D. C. ：Georgetown University Press.

[2] Asha Gupta. (2000). *Beyond Privatization*. London：Macmillan Press.

[3] Steven Goldsmith&William D. Eggers. (2004). *Governing by Network：The New Shape of the Public Sector*. New York：Brookings Institution Press.

[4] Williamson, J. B. , Pampel. F. C. (1993). *Old-Aged Security in Comparative Perspective*. New York：Oxford University Press.

[5] HANSMANN H. (1987). *Economic theories of nonprofit organizations*. New Haven：Yale University Press.

[6] Perter, B. G. *Governance and Comparative Politics*. in Pierre, J. (eds.). (2000). *Debating Governance*. New York：Oxford University Press.

[7] RICHARD J. GILBERT. EDWARD P. KAHN. *International Comparisons of Electricity Regulation*[M]. Cambridge University Press, (1996).

[8] Michael Waterson. (1988). *Regulation of the Firm and Natural Monopoly*. Blackwell Pub.

[9] Baumol, W. J. , J. C. Panzar & R. D. Wilig. (1982). *Contestable Markets and Theory of Industry Structure*. New York：Harcout Brace Javanovich Ltd.

[10] J. M. Buchanan. (1965). "An Economic Theory of Clubs". Economica.

［11］ *THE ECONOMIC THEORY OF CLUBS.* Springer Science + Business Media，2004.

［12］ Philippe Marin. *Public-private Partnerships for Urban Water Utilities：A Review of Experiences in Developing Countries.* World Bank Publications，2009.

［13］ ［美］唐纳德·凯特尔：《权力共享——公共治理与私人市场》，孙迎春译，北京大学出版社 2009 年版。

［14］ ［美］丹尼尔·史普博：《管制与市场》，上海三联书店 1999 年版。

［15］ ［英］鲍利特：《重要的公共管理者》，北京大学出版社 2011 版。

［16］ ［新西兰］杰瑞米·波普：《制约腐败——建构国家廉政体系》，清华大学公共管理学院廉政研究室译，中国方正出版社 2003 年版。

［17］ ［美］迈克尔·麦金尼斯主编：《多中心治道与发展》，上海三联书店 2000 年版。

［18］ ［美］埃莉诺·奥斯特罗姆：《公共事物的治理之道——集体行动制度的演进》，余逊达、陈旭东译，上海三联书店 2012 年版。

［19］ ［美］埃莉诺·奥斯特罗姆：《公共事物的治理之道——集体行动制度的演进》，余逊达、陈旭东译，上海三联书店 2000 年版。

［20］ ［美］B. 盖伊·彼得斯：《政府未来的治理模式》，吴爱明、夏宏图译，中国人民大学出版社 2013 年版。

［21］ ［美］戴维·E. 麦克纳博：《公用事业管理：面对 21 世纪的挑战》，常健、符晓薇、郭薇、翟秋阳等译，中国人民大学出版社 2010 年版。

［22］ ［美］E. S. 萨瓦斯：《民营化与公私部门的伙伴关系》，中国人民大学出版社 2003 年版。

［23］ ［美］戴维·奥斯本、彼得·普拉斯特里克：《再造政府》，中国人民大学出版社 2010 年版。

［24］ ［美］詹姆斯·M. 布坎南：《民主财政论——财政制度和个人选择》，商务印书馆 1993 年版。

［25］ ［英］约翰·伊特维尔、莫里·米尔盖特、彼得·纽曼：《新帕尔格雷夫经济学大辞典（中译本）》，经济科学出版社 1996 年版。

［26］ ［英］戴维·米勒等主编：《布莱克维尔政治学百科全书》，中国政法大

学出版社 2002 年版。

[27]《公私伙伴关系——政府的举措》，英国财政部。

[28][美]罗伯特·阿格拉诺夫、迈克尔·麦圭尔:《协作性公共管理——地方政府新战略》，李玲玲、鄞益奋译，北京大学出版社 2007 年版。

[29][法]埃哈尔·费埃德博格:《权力与规则——组织行动的动力》，上海人民出版社 2005 年版。

[30][美]尤金·巴达赫:《跨部门合作——管理"巧匠"的理论与实践》，周志忍、张弦译，北京大学出版社 2011 年版。

[31][美]拉塞尔·M.林登:《无缝隙政府:公共部门再造指南》，中国人民大学出版社 2002 年版。

[32][美]刘易斯·芒福德:《城市发展史—— 起源、演变和前景》，宋俊岭等译，中国建筑工业出版社 2005 年版。

[33][美]熊彼特:《资本主义社会主义和民主主义》，商务印书馆 1979 年版。

[34][美]阿格拉诺夫、麦圭尔:《协作性公共管理:地方政府新战略》，李玲玲、鄞益奋译，北京大学出版社 2007 年版。

[35][英]亚当·斯密:《国富论》，张兴、田要武、龚双红译，北京出版社 2007 年版。

[36][德]魏伯乐、[美]奥兰·扬、[瑞士]马赛厄斯·芬格主编:《私有化的局限》，王小卫、周缨译，上海三联书店、上海人民出版社 2006 年版。

[37][美]布坎南:《自由、市场与国家:80 年代的政治经济学》，平新乔、莫扶民译，上海三联书店 1989 年版。

[38]曹现强、贾玉良、王佃利:《市政公用事业改革与监管研究》，中国财政经济出版社 2009 年版。

[39]唐娟:《政府治理论》，中国社会科学出版社 2006 年版。

[40]周义程:《公共产品民主型供给模式的理论建构》，中国社会科学出版社 2009 年版。

[41]孔繁斌:《公共性的再生产:多中心治理的合作机制建构》，江苏人民出版社 2012 年版。

[42]杨宏山:《府际关系论》，中国社会科学出版社 2005 年版。

[43] 谭英俊:《地方政府公共事务合作治理能力建设研究》,广西人民出版社 2011 年版。

[44] 李瑞昌:《政府间网络治理:垂直管理部门与地方政府间关系研究》,复旦大学出版社 2012 年版。

[45] 句华:《公共服务中的市场机制研究:理论、方式与技术》,北京大学出版社 2006 年版。

[46] 石淑华:《中国公用事业民营化改革的若干反思》,中国经济出版社 2012 年版。

[47] 周林军、曹远征、张智主编:《中国公用事业改革:从理论到实践》,知识产权出版社 2009 年版。

[48] 陈富良:《我国转轨时期的政府规制》,中国财政经济出版社 2000 年版。

[49] 陈明:《中国城市公用事业民营化研究》,中国经济出版社 2009 年版。

[50] 郭鹰:《民间资本参与公私合作伙伴关系(PPP)的路径与策略》,社会科学文献出版社 2010 年版。

[51] 傅涛:《市场化进程中的城市水业》,中国建筑工业出版社 2007 年版。

[52] 李景元、薛永纯、郝志功:《城镇公用事业投资与运营模式研究》,中国经济出版社 2010 年版。

[53] 张会恒:《我国公用事业政府规制的有效性研究》,中国科学技术大学出版社 2007 年版。

[54] 汪海波、杨玉川:《第三产业实用手册》,经济管理出版社 1994 年版。

[55] 上海公用事业管理局编:《上海公用事业 1840～1986》,上海人民出版社 1991 年版。

[56] 国家城市建设总局:《1978 年城市建设统计年报》,1979 年版。

[57] 赵晓雷、王昉:《新中国基本经济制度研究》,上海人民出版社 2009 年版。

[58] 季崇威:《中国利用外资的历程》,中国经济出版社 1999 年版。

[59] 祝明仁、李振荣主编:《当代大连城市建设(上)》,东北财经大学出版社 1988 年版。

[60] 祝明仁、李振荣主编:《当代大连城市建设(下)》,东北财经大学出版社

1988 版。

[61] 常欣:《规模型竞争论:中国基础部门竞争问题》,社会科学文献出版社2003年版。

[62] 世界银行:《与贫困作斗争》,中国财政经济出版社2001年版。

[63] 邹东涛主编:《中国经济发展和体制改革报告 No. 1(中国改革开放30年 1978～2008)》,社会科学文献出版社2008版。

[64] 王广起:《公用事业的市场化运营与政府规制》,中国社会科学出版社2008年版。

[65] 世界银行:《1997年世界发展报告》,中国财政经济出版社1997年版。

[66] 任俊生:《中国公用产品价格管制》,经济管理出版社2002年版。

[67] 全球治理委员会:《我们的全球之家》,牛津大学出版社1995年版。

[68] 陈振明:《公共管理学——一种不同于传统行政学的研究途径》,中国人民大学出版社2003年版。

[69] 李天荣:《城市工程管线系统》,重庆大学出版社2002年版。

[70] 石国亮:《服务型政府》,国家行政学院出版社2013年版。

[71] 马伊里:《合作困境的组织社会学分析》,上海人民出版社2008年版。

[72] 李若鹏:《且行且思》,新华出版社2007年版。

[73] 李汉林、梁敬东、夏传玲、陈华珊:《组织变迁的社会过程——以社会团结为视角》,东方出版中心2006年版。

[74] 肖林、马海倩:《特许经营管理——城市基础设施存量资产资本化》,上海人民出版社、格致出版社2013年版。

[75] 仇保兴、王俊豪等:《中国城市公用事业特许经营与政府监管研究》,中国建筑工业出版社2014年版。

[76] 杨松:《首都城市公用事业市场化研究》,中国经济出版社2010年版。

[77] 王俊豪等:《中国城市公用事业民营化绩效评价与管制政策研究》,中国社会科学出版社2013年版。

[78] 余晖:《公私合作制在城市水务的中国实践》,世纪出版集团、上海人民出版社2005年版。

[79] 徐宗威:《公权市场》,机械工业出版社2009年版。

合作治理：市政公用事业发展模式研究

［80］王诗宗:《治理理论及其中国适应性》,浙江大学出版社 2009 年版。

［81］李景元:《对接京津与都市区公用事业一体化——构建首都经济圈与京津走廊公用事业体制变革》,中国经济出版社 2011 年版。

［82］俞可平:《治理与善治》,社会科学文献出版社 2000 年版。

二、期刊论文类

［1］Dennis A Rondineli. *Privatization, Governance, and Public Management: The Challenges Ahead*. Business and the Contemporary Word, Vol. 10, 1988(2): 149~170.

［2］Thomas Kamm. *Continental Shift: Au Revoir, Malaise: Europe's Economics are back in Business*. Wall Street Journal, 1988.

［3］Jostein Askim, Dag Harald Claes. *Part Hare, Part Tortoise -Explaining patterns in Norwegian public utilities reform* 1990~2010. Utilities Policy, 2011 (19):88.

［4］National Council for Public-Private Partnerships. *Testing Tradition Assessing the Added Value of Public-Private Partnerships*. 2012:10~12.

［5］David Parker, Parker& David. *Regulation of privatised public utilities in the UK: performance and governance*. International Journal of Public Sector Management, Vol. 12, 1999(3).

［6］Mary Maurice Nalwoga Mukokoma, Meine Pieter van Dijk. *New Public Management Reforms and Efficiency in Urban Water Service Delivery in Developing Countries: Blessing or Fad?* Public Works Management & Policy, 20 September, 2012.

［7］United Nations. *Public Enterprises: Unresolved Challenges and New Opportunities*. Economic&Social Affairs, 2008.

［8］Kirk Emerson, et al. *An Integrative Framework for Collaborative Governance*. Journal of Public Administration Research and Theory Advance Access, Vol. 22, 2011(1):1~30.

［9］Ansell C, Gash A. *Collaborative governance in theory and practice*. Journal of public administration research and theory, Vol. 18, 2008(4):543~571.

[10] Harold Demsetz. *Why Regulate Utilities*? Journal of Law and Economic, 1968,(11):55~65.

[11] Philippe C. Schmitter. *Still the Century of corporatism*? Review of Politics, Vol. 36, 1974(1).

[12] Donald F. Kettle, *Sharing Power: Public Governance and Private Markets*. Washington, DC: Brookings Institution, 1993.

[13] Stephen Martin & David Parker. *The impact of Privatization: Ownership and Corporate Performance in UK*. Rout ledge, London, 1997.

[14] Kenneth W. Clarkson, Roger Leroy Miller. *Industrial Organization: Theory, Evidence, and Public Policy*. McGraw-Hill Book Company, 1982:119.

[15] Foster. . C. D. *Privatization, Public Ownership and Regulation of Natural Monopoly*. Basil Blackwell, 1992:160~161.

[16] SCHMITTER P C. SCHMITTER. *Still the century of Corporatism*? The Review of Politics, 36, 1974(1):9.

[17] Waterson. M. *Regulation of the Firm and Natural Monopoly*. Basil Blackwell, 1988(3).

[18] Baird, GM. *Public-Private Partnerships for Municipal Utilities, Part 1: The City Needs More Money-Sell the Utility*! JOURNAL AMERICAN WATER WORKS ASSOCIATION, Vol. 104, 2012(8).

[19] Baird, GM. *Public-Private Partnerships for Municipal Utilities, Part 2: Governance Models Facing a Revolution*. OURNAL AMERICAN WATER WORKS ASSOCIATION, Vol. 104, 2012(10).

[20] Kayaga. S&Zhe, L. *Analysis of public—private partnerships for China's water service*. Municipal Engineer, Vol. 160, 2007(1).

[21] Cheng Chen, Michael Hubbard&Chun-Sung Liao. *When Public-Private Partnerships Fail:Analysing citizen engagement in public-private partnerships cases from Taiwan and China*. Public Management Review, Vol. 15, 2013(6).

[22] [英]Q. A. W. 罗茨:《新的治理》,木易译,载《马克思主义与现实》1999

年第 5 期。

[23] [美] 罗伯特 · B. 丹哈特、珍妮特 · V. 丹哈特:《新公共服务:服务而非掌舵》,刘俊生译,载《中国行政管理》2002 年第 10 期。

[24] 肖兴志、张曼:《美英日自然垄断型企业改革的共性研究》,载《中国工业经济》2001 年第 8 期。

[25] 王俊豪:《英国自然垄断产业企业所有制变革及其启示》,载《财经论丛》2002 年第 1 期。

[26] 仇保兴:《西方公用行业管制模式演变历程及启示》,载《城市发展研究》2002 年第 4 期。

[27] 秦虹、余晖:《市政公用事业监管的国际经验及对中国的启示》,载《城市发展研究》2006 年第 1 期。

[28] 曹现强、宋学增:《市政公用事业合作治理模式探析》,载《中国行政管理》2009 年第 9 期。

[29] 马树才、袁国敏、韩云虹:《城市公用事业的经济属性及其市场化改革》,载《社会科学辑刊》2001 年第 4 期。

[30] 王俊豪:《我国自然垄断产业民营化改革的若干思考》,载《商业经济与管理》2002 年第 1 期。

[31] 张勇、张世英、程振华:《政府主管部门与市政公用企业的博弈分析》,载《管理科学学报》2002 年第 2 期。

[32] 张伟新、崔广柏:《城市市政公用事业产业化发展的思考》,载《现代经济探讨》2003 年第 4 期。

[33] 何孝星:《加快推进我国经营性公用事业民营化问题研究》,载《经济学动态》2003 年第 10 期。

[34] 徐宗威:《公权市场与政府公共职能》,载《城市管理前沿》2009 年第 4 期。

[35] 杭永宝、王荣:《市政公用行业市场化改革形式与成效、问题与对策》,载《经济体制改革》2004 年第 3 期。

[36] 冯锋、张瑞青:《公用事业项目融资及其路径选择——基于 BOT、TOT、PPP 模式之比较分析》,载《软科学》2005 年第 6 期。

[37] 张伟雄:《我国公用事业民营化改革的必要性和可行性分析》,载《民营经济研究》2006 年第 8 期。

[38] 杨宏山:《城市合作治理的工具选择》,载《中国社会科学报》2010 年第 4 期。

[39] 黄嵩:《公用事业民营化的六大模式》,载《中国招标》2004 年第 20 期。

[40] 徐华:《我国自然垄断行业的价格管制:问题与对策》,载《东南学术》2001 年第 6 期。

[41] 陈洪博:《论公用事业的特许经营》,载《深圳大学学报》2003 年第 6 期。

[42] 吕志勇、陈宏民:《我国自然垄断产业市场化改革的几个关键问题研究》,载《中国工业经济》2003 年第 8 期。

[43] 肖兴志:《自然垄断行业改革的新视角》,载《中国工商管理研究》2001 年第 5 期。

[44] 胡税根:《论新时期我国政府规制的改革》,载《政治学研究》2001 年第 4 期。

[45] 王灏:《PPP 的定义和分类探讨》,载周林军、曹远征、张智主编:《中国公用事业改革:从理论到实践》,知识产权出版社 2009 年版,第 26 ~ 27 页。

[46] 李郁芳:《转轨时期政府规制过程的制度缺陷及其治理》,载《管理世界》2004 年第 1 期。

[47] 张红凤、周燕冬:《基于国际经验的公用事业治理模式探析》,载《理论学刊》2009 年第 5 期。

[48] 郭彬彬:《以标准成本费用核算体系监管水务企业经营——如何规制水务企业价格成本的调研报告》,载周林军、曹远征、张智主编:《中国公用事业改革:从理论到实践》,知识产权出版社 2009 年版。

[49] 肖兴志:《中国自然垄断产业规制改革模式研究》,载《中国工业经济》2002 年第 4 期。

[50] 王俊豪、王建明:《中国垄断性产业的行政垄断及其管制政策》,载《中国工业经济》2007 年第 12 期。

[51] 秦虹:《市政公用设施服务的市场化供给》,载周林军、曹远征、张智主

编:《中国公用事业改革:从理论到实践》,知识产权出版社 2009 年版。

[52] 仇保兴:《西方公用行业管制模式演变历程及启示》,载《城市发展研究》2004 年第 2 期。

[53] 陈明:《城市公用事业民营化改革的复杂性研究》,载《经济管理》2006 年第 14 期。

[54] 毛寿龙:《公用事业民营化三大忧虑》,载《科技智囊》2003 年第 3 期。

[55] 仇保兴:《市政公用事业改革的理论和实践进展综述》,载《城市发展研究》2007 年第 1 期。

[56] 李青:《我国市政公用事业特许经营实施障碍与对策》,载《山西财经大学学报》2008 年第 5 期。

[57] 饶常林、常健:《论公用事业民营化中的政府责任》,载《行政法学研究》2008 年第 3 期。

[58] 石淑华:《中国公用事业市场化改革的公平性分析——低收入家庭可承受能力的视角》,载《东南学术》2011 年第 2 期。

[59] 刘智勇:《柔性组织网络建构:基于政府、企业、NPO、市民之间参与与合作的公共服务供给机制创新研究》,载《公共管理研究》2008 年第 2 期。

[60] 王俊豪:《论自然垄断产业的有效竞争》,载《经济研究》1998 年第 8 期。

[61] 余晖:《中国基础设施产业政府监管体制改革总体框架》,载周林军、曹远征、张智主编:《中国公用事业改革:从理论到实践》,知识产权出版社 2009 年版。

[62] 张高旗:《准公共物品分类探讨》,载《延安大学学报》(社会科学版)2005 年第 6 期。

[63] 刘磁军:《俱乐部产品多元供给模式选择》,载《生产力研究》2010 年第 3 期。

[64] 谢煜、李建华:《准公共物品民营化的风险分析》,载《行政论坛》2006 年第 6 期。

[65] 俞可平:《全球治理引论》,载《马克思主义与现实》2002 年第 1 期。

[66] 刘波等:《整体性治理与网络治理的比较研究》,载《经济社会体制比较》2011 年第 5 期。

[67] 丁倩:《我国市政公用事业管理体制改革研究》,中国海洋大学 2009 年硕士毕业论文。

[68] 白胜喜:《城市公用管线投资体制及建设管理模式研究》,同济大学 2006 年博士学位论文。

[69] 张翔:《中国政府部门间协调机制研究》,南开大学 2013 年博士论文。

[70] 谭海波、蔡立辉:《论"碎片化"政府管理模式及其改革路径——"整体型政府"的分析视角》,载《社会科学》2010 年第 8 期。

[71] 竺乾威:《从新公共管理到整体性治理》,载《中国行政管理》2008 年第 10 期。

[72] 王威海:《西方合作主义理论述评》,载《上海经济研究》2007 年第 3 期。

[72] 马建斌:《新合作主义在我国利益协调中的适用性分析》,载《开放导报》2008 年第 3 期。

[74] 卢汉桥、刘承栋:《新合作主义的利益协调机制探析——作为一种公共政策制定模式的观察》,载《广州大学学报》(社会科学版)2006 年第 12 期。

[75] 郑秉文:《论"合作主义"理论中的福利政制》,载《社会科学论坛》2005 年第 11 期。

[76] 张长立:《合作主义视域中的城市多元主体治理解读》,载《南京社会科学》2013 年第 11 期。

[77] 王俊豪:《深化中国城市公用事业改革的分类民营化政策》,载《学术月刊》2011 年第 9 期。

[78] 王玉明、邓卫文:《加拿大环境治理中的跨部门合作及其借鉴》,载《岭南学刊》2010 年第 5 期。

[79] 周志忍、蒋敏娟:《中国政府跨部门协同机制探析——一个叙事与诊断框架》,载《公共行政评论》2013 年第 1 期。

[80] 周志忍:《整体政府与跨部门协同——〈公共管理经典与前沿译丛〉首发系列序》,载《中国行政管理》2008 年第 9 期。

[81] 黄滔:《整体性治理理论与相关理论的比较研究》,载《福建论坛》(人文社会科学版)2014 年第 1 期。

合作治理：市政公用事业发展模式研究

[82] 何水:《协同治理及其在中国的实现——基于社会资本理论的分析》,载《西南大学学报》(社会科学版)2008 年第 3 期。

[83] 王乐夫、陈干全:《公共性:公共管理研究的基础与核心》,载《社会科学》2003 年第 4 期。

[84] 周林军等:《公用事业市场化问题研究》,载周林军、曹远征、张智主编:《中国公用事业改革:从理论到实践》,知识产权出版社 2009 年版。

[85] 周义程:《市场化、民营化、私有化的概念辨析》,载《天府新论》2008 年第 3 期。

[86] 仇保兴:《市政公用事业改革的理论和实践》,载《城市管理与科技》2009 年第 4 期。

[87] 李虹、黄成明:《国外特许经营研究的理论综述》,载《经济纵横》2005 年第 2 期。

[88] 章志远、朱志杰:《我国公用事业特许经营制度运作之评估与展望——基于 40 起典型事例的考察》,载《行政法学研究》2011 年第 2 期。

[89] 刘燕:《城市公用事业公私合作的博弈分析》,载《世界经济情况》2009 年第 8 期。

[90] 曹现强、刘梅梅:《公共性差异视角下的市政公用事业发展探析》,载《理论探讨》2012 年第 4 期。

[91] 周志忍:《英国公共服务中的竞争机制》,载《中国行政管理》1999 年第 5 期。

[92] 阎越《论行政合同的法律特征及其法律控制》,载《当代法学》1999 年第 6 期。

[93] 杨振宇:《公用事业市场化的跨区域运作及其市场边界》,载《改革》2010 年第 11 期。

[94] 张成福、李昊城、边晓慧:《跨域治理:模式、机制与困境》,载《中国行政管理》2012 年第 3 期。

[95] 仇保兴:《市政公用事业改革的理论和实践进展综述》,载《城市发展研究》14 卷 2007 年第 1 期。

[96] 李耀鼎、朱洪、程杰:《国内城际公交发展案例分析》,载《运输与交通》

2012 年第 2 期。

[97] 邱维、汪传新、阮小燕:《区域合作在城市污水处理工程中的应用》,载《市政技术》2008 年第 6 期。

[98] 杨宏翔:《论水环境产品供给中的政府与市场和谐——以绍兴污水处理为例》,载《经济研究导刊》2007 年第 10 期。

[99] 周林军:《公共基础设施行业市场化的政府监管》,载周林军、曹远征、张智主编:《中国公用事业改革:从理论到实践》,知识产权出版社 2009 年版。

[100] 方雷:《地方政府间跨区域合作治理的行政制度供给》,载《理论探讨》2014 年第 1 期。

[101] 张康之:《合作治理是社会治理变革的归宿》,载《社会科学研究》2012 年第 3 期。

[102] 蔡岚、潘华山:《合作治理——解决区域合作问题的新思路》,载《公共管理研究》2010 年第 8 期。

[103] 刘志凯、薛俊峰、闫云新:《城际公交体系构建及发展模式研究》,载《综合运输》2010 年第 3 期。

[104] 谢振东、吴金成、谭丹丹:《基于粤港澳公共交通一卡通互联互通平台构建研究》,载《金卡工程》2014 年第 1 期。

[105] 张起花、熊燕舞:《公路跨区域联网售票风生水起》,载《运输经理世界》2008 年第 5 期。

[106] 陶铜仕:《城市改革和城市公共交通》,市长研究班办公室 1985 年版。

[107] 唐谨:《四川:打破区域界限 发展集中供水》,载《中国水利》2009 年第 1 期。

[108] 闫星宇:《可竞争市场理论综述》,载《产业经济研究》2009 年第 1 期。

[109] 宁宇:《打破公用事业垄断的第三条道路》,载周林军、曹远征、张智主编:《中国公用事业改革:从理论到实践》,知识产权出版社 2009 年版。

[110] 王子娟、杨茂盛:《城市轨道交通经济效益的分析》,载《城市交通》2009 年第 2 期。

[111] 蔡岚:《缓解地方政府合作困境的合作治理框架构想——以长株潭公

合作治理：市政公用事业发展模式研究

交一体化为例》,载《公共管理学报》2010 年第 4 期。

[112] 鄞益奋:《网络治理: 公共管理的新框架》,载《公共管理学报》2007 年第 1 期。

[113] 谭英俊:《网络治理:21 世纪公共管理发展的新战略》,载《理论探讨》2009 年第 6 期。

[114] 姚引良、刘波、汪应洛:《网络治理理论在地方政府公共管理实践中的运用及其对行政体制改革的启示》,载《人文杂志》2010 年第 1 期。

[115] 范合君、柳学信、王家:《英国、德国市政公用事业监管的经验及对我国的启示》,载《经济与管理研究》2007 年第 8 期。

[116] 丁浩、范合君:《国外公用事业监管做法及启示》,载《价格月刊》2007 年第 8 期。

[117] 周望军、朱明龙:《公用事业价格监管问题研究》,载《价格与实践》2006 年第 9 期。

[118] 赵宁、张淑焕:《公用事业市场化过程中的价格监管改革研究》,载《价格与实践》2008 年第 2 期。

[119] 马晓强、韩锦绵:《公用事业改革的补偿与治理:水权交易例证》,载《改革》2011 年第 6 期。

[120] 姚公安:《公用事业类企业股权结构对企业成长的影响》,载《社会科学家》2014 年第 2 期。

[121] 金志云:《公用事业民营化进程中的政府规制重构》,载《扬州大学学报》(人文社会科学版)2007 年第 6 期。

[122] 姚树荣、陈立泰、刘万明:《关于我国水务业市场化改革的探讨》,载《生态经济》2007 年第 4 期。

[123] 崔竹:《市政公用事业市场化的理论基础》,载《中共中央党校学报》2006 年第 5 期。

三、网络资料类

[1]《自来水 1 年"漏"掉 1 个太湖　足够 1 亿城市人口使用》,载新华网,2014 年 10 月 20 日,http://news.sohu.com/20141020/n405278011.shtml.

[2] 潘晔:《江苏推出首批 15 个 PPP 试点项目》,载《中国建设报》,2014 年 9 月 1 日,http://www. chinajsb. cn/bz/content/2014 – 09/01/content_138 600. htm.

[3] 全联环境服务业商会:《关于进一步深化市政公用事业市场化改革的意见》,载中国水网,2009 年 11 月 20 日,http://www. cecc-china. org/detail/ 15996. html.

[3] 欧昌梅:《PPP 核心在于合同双方的契约精神》,载《东方早报》,2014 年 8 月 15 日,http://www. baidu. com/link? url = YK4ZfzBnLhaJMjXH dPO9id 36O69gKgkpTRHuNIECpVLWVrRzQ2M7efZBumQo53SEb _3tJ18 tYtYxF6L oolgId6-zfSYpH5-oSCc0evNgZYu.

[4]《深莞惠一体化有了象征意义的开端》,载《深圳晚报》,2014 年 6 月 9 日,http://wb. sznews. com/html/2014 –06/09/content_2900705. htm.

[5] 喻向阳、冉照福:《如何优化长株潭公交线路》,载《红网联合交通频道》, 2008 年 1 月 10 日,http://hn. rednet. cn/c/2008/01/10/1416208. htm.

[6] 王鹏等:《河北司机围堵跨界北京公交事件调查》,载《京华时报》,2008 年 4 月 9 日,http://news. qq. com/a/20080409/000359. htm.

[7]《深圳、浙江签署跨省公路电子售票协议》,载九九物流网,2011 年 9 月 27 日,http://www. 9956. cn/news/19801. html.

[8]《一年亏损高达 600 万元 郑开公交缘何遭遇运营困局》,载《大河网——河南日报》,2011 年 6 月 9 日, http://www. ha. xinhuanet. com/zfwq/2011 – 06/09/content_22966189. htm.

[9]《公交入不敷出 身份尴尬让城际公交难以为继》,载《汽车网——中国汽车报(北京)》,2010 年 12 月 17 日, http://www. chinacar. com. cn/news/ news_8_15391. html.

[10]《全国水功能区水质达标率为 46% 2/3 城市缺水》,载中国新闻网——能源频道,2012 年 5 月 9 日,http://finance. chinanews. com/ny/2012/05 –08/3873402. shtml.

[11]《兴化——盐都跨区域合作处理生活垃圾》,载《北极星电力网新闻中心》,2007 年 12 月 7 日,http://news. bjx. com. cn/html/20071207/367

03. shtml.

[12]《区域合作垃圾处理,环保署执行跨区转运专案稽查》,载《自立晚报（台湾）》,2008 年 10 月 27 日,http://www. idn. com. tw/news/news_content. php? artid = 20081027abcd002.

[13]《河北固安引入北京环卫提升生活垃圾处理水平》,载《京华时报》,2014 年 8 月 8 日,http://tousu. hebnews. cn/2014 - 08/08/content_4092024. htm.

[14] 广州市环保局:《广东:垃圾场跨区域污染成治理难题》,转自 CCTV《经济信息联播》,2004 年 8 月 13 日, http://www. gzepb. gov. cn/yhxw/200408/t20040817_6836. htm.

[15]《中国燃气:合作书写传奇(对话·能源相对论)》,载《中国能源报》,2013 年 7 月 8 日,http://www. cnenergy. org/yw/ft/201307/t20130708_211389. html.

[16] 张夫稳:《济兖邹曲嘉热电联产规划出台　供热将实现跨区域资源共享》,载《齐鲁晚报》,2009 年 12 月 10 日,http://news. sina. com. cn/c/2009 - 12 - 10/120116750294s. shtml.

[17] 裴睿、黄颖:《我市出租车将尝试跨区域运营》,载《成都日报》,2008 年 2 月 29 日,http://news. sina. com. cn/o/2008 - 02 - 29/034313494809s. shtml.

[18]《北京开往廊坊公交车连续四天在当地被围堵》,载《新京报》,2008 年 4 月 7 日,http://news. sina. com. cn/c/p/2008 - 04 - 07/024515300533. shtml.

[19]《11 辆郑焦城际公交武陟被拦下　拦车人要回中心站》,载《大河网—河南商报》,2010 年 8 月 9 日,http://news. dahe. cn/2010/08 - 09/100428975. html.

[20]《城际公交需要什么样的"身份证"》,载《山西新闻网—山西日报》,2013 年 8 月 16 日,http://www. sxrb. com/sxrb/aban/A3/1855287. html.

[21]《身份尴尬　河南多地城际公交面临停运》,载《大公网—大公汽车》,2012 年 12 月 17 日, http://auto. takungpao. com/news/q/2012/1217/1333584. html.

[22] 王德琬:《大济宁遭遇"肠梗阻"同城战略布局引发关注》,载《大众日报》,2013 年 7 月 16 日,http://sd. dzwww. com/sdnews/201307/t20130716_8647112. htm.

[23]《惠民城际公交遭围堵 利益之争何时休》,载滨州传媒网,2014 年 5 月 22 日, http://www. bzcm. net/news/2014 – 05/22/content_1486611. htm.

[24]《滨州至无棣城际公交开通 20 余人围堵公交车站》,载滨州传媒网,2014 年 10 月 15 日,http://www. bzcm. net/news/2014 – 10/15/content_1594362. htm.

[25] 红梅、高凌雯、曾婵、郑家雄:《深莞惠开通城际公交》,载《深圳晚报》,2010 年 2 月 9 日,http://wb. sznews. com/html/2010 – 02/09/content_961691. htm.

[26]《城际公交 11 辆湘潭车停运 致运力紧张》,载 2010 年 10 月 28 日中国公交信息网,http://www. bus-info. cn/index. php? m = content&c = index&a = show&catid =9&id =9859.

[27]《平顶山 54 辆城际公交身份存疑被叫停》,载 2012 年 6 月 13 日《今报网—东方今报》,http://www. sina. com. cn.

[28] 沈卫莉:《尴尬的"城际公交"》,载《绍兴日报》,2010 年 1 月 14 日,http://epaper. shaoxing. com. cn/sxrb/html/2010 – 01/14/content _340828. html.

[29] 全国市长研究班第四课题组:《中国城市建设资金筹集政策建议》,载《中国建设报》,2011 年 2 月 22 日,http://www. chinajsb. cn/bz/content/2011 –02/22/content_21646. htm.

[30] 闫新亮:《探访城际公交系列二:我国城际公交之现状》,载中国客车网,2009 年 8 月 7 日, http://www. chinabuses. com/myarticle/2009/0807/article_296. html.

[31]《在改善民生和创新管理中加强社会建设》,载人民网,http://cpc. peo-ple. com. cn/18/n/2012/1108/c350821 – 19526663. html.

[32] 丁先明:《北京河北:公交车起了纷争》,载《新世纪周刊》,2008 年 4 月 21 日,http://www. baidu. com/link? url = 1B9BU3cJFzhrghGpJyyufL4O

合作治理:市政公用事业发展模式研究

5RcJbfj4svIG4ihiL7QKUevfM2uzMFZB4W9oTKlXs1IjIoy5jdtdPljpfM3YckY
Uu0_JQdGozLNTbLfPwCO.

[33]《济南市市政公用事业局职能介绍》,载《济南市市政公用事业局网站》,http://www. jngy. gov. cn/zhengwugongkai/danweigaikuang/zhineng/2013 - 08 - 07/3. html.

[34]《河南:城际公交乘车何时不再难》,载《大河网—大河报》,2009 年 2 月 19 日,http://www. uhenan. com/article/show - 27143 - 1. html.

[35]《郑新城际公交被指垄断线路后频频"变卦"》,载《大河网—大河报》,2009 年 10 月 28 日,http://www. ah. xinhuanet. com/midchina/2009 - 10/28/content_18069710_2. htm.

[36]《郑新等城际公交有望重新定价》,载河南省政府门户网站,2010 年 10 月 12 日,www. henan. gov. cn.

[37]《中华人民共和国价格法》,载中国政府门户网站,http://www. gov. cn/banshi/2005 - 09/12/content_69757. htm.

[38] 余嘉熙:《郑新城际公交身份与经营饱受质疑》,载《工人日报》,2010 年 10 月 25 日 04 版,http://media. workercn. cn/grrb/2010_10/25/GR0404. htm.

[39] 湖南省交通厅:《湖南省物价局、湖南省交通厅关于印发湖南省汽车客运价格监管办法的通知》(湘价商〔2009〕33 号),2009 年 2 月 28 日,http://www. baidu. com/link？ url = PiGHYcveC0dFA_ZPWCiZI9 sdrzXgy7s DqjmXYwRLEEGWa3xTHuyaLPjWdhRPdJsluIqnyyvo13 _ ICnTeSW34kEA aidAcPTzKeeJRq-5Y1zG.

[40] 陈斌:《长株潭公交收费 14 元已成历史　建议城际公交统一经营》,载《红网—湖南频道》,2011 年 11 月 8 日,http://hn. rednet. cn/c/2011/11/08/2423872. htm.

[41] 张仁望:《"兄弟"公交跨市线路　不兄弟难跨市——深惠城际公交 3A、3B "斗气"公交难以连通惠州》,载《南方日报》,2013 年 3 月 14 日,http://epaper. southcn. com/nfdaily/html/2013 - 03/14/content_7173266. htm.

[42] 曾海城:《深惠 3A 与 3B"公交兄"互斗抢客》,载《南方都市报—南都网》,2012 年 9 月 23 日,http://gcontent. oeeee. com/e/37/e37363f817ee

611d/Blog/72c/216955. html.

[43]《深圳市交通管理委员会机构概况》,载深圳市交通管理委员会网站,
http://www. sztb. gov. cn/xxgk/jgsz/jggk/.

[44]《什么是契约精神》,载和讯网,2011 年 5 月 12 日,http://opinion. hex-un. com/2011 – 05 – 12/129559306. html.

[45] 周学庆:《上海公共交通卡系统跨行业跨区域的一卡通》,载《中国计算机报》,2004 年 8 月 23 日,http://media. ccidnet. com/media/ciw/1341/b0501. htm.

[46] 杜丁:《北京地铁进河北方案上报国务院——"首都圈"概念将写入北京"十二五"规划》,载《新京报》,2010 年 11 月 7 日,http://www. anhuin-ews. com/zhuyeguanli/system/2010/11/07/003437069. shtml.

[47]《关于实现和推进市政公用事业系统性规模化发展的调研报告》,济南市市政公用事业局网站,http://www. jngy. gov. cn/zhengwugongkai/shizhengzhichuang/diaoyanbaogao/2013 – 09 – 09/403. html.

[48] 柴颖颖:《济南堵"漏"》,载《舜网—济南时报》,2013 年 11 月 25 日,http://jnsb. e23. cn/shtml/jnsb/20131125/1217521. shtml.

[49]《二环西路综合管廊全国第一》,载《齐鲁晚报,数字报刊》,2013 年 10 月 9 日,http://epaper. qlwb. com. cn/qlwb/content/20131009/ArticelC07002FM. htm.

[50]《山东省人民政府关于贯彻落实国发〔2013〕36 号文件进一步加强城市基础设施建设的实施意见》,载中国山东网站:http://www. shandong. gov. cn/art/2014/6/27/art_3883_4723. html.

[51] 沈文林:《上海市路政局成立道路管理路政执法管线监察三合一》,载新华网,2012 年 4 月 27 日,http://news. xinhuanet. com/legal/2012 – 04/27/c_123049099. htm.

[52]《北京公交遭遇廊坊堵车未必是坏事》,载新华网,2008 年 4 月 11 日,ht-tp://news. xinhuanet. com/newscenter/2008 – 04/11/content_7960337. htm.

[53]《全国砍掉 13 万个馒头办生猪办等"协调机构"》,载新华网,2014 年 10 月 22 日,http://news. xinhuanet. com/local/2014 – 10/22/c_1112934246. htm.

[54] 金辉:《城镇化转型政府要勇于改革自己——访国家发展改革委城市与小城镇改革发展中心主任李铁》,载《经济参考报》,2014 年 9 月 30 日,http://news. xinhuanet. com/house/wh/2014 – 09 – 30/c_1112684383. htm.

[55] 刘家义:《国务院关于 2013 年度中央预算执行和其他财政收支的审计工作报告》,载中华人民共和国审计署网站,http://www. audit. gov. cn/n1992130/n1992165/n2032598/n2376391/3602645. html.

[56] 孙铁翔:《2013 年我国民营经济贡献 GDP 总量超过 60%》,载新华网,2014 年 2 月 28 日,http://news. xinhuanet. com/2014 – 02/28/c_119558 098. htm.

[57] 中华人民共和国民政部网站,http://www. mca. gov. cn/.

[58]《国内水务市场中外合作双赢的成功典范——中法水务与重庆水务合作 10 周年记》,载《重庆日报》,2012 年 11 月 2 日,http://cqrbepaper. cqnews. net/cqrb/html/2012 – 11/contest_1584432. htm.

[59] 鄢银婵:《威立雅的中国"水生意":高溢价收购拷问系统维护质量》,新华网,2014 年 4 月 14 日,http://news. xinhuanet. com/fortune/2014 – 04/14/c_126387097. htm.

[60]《国家新型城镇化规划(2014 ～ 2020 年)》,载中华人民共和国中央人民政府门户网站,http://www. gov. cn/zhengce/2014 – 03/16/content_2640075. htm.

[61]《国务院办公厅关于加强城市地下管线建设管理的指导意见》,载中华人民共和国中央人民政府门户网站,http://www. gov. cn/zhengce/content/2014 – 06/14/content_8883. htm.

[62]《关于发展国民经济的第一个五年计划的报告》,载新华网,2007 年 7 月 6 日,http://news. qq. com/a/20090807/002090_1. htm.

[63]《青岛输油管道爆炸事故调查报告发布(全文)》,载新浪财经证券时报网,2014 年 1 月 11 日,http://finance. sina. com. cn/stock/t/20140111/171417922628. shtml.

[64]《污水处理厂出故障现臭味,引发冲突》,载新浪网,2009 年 9 月 1 日,http://news. sina. com. cn/o/2009 – 09 – 01/032816217543s. shtml.